100
200
300 km
POLOGNE
Dortmund
Kassel
Leipzig
Cologne
Bonn
Erfurt
Dresde
pelle
ALLEMAGNE
Francfort sur-le-Main
Prague
Trèves
Mayence
Wurzbourg
REPUBLIQUE TCHEQUE
Mannheim
Sarrebruck
Nuremberg
Karlsruhe
Stuttgart
Ratisbonne
sbourg
le Rhin
SLOVAQUIE
Alsace
Linz
Vienne
Fribourg
Munich
Salzbourg
Constance
Bâle
Zurich
Innsbruck
AUTRICHE
HONGRIE
Berne
LIECHTENSTEIN
anne
SUISSE
SLOVENIE
onix
LES ALPES
Ljubljana
Zagreb
CROATIE
Milan
Venise
Turin
BOSNIE-HERZEGOVINE
Gênes
SAINT-MARIN
la Mer Adriatique
MONACO
Nice
Florence
ITALIE
Bastia
anée
Corse
Ajaccio
Rome

Découvertes
Band 1

von
Birgit Bruckmayer, München; Isabelle Darras, Paris; Léo Koesten, Versailles;
Inge Mühlmann, Recklinghausen; Andreas Nieweler, Detmold; Sabine Prudent, Berlin

Weitere Mitarbeit
Bettina Anke-Föhring, Stahnsdorf; Ute Bobach, Barleben; Detlev Brenneisen, Norderstedt;
Ulrike Fezer, Metzingen; Dr. Angelika Greß, Wittenberg; Vera Hux, Stans (CH);
Dieter Kunert, Uelzen/Toulouse; Hanns-Christoph Lenz, Leipzig; Ricarda Lusar, Eningen;
Françoise Malz, Braunschweig; Jeanne Nissen, Rostock; Wolfgang Spengler, Solingen;
Rainer Steidel, Bamberg; Lydia Lenz, München

Zusatzmaterialien für Schüler und Schülerinnen zu diesem Band
Cahier d'activités, *Klett-Nr. 523803*
Grammatisches Beiheft, *Klett-Nr. 523802*
Lernsoftware, CD-ROM, *Klett-Nr. 523711*
Vokabellernheft, *Klett-Nr. 523311*
CD für Schüler und Lehrer mit Lektionstexten, Ausspracheübungen, Gedichten, Liedern, *Klett-Nr. 523806*
Internet: Zusatzmaterial www. klett.de

Bildquellen
Action Press: 15.3; Agence ANA: 105.1, 106.2, 108.1, 109.1, 115.1; Artothek Kunstmedia Archiv Peissenberg: 100.1; Astrofoto, Sörth: 80.1; Auberge de Jeunesse Jacques Brel, Brüssel: 97.1; L'avion postal, Paris: 21.1, 6, 44.2; benu International picture service: 97.3–5, 105.1; BW Photoagentur, München: 103.2; Cinetext, Frankfurt: 118.2; City Kids der New York City Dance School, Stuttgart: 52.2; Corbis, Düsseldorf: 43.1, 5, 7, 57.5, 114.3; François Davot, Troyes: 66.4; DPA, Hamburg: 56.2, 63.1; Gilles Floret (Klett Verlag): 12.8, 18.2, 21.5, 25.7–10, 27.1–4, 44.1, 3,4, 57. 1, 4, 78.4, 96.1; Getty Image: 52.1; Grand Aquarium de Saint Malo: 80.2; Önder Hekim: 102.3; Imagine, Hamburg: 108.2, 118.1; Jocker, Bonn: 101.1; Friederike Keck (Klett Verlag): 43.2; Laif, Köln: 80.3; Marco Polo, Paris: 8.1–3, 9.1–3, 17.1, 21.3, 27. 5, 28.1, 29.3, 30.1–4, 32.15–16, 33. 2, 35.1–5, 36.12–15, 37.9–10, 38.2, 43.3, 4, 6, 44.5–7, 9, 45.1–4, 46.1–3, 52.3, 4, 53.1–5, 54.1, 55.2–3, 56.2, 57.2, 3, 6, 59.2–3, 65.1, 66.1, 3, 67.1–5, 68.1–3, 70.1–3, 73.1–3, 82.1, 92.2, 95.2–3, 97.2, 98.1–3, 117.1; Mauritius: 43.8, 81.3, 101.2; Préfecture de police de Paris: 51.1 droits réservés; Rapho, Paris: 106.1; Studio X. Limours: 78.1–3; Régis Trinez, Rombly: 84.1, 85.1–2; Tomi Ungerer, Strassburg: 15.2; Vulcania, Saint Ours les Roches: 81.1, 2

1. Auflage   1 11 10 9 8 7 | 2012 2011 2010 2009 2008

Alle Drucke dieser Auflage können im Unterricht nebeneinander benutzt werden,
sie sind untereinander unverändert. Die letzte Zahl bezeichnet das Jahr dieses Druckes.

Internetadresse: http://www.klett.de

Redaktion: Dr. Gilles Floret, Friederike Maria Keck, Stefan Zörlein

Gestaltung: Sven Thamphald
Layout: Christian Dekelver, Weinstadt
Umschlaggestaltung: Christian Dekelver, Weinstadt
Zeichnungen: François Davot, Troyes; Christian Dekelver, Weinstadt;
Helga Merkle, Albershausen,
Reproduktion: Meyle + Müller, Medienmanagement, Pforzheim
Druck: Firmengruppe APPL, aprinta druck, Wemding
ISBN 3-12-523801-3

9 783125 228016

Découvertes

für den schulischen
Französischunterricht

1

von
Birgit Bruckmayer
Isabelle Darras
Léo Koesten
Inge Mühlmann
Andreas Nieweler
Sabine Prudent

Ernst Klett Verlag
Stuttgart Düsseldorf Leipzig

INHALTSVERZEICHNIS

Alle Kompetenzen (Leseverstehen, Hörverstehen, Sprechen, Schreiben, Interagieren) und alle Strategien in Découvertes 1 erfüllen die Anforderungen des **Referenzrahmens** Niveau A1.

Vorwort

Liebe Schülerinnen, liebe Schüler,

das ist also euer neues Buch, das euch beim Französischlernen begleiten wird. Ihr werdet im Laufe der neun folgenden Lektionen Freunde kennen lernen, wie z. B. Emma, Malika, Victor, Thomas und Christian, die euch bestimmt helfen werden, wenn es schwierig wird. Mit euren Französischkenntnissen könnt ihr dann eine Menge verstehen und mitteilen. Vielleicht habt ihr später sogar die Möglichkeit, eure Kenntnisse in Frankreich anzuwenden, sei es im Urlaub oder bei einer Austauschfamilie. Damit euch Französisch Spaß macht, haben wir für euch spannende Geschichten geschrieben und uns interessante Aufgaben dazu ausgedacht. Um euch den Anfang zu erleichtern, möchten wir ein kleines Begrüßungslied für euch singen ...

Viel Spaß beim Hören und Lesen!

Euer Découvertes-Team,
Théo und Amandine

Wegweiser

- Hier findest du Lektionstexte sowie Hörverstehenstexte.
- Hier findest du spezielle Hörverstehensaufgaben zur Vertiefung.
- Diese Übungen solltest du zur Festigung der Grammatik oder des Wortschatzes in dein Heft schreiben.
- Hier arbeitest du in der Regel mit deinem Sitznachbarn zusammen.
- Bei diesen Aufgaben arbeitest du im Team mit drei bis maximal fünf Klassenkameraden zusammen.
- ⟨ ⟩ Dieses Symbol bedeutet, dass die betreffende Einheit oder Übung behandelt werden kann, aber nicht muss.
- [ ] Dieses Symbol steht vor einer Übung oder einer Lektion, die nur in bestimmten Bundesländern/Ländern verlangt wird.
- Der Delfin weist auf einen speziellen Übungstyp hin, den du wiederfindest, wenn du dich auf die DELF-Prüfung vorbereitest.
- Hier ist eine kreative Projektarbeit gefragt.
- Bei Übungen mit diesem Symbol ist ganz besonders dein „Forschergeist" gefragt.
- Bei diesem Symbol handelt es sich um spielerische Übungen.
- Hier triffst du meistens auf Suchaufgaben im Internet.
- Diese Aufgaben sind zur Wiederholung von bereits gelerntem Stoff gedacht: eine gute Möglichkeit, deine Kenntnisse zu testen.
- Bei diesen Übungen kannst du nur für dich alleine deinen Kenntnisstand im Schülerbuch überprüfen.
- * Dieses Zeichen weist Wörter aus, die im Pratique-Teil neu eingeführt werden und gelernt werden müssen.
- § Verweis auf das entsprechende Grammatikkapitel im Grammatischen Beiheft.

Unter der Klett-Internet-Adresse www.klett.de unter „Schüler" und dann „Französisch" findest du Zusatzmaterialien

LEÇON 1

03 Salut! Bonjour!

Salut!
Je m'appelle Emma.
Hallo! Ich bin Christian. Ich komme aus Berlin und wohne erst seit einer Woche in Paris. Meine Mutter ist Französin, mein Vater Deutscher.
Bonjour!
Je m'appelle Victor.
HOTEL
GUINNESS
PASSAGE DU CHEVAL BLANC
IRISH PUB
Le P'tit Bistrot SANDWICHS GREC

04 Un nouveau

1

Un collège à Paris, rue Trousseau …

Emma: Salut, Malika!
Malika: Bonjour, Emma!
Victor: Salut, Thomas! Ça va?
Thomas: Oui, ça va. Et toi?
Victor: Ça va bien, merci.

2

Victor: Tiens, un chat et un chien ensemble!
Thomas: … et une voiture bizarre!
Malika: Oui, avec un nouveau!
Emma: Un garçon sympa … Qui est-ce?

3

M. Beckmann: Bonjour, madame!
Mme Bertaud: Bonjour, monsieur …
M. Beckmann: Je suis monsieur Beckmann. Voici Christian.
Mme Bertaud: Ah, oui. Bonjour, Christian! Je suis madame Bertaud, professeur d'allemand.

4

Christian: Salut, papa!
M. Beckmann: Tschüs, Christian! Au revoir, madame!
Mme Bertaud: Au revoir, monsieur!

5

Emma: Tu es … un nouveau?
Christian: Moi, euh … oui.
Emma: Je m'appelle Emma. Et toi, tu t'appelles comment?
Christian: Moi, je m'appelle Christian.
Emma: Christiane?

6

Mme Bertaud: Chut! Silence! Voici un nouveau: Christian Beckmann. Herzlich willkommen, Christian!

7

Mme Bertaud: Mais non! Christian Beckmann est de Berlin. En allemand, Christian est un prénom de garçon.
Emma: Guten Tag, Christian!
Mme Bertaud: Bienvenue, Christian!

8

Christian: Tiens, Emma! Qui est-ce?
Emma: Oh, mais, c'est Mme Bertaud!

1 Qui est-ce? (§ 3)

a *Posez des questions* et répondez.*
(Stellt Fragen und antwortet.)

Exemple:*
– Qui est-ce?
C'est Thomas?
– Oui, c'est Thomas.

– Qui est-ce?
C'est Malika?
– Non, c'est Emma.

1. Victor?

2. Malika?

3. Victor?

4. Madame Bertaud?

5. Théo?

b **A vous.**
(Jetzt seid ihr dran.)
Eine Schülerin/Ein Schüler malt mit wenigen Strichen ein Gesicht an die Tafel. Die anderen versuchen herauszufinden, wer dargestellt wird.

Exemple:
– Qui est-ce?
– C'est Luca?
– Non.
– C'est Felix?
– Non.
– C'est Max?
– Oui.

2 Je m'appelle ... (§§ 2, 3)

a *Lisez les exemples.*
(Lest die Beispiele.)

b *Sucht euch auf Seite 175 einen französischen Vornamen aus. Stellt euch gegenseitig vor und fragt euch nach dem Namen.*

3 Bonjour! Au revoir!

a *Lisez les exemples.*

on dit...

So begrüßt man sich:

– Bonjour, madame! / mademoiselle*! / monsieur! / Malika!

– Bonjour!

– Salut, Malika!

– Salut!

So fragt man, wie es anderen geht, und antwortet darauf:

– Ça va?

– Oui, ça va (bien).

Bof*!

Non, ça va mal*!

So verabschiedet man sich:

– Au revoir, madame! / mademoiselle! / monsieur! / Malika!

– Au revoir!

– Salut, Malika!

– Salut!

b *Inventez des dialogues* pour les scènes*. (Erfindet Dialoge zu den Szenen.)*

c *Choisissez une scène et jouez les dialogues. Après, jouez la scène devant la classe*. (Sucht euch eine Szene aus und spielt die Dialoge. Spielt die Szene danach vor der Klasse.)*

4 Jeu de mots *(Wortspiel)* (§ 1)

a Trouvez les mots. *(Findet die Wörter.)*

Exemple:

1. ENICH
2. LIFLE
3. ARÇONG
4. GOLLÈCE
5. TORIVUE
6. FOPRESSEUR
7. MOPRÉN
8. EVOUNAU

b *Ajoutez* **un/une**. *(Ergänzt ...)*

Exemple:

RUE → **une** rue

c *Trouvez les messages (... die geheimen Botschaften).*

Exemple:

BNVN = BIENVENUE!

1. TH ST N CHN.
2. CHRSTN ST N GRÇN.
3. SLT, PP!
4. J M'PPLL MM.
5. BNJR, MDM!

5 Gespräche verstehen

Stratégie

Wenn ihr zum ersten Mal in Frankreich seid, werdet ihr nicht alles, was die Leute sagen, verstehen. Das ist aber ganz normal: Ihr gewöhnt euch mit der Zeit an den Klang der Sprache und an das schnelle Sprechtempo.
Mit den Hörtexten eures Schülerbuchs könnt ihr euer Hörverstehen im Unterricht trainieren. Hört zunächst einmal ganz entspannt zu. Ihr braucht nicht jedes einzelne Wort zu verstehen. Versucht einfach nur herauszufinden, worum es geht.

- Wer spricht?
- Wo oder in welcher Situation?
- Was geschieht?

Achtet auf die Geräusche und auf bereits bekannte Wörter. Sie bringen euch oft auf die richtige Spur.

03 *Ihr hört drei Gespräche. Übertragt die folgende Tabelle in euer Heft und füllt sie beim Hören aus.*

a *Notiert in der Tabelle, ob sich die Personen begrüßen oder verabschieden.*

b *Hört euch die drei Szenen noch einmal an und gebt an, wo die Gespräche stattfinden.*

c *Findet heraus, wer die Personen sind.*

	begrüßen	verabschieden	wo?	wer?
scène 1				
scène 2				
scène 3				

6 Jeu de sons *(Spiel mit Lauten)*

14 **a** *Répétez. Cherchez l'intrus. (Sprecht nach. Sucht den Eindringling.)*

[y]	[ɛ]	[õ]	[ɑ̃]
salut	collège	monsieur	Amandine
voiture	tu es	garçon	en allemand
nouveau	tu t'appelles	bonjour	madame
bienvenue	et toi?	non, non	silence

b *Trouvez les mots qui riment (…, die sich reimen).*

[a]	[i]	[wa]	[ɛ̃]
Thomas	oui	toi	tiens
ça va	…	…	…
chat			
sympa			

Paris **ça va** chien
chat moi **sympa** je suis
trois Berlin voici

c *Faites des rimes avec les mots de la partie b. (Bildet mit den Wörtern des b-Teils Reime.)*

Exemple:

– Salut, Thomas! Ça va?
– Oui, ça va.
Et toi, Emma?
– Ça va.

7 En français *(Auf Französisch)*

Du verbringst einige Tage in Frankreich. Was sagst du in folgenden Situationen?

1. Du möchtest einen Jungen/ein Mädchen begrüßen.
2. Du willst dich ihm/ihr vorstellen.
3. Du willst wissen, wie er/sie heißt.
4. Du gibst an, woher du kommst.
5. Du möchtest dich von ihm/ihr verabschieden.
6. Du möchtest einen Erwachsenen begrüßen.
7. Du verabschiedest dich von einem Erwachsenen.
8. Du willst wissen, wie es jemandem geht.

8 Un, deux, trois … (S. 127)

a *Complétez. (Ergänzt.)*

1	3	5	?	?
2	4	6	?	?
10	7	4	?	

b *Comptez à rebours. (Zählt rückwärts.)*

Collège Anne Frank[1]

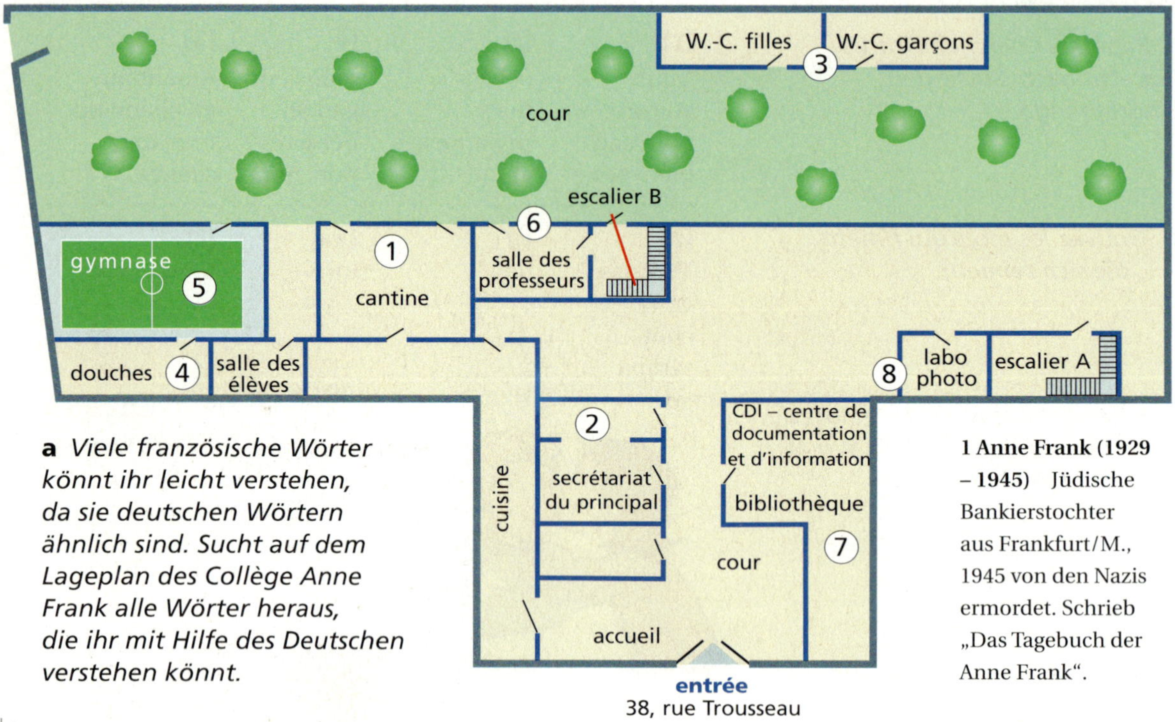

a *Viele französische Wörter könnt ihr leicht verstehen, da sie deutschen Wörtern ähnlich sind. Sucht auf dem Lageplan des Collège Anne Frank alle Wörter heraus, die ihr mit Hilfe des Deutschen verstehen könnt.*

1 **Anne Frank (1929 – 1945)** Jüdische Bankierstochter aus Frankfurt/M., 1945 von den Nazis ermordet. Schrieb „Das Tagebuch der Anne Frank".

b *Wohin gehen die Schülerinnen/Schüler, wenn sie … (Nenne die Zahl im Plan auf Französisch.)*

1. Fotos entwickeln wollen,
2. Bücher ausleihen wollen,
3. ihren Deutschlehrer sprechen müssen,
4. Sportunterricht haben,
5. nach dem Sport duschen möchten,
6. auf die Toilette müssen,
7. einen Schulstempel brauchen,
8. mittags in der Schule essen wollen.

Bienvenue au collège!

12

Trois, deux, un, zéro!
Bienvenue rue Trousseau,
Bonjour, madame Bertaud!
Hallo, je suis Christian,
C'est un prénom allemand.
Zéro, un, deux, trois,

Salut, je suis Emma.
Bonjour, comment ça va?
ça va et toi, ého?
Ouah, ouah, je suis Théo.

Gilles Floret

La marelle = Himmel und Hölle

Singt das Lied zusammen mit der Playbackversion.

LEÇON 2

Dans le quartier

15 On cherche ensemble?

1. Ihr kennt bereits die Subjektpronomen *je* und *tu*. Könnt ihr im Text weitere Subjektpronomen finden? Wofür stehen sie?
2. Versucht, aus dem Textzusammenhang zu erschließen, wie man *on* ins Deutsche übersetzt.
3. Sucht nun alle Formen des Verbs *chercher* aus dem Text heraus. Schreibt sie zusammen mit den dazugehörigen Subjektpronomen in euer Heft. Welche Form unterscheidet sich in der Schreibweise von den übrigen Formen?
4. Hört euch den Text noch einmal an. Achtet dabei besonders auf die Endungen der Verben. Was fällt euch auf?

A vous.

*Complétez les verbes **chercher, regarder, trouver** (suchen, schauen, finden)*
*Ajoutez **il/elle**.*

– Tu cherch ~ un texte sur Berlin?
– Oui, mais je cherch ~ un texte en allemand.
– Et tu trouv ~?
– Non.
– On regard ~ ensemble?

– ~ est sympa, Mme Bertaud!
– Mais le texte, ~ est bizarre!
– Oui, je trouv ~ aussi!

16 **Ici, c'est le paradis!**

1
Malika entre dans le square Trousseau. Elle ramasse un papier et une bouteille …

2
Christian est sur un banc. Il dessine …

Malika: Tiens, salut Christian!
Christian: Salut!

3
Christian pose le dessin sur le banc.

Malika: Oh, qu'est-ce que c'est?
Christian: C'est le square!
Malika: Et ça?
Christian: Ben, c'est la place de la Bastille!
Malika: Ah!

4
Christian: Toi, tu dessines aussi?
Malika: Oh, moi, dessiner, bof! Moi, j'aime la nature! Mais, ici, c'est sale!
Christian: Tu trouves?
Malika: Ben oui. Tiens, la bouteille sous l'arbre! Le carton devant le banc! Et la poubelle est vide!

20

5

Christian: Je dessine une affiche. Je marque: «Ici, on respecte la nature!». Tu es d'accord?
Malika: Oui, c'est super! Et on colle l'affiche dans le quartier.
Christian: Zut! Le bloc est vide.
Malika: Et la papeterie de Mme Rollin?
Christian: Elle est où, la papeterie?
Malika: Elle est là, rue Charles Baudelaire, derrière le square.

6

Christian entre dans le magasin avec Malika.

Christian: Bonjour, madame! Je cherche un bloc à dessin et aussi une gomme et un crayon.
Mme Rollin: Voici la gomme et le crayon et tu trouves le bloc à dessin là, sur l'étagère.
Christian: Merci, madame …

7

Christian quitte la papeterie avec Malika. Rue du Faubourg Saint-Antoine, Malika regarde derrière une porte …

Malika: Viens. Ici, on respecte la nature!
Christian: Qu'est-ce que c'est?
Malika: C'est une cour. C'est le paradis!
Christian: On entre?
Malika: Oui.

8

Christian: Tiens? Emma! Tu es là?
Emma: Oui. Bonjour, Christian. Salut, Malika. Voici Amandine.
Mme Salomon: Maintenant, c'est le chat d'Emma.
Christian: Vite, le bloc! Fürs Plakat!
Malika: Hein? Plakat?
Christian: Oui, pour l'affiche sur la nature!

1 A propos du texte

Vrai ou faux? Corrigez. (Richtig oder falsch? Verbessert.)*

Exemple:

Malika est dans le square.
→ C'est vrai.

Christian est sous le banc.
→ C'est faux. Christian est sur le banc.

1. Malika ramasse un bloc à dessin.
2. Christian dessine le square.
3. Malika respecte la nature.
4. Christian cherche un carton.
5. La papeterie est derrière le collège.
6. Malika entre dans une cour avec Christian.
7. Dans la cour, c'est sale!
8. Christian dessine une voiture pour Malika.

2 Qu'est-ce que c'est en français? (§§ 1, 4)

Posez la question à votre voisin/voisine. Il/Elle répond. Puis, changez de rôle. (Stellt eurem Nachbarn/eurer Nachbarin die Frage. Er/Sie antwortet. Tauscht dann die Rollen.)

Exemple:
– Qu'est-ce que c'est, en français?
– C'est **un** magasin. C'est **le** magasin de M. Dufour*.

1. M. Beckmann

2. Emma

3. Christian

4. Mme Bertaud

5. Mme Rollin

6. Théo

3 Le carton et la bouteille (§ 4)

a *Dessinez un carton et une bouteille dans votre cahier*. (Malt … in euer Heft.)*
b *Schaut euch die Zeichnungen an. Schließt nach zwei Minuten die Bücher. Schreibt die weiblichen Nomen in die Flasche und die männlichen Nomen in den Karton. Ergänzt den dazugehörigen Artikel:* ***le, la*** *oder* ***l'****.*

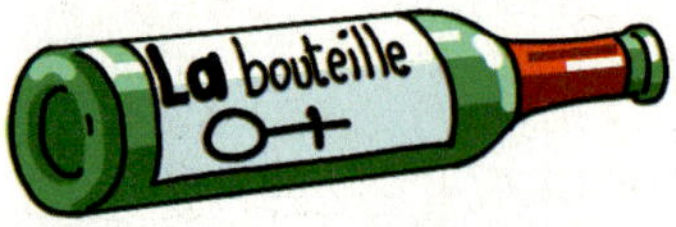

Qui a gagné? *1–2 = Bof!* *3–5 = Ça va.* *6–9 = Bien*!* *10–12 = C'est super!*
(Wer hat gewonnen?)

4 Dans la cour (§§ 4, 5, 7)

Regardez (betrachtet) le dessin. Posez la question: ***Il/Elle*** *est où …? et répondez.*

– **Elle** est où, Mme Bertaud?
Elle est **dans** la salle de classe*.

– **Il** est où,Victor?
– **Il** est …

5 Dialogues dans le square (§§ 5, 6)

Complétez les dialogues.

aimer	coller	entrer
chercher	dessiner	poser

– On ~ dans le square?
– D'accord!

– Tu ~ un papier?
– Non, je ~ un crayon.

– Malika, tu ~ un chat?
– Non, je ~ un chien!

– Tu ~ Christian?
– Mais non! J'~ la nature!

– Oh, elle ~ une affiche!
– Non, elle ~ le banc!

– Je ~ la poubelle ici?
– Oui, et moi, je ~ le papier dans la poubelle!

6 La classe respecte le collège. (§§ 5, 6)

a *Que fait la classe?*
1. Thomas **ramasse** un papier.
2. Victor …

Thomas	*Malika*
Victor	*Emma*

Mme Bertaud	*un garçon*
Christian	*une fille*

b A vous.
Vous voulez ranger votre salle de classe. (Ihr wollt euer Klassenzimmer aufräumen.) Cherchez des verbes de la partie **a** et faites des dialogues selon le modèle (… nach dem Muster):*

– Moi, je … et toi, tu …

– Oui, d'accord.
  Non, je pose la gomme dans la poubelle.

7 Jeu de mots

un professeur | un square | une rue
une bouteille | un dessin | la nature
une papeterie

a *Trouvez les mots qui vont ensemble (…, die zusammenpassen).*

Exemple:
un crayon → un dessin
1. une voiture → ?
2. ? → un collège
3. un bloc → ?

4. un banc → ?
5. ? → une poubelle
6. un arbre → ?

b *Inventez une situation* avec 2 ou 3 mots de la partie* **a**. *Ecrivez le texte dans le cahier (… eine Situation mit Hilfe von zwei oder drei Wörtern aus dem a-Teil. Schreibt …).*

Exemple:
Le professeur d'allemand est devant le square Trousseau. Il regarde une affiche. C'est une affiche sur la **nature.**

8 L'affiche (§ 7)

on dit…

So fragt man …

1. nach einer Person:
- **Qui est-ce?**
- C'est Mme Bertaud.
- **Qui est** Mme Bertaud?
- C'est le professeur d'allemand.

2. nach einer Sache:
- **Qu'est-ce que c'est?**
- C'est une affiche.

3. nach einem Ort:
- **Elle est où,** Mme Bertaud?
- Elle est devant le square Trousseau.

4. nach einer Tätigkeit:
- **Que fait** Mme Bertaud?
- Elle regarde l'affiche.

a *Lisez les exemples.*
b *Lisez les réponses* (die Antworten) et complétez les questions.*

Exemple: *Amélie:* Malika, ~? → Malika, elle est où?
Emma: Elle est **dans la cour**. → Elle est dans la cour.

1. *Amélie:* Tiens! ~?
   Emma: **C'est une affiche sur la nature.**
2. *Amélie:* Oh! Super! Et le garçon? ~?
   Emma: **C'est Christian.**
3. *Amélie:* ~ Christian?
   Emma: **C'est le nouveau.** Il est de Berlin.
4. *Amélie:* Ah oui! Un garçon sympa! Et ~ Christian?
   Emma: **Il dessine le paradis de Malika.**
5. *Amélie:* Mais ~, Malika?
   Emma: **Elle est là, derrière l'arbre.**

9 On fait un dialogue? (§§ 5, 6)

Faites des dialogues.

Exemple:
«regarder-papeterie»
– **On regarde** dans la papeterie?
– D'accord …

Ah oui!	Vite!	Ah non!
D'accord.		Zut!
C'est super!		Bof!

1 coller / affiche / porte

2 chercher / prénom

3 entrer / magasin

4 regarder / carton

5 poser / étagère / voiture

6 quitter / square

10 Jeu de sons

a *Lege eine Feder auf deine Hand und halte die Hand vor den Mund. Sprich das deutsche Wort „Papier". Bei den beiden „p" bewegt sich die Feder. Nun sprich das französische Wort „papier" aus. Wenn du es richtig machst, bewegt sich die Feder kaum. Mach dasselbe mit: ein Text/un texte und ein Karton/un carton.*
Répétez.

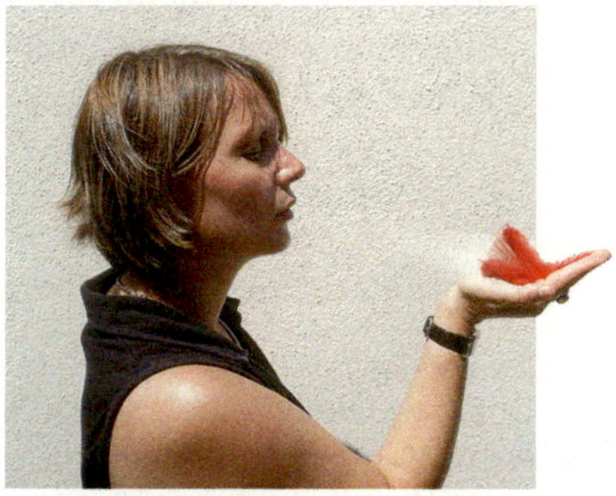

1. [p] Le papa de Patrick* pose la poubelle devant la porte.
2. [t] Rue Trousseau, Théo trouve une bouteille sous une voiture. «Ah non! Ici, on respecte la nature.»
3. [k] Christian quitte le collège avec Malika. «On colle l'affiche dans le quartier, d'accord?»

b *Faites des phrases* qui riment.*

1. ***Mme Rollin***	cherche	un crayon.
2. Christian	trouve	***dans un magasin.***
3. Le garçon	***entre***	la cour.
4. Le chien	quitte	sur un banc.
5. Mme Dufour	est	un dessin.

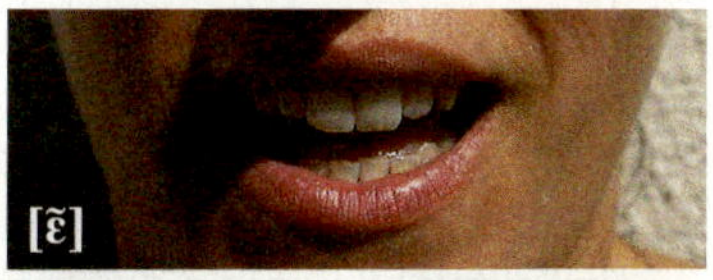

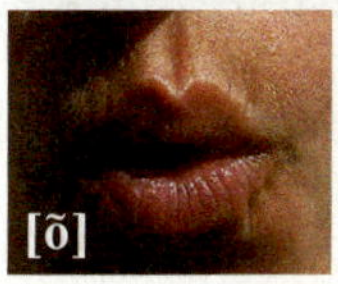

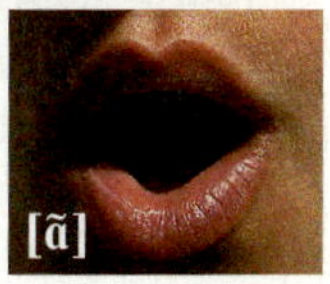

c *Sucht aus dem b-Teil Wörter mit Nasallauten heraus und ordnet sie der passenden Lippenstellung zu.*

11 Question et réponse (§§ 1, 4–7)

Posez des questions et répondez.

Qui est-ce?	**Il/Elle est où, ...?**
Qu'est-ce que c'est?	**Que fait ...?**

Qui est-ce?

C'est Christian.

Il est où, Christian?

Il est ...

12 Mit dem Französischbuch arbeiten

Stratégie

Viele Aufgaben im Buch könnt ihr auch selbstständig oder zusammen mit anderen aus der Klasse bearbeiten.
Euer Französischbuch liefert euch dazu eine Menge Hilfen.
Schaut euch den Wegweiser und das Vorwort auf S. 7 und den Anhang auf den Seiten 122–184 an. Dort findet ihr viele Hinweise, die euch das Französischlernen erleichtern werden.

Répondez. Ecrivez les réponses dans votre cahier.

1. Du hast vergessen, was das Wort „magasin" auf Deutsch heißt. An welchen beiden Stellen im Buch kannst du nachschlagen? **2 Punkte**
2. Hinter dem Wort *magasin* wird die Aussprache in Lautschrift angegeben. Du hast jedoch vergessen, was die Zeichen bedeuten. Auf welcher Seite findest du die Erklärung der Lautzeichen? **1 Punkt**
3. Suche das Wort *respecter* im ***Vocabulaire**** zur Lektion 2. Was bedeutet die Tilde (~) in der Mittelspalte? Was kannst du mit Hilfe der Fußnote überprüfen? **2 Punkte**
4. Was bedeutet das Zeichen ↔ in der Mittelspalte des ***Vocabulaire***? Finde zwei Beispiele dafür aus Lektion 2. **3 Punkte**
5. Suche den Eintrag „un chat" in der ***Liste des mots*.*** Was bedeutet die fettgedruckte Zahl 1 hinter dem Eintrag? **1 Punkt**
6. Auf welcher Seite findest du die Übersetzung der Arbeitsanweisung *Répétez*? **1 Punkt**
7. Auf welcher Seite findest du das französische Alphabet? **1 Punkt**

Vous trouvez les solutions à la page 184 (Die Lösungen findet ihr auf Seite 184).*

Punkte: 1–2 = Bof! 3–5 = Ça va. 6–9 = Bien! 10–11 = C'est super!

06 ## Dans le quartier, on trouve ...

1 Une librairie de BD

2 Le cirque d'hiver

3 La cour de l'étoile, rue du Faubourg Saint-Antoine

4 Le marché d'Aligre

5 La place de la Bastille

■ **Savoir faire**

→ Stratégie, page 14.

Schaut euch die fünf Bilder genau an. Ihr hört jetzt fünf kleine Dialoge.
Findet heraus, welcher Dialog (A bis E) zu welchem Bild passt.
Legt folgende Tabelle in eurem Heft an und tragt während des Hörens die passenden Buchstaben ein.

	A	B	C	D	E
1					
2					
3					
4					
5					

LEÇON 3

26 Tu habites où?

Et toi, tu habites où?

Dans la chambre d'Emma, il y a des ...

un carton → **des** carton**s** | **ein** Karton → ? Kartons
une étagère → **des** étagère**s** | **ein** Regal → ? Regale

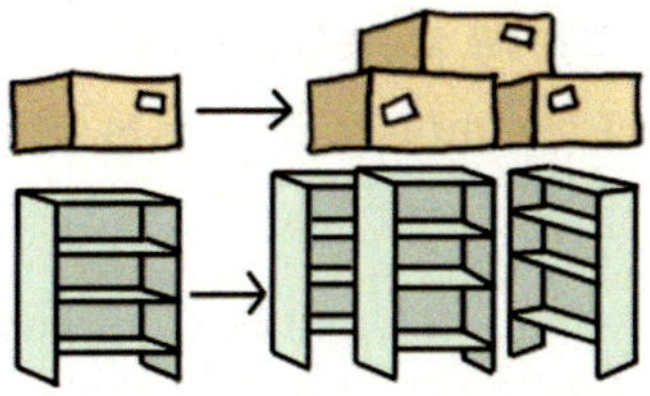

*Dans la chambre d'Emma et de Manon, **il y a des cartons. Il y a aussi des étagères.** Continuez. (Macht weiter.)*

27

Les copains d'abord

Emma: Tu regardes les annonces, maman?
Mme Carbonne: Oui, papa et moi, on cherche un appartement de cinq pièces ou une maison de deux étages.
Emma: Quoi? Quitter le quartier? Quitter les copains et les copines? Ah, non merci!

une pièce → cinq pièces
un étage → deux ...
... → les copains
la copine → ...
l'appartement → ...
... → les annonces

Complétez.

28 Où est le problème?

1 Les Carbonne sont dans la salle à manger. Ils regardent la télé.

Manon: Quoi? On quitte l'appartement?
Mme Carbonne: Mais oui, vous êtes deux dans une chambre et …
Emma: C'est vrai, nous sommes deux. Où est le problème?
Valentin: Avec Amandine, on est six dans la famille!

2 Mais les parents rêvent de cinq pièces. Ils visitent des appartements. Un jour, ils trouvent une maison à Montrouge, dans la banlieue de Paris. Le soir, ils racontent:

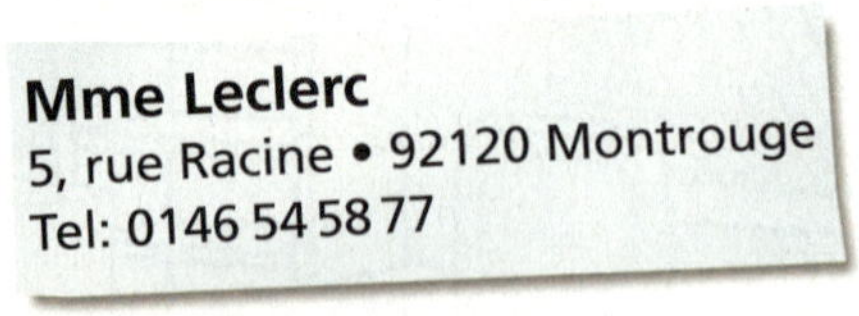

Mme Carbonne: La maison est super! Il y a deux étages et deux salles de bains! La propriétaire est d'accord.
M. Carbonne: Nous quittons l'appartement dans trois mois. Voici l'adresse.
Emma: Ben d'accord, vous quittez le quartier et nous restons!

3 Valentin et Amandine jouent avec l'ordinateur. Les deux filles sont sur le lit. Elles discutent. Habiter à Montrouge? Non! Elles aiment le collège, les copains et les copines. Elles cherchent des idées. Emma trouve une solution: Elle téléphone à Montrouge.

4 *Emma:* Allô, madame Leclerc? Je téléphone pour l'annonce. Je suis Emma Carbonne.

Mme Leclerc: Carbonne? Ah, oui. Bonjour, mademoiselle.
Emma: Euh … une question … Vous aimez la guitare électrique?
Mme Leclerc: Euh …
Emma: Et les voisins aiment les chiens?
Mme Leclerc: Ils aiment le silence, mademoiselle!
Emma: Ah, bon? C'est bizarre. Dans la famille, nous aimons les dobermans et la musique rock!
Mme Leclerc: Oh, quelle horreur!

1 A propos du texte

Ecrivez les phrases correctes (richtig) dans votre cahier.

Exemple: Les Carbonne sont dans ? → Les Carbonne sont dans la salle à manger.	la chambre de Valentin.	la salle de bains.	la salle à manger.
1. M. et Mme Carbonne rêvent de ?	trois salles de bains.	cinq pièces.	six chambres.
2. Un jour, ils visitent ?	une maison à Montrouge.	un appartement à Paris.	une maison dans le quartier.
3. Mais Emma et Manon aiment ?	la nature.	les voisins.	le quartier.
4. Que fait Emma? Elle cherche ?	un appartement.	une solution.	une adresse.
5. Elle ?	trouve une annonce.	colle une affiche.	téléphone à Montrouge.
6. Et elle raconte à Mme Leclerc: ?	Nous aimons la musique rock.	La maison est super!	Nous restons à Paris.

2 Ah, zut! (§§ 8, 9)

***Le, la, l'** ou **les**?*

Exemple:
– Ah zut! **La** poubelle!

3 On joue avec les verbes. (§ 12)

a *Cherchez les verbes à l'infinitif. (Findet die Verben im Infinitiv heraus.)*

aimer ? ? ? ? ?

? ? ? ? ? ?

b *Spielt zu zweit. Dazu braucht ihr einen Würfel. Die Augenzahlen entsprechen den Personen. Eine/Einer von euch nennt ein Verb aus der oberen Tabelle und würfelt. Die/Der andere bildet die Verbform, die zu der gewürfelten Zahl passt.*

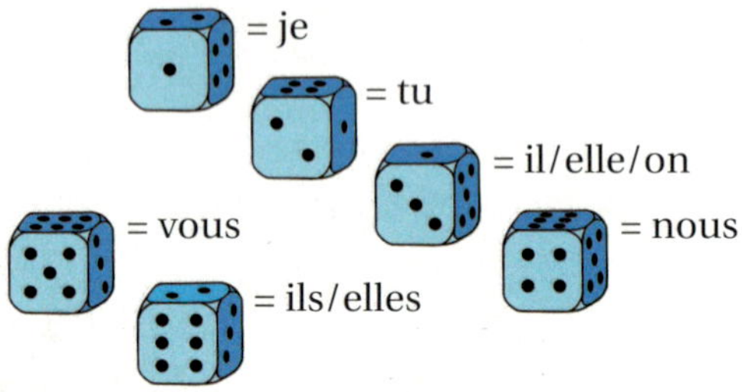

Exemple:
– Jouer.  → – **Tu joues.**

c *Mettez les verbes à la bonne forme*. Ajoutez les articles (Setzt die Verben in die richtige Form. Fügt Artikel hinzu).*

- Nous / chercher / maison / à Montrouge.
- Nous / quitter / rue Richard Lenoir!
- Vous / aimer / quartier?
- Vous / aimer / musique rock!
- Mais / nous / chercher / silence!
- Les filles / habiter / dans / chambre!
- A Montrouge, / il y a / maison.
- On / rêver d' / appartement / de 5 pièces.
- Vous / chercher / problèmes, les enfants*!

- Ah? Vous / quitter / appartement?
- On / aimer / collège / et / quartier!
- Nous / rester / ici!
- Oui. Et nous / regarder / aussi / télé!
- Papa, / tu / chercher / problème!
- Et / moi / je / habiter / avec / Amandine!
- Mais / à Paris, / nous / rester / avec / copains.
- Moi / je / rêver de / Christian!
- Non, / nous / chercher / solution!

d *Jouez la scène en classe.*

4 Une interview* avec la famille Carbonne (§ 13)

a *Trouvez les formes du verbe **être** et les réponses.*

1. – Bonjour, vous ~ les parents d'Emma?
2. – Et le garçon, qui ~-ce?
3. – Vous ~ deux enfants, dans la famille?
4. – Et toi, tu ~ la sœur* d'Emma?
5. – Les filles ~ à deux dans une chambre?
6. – Les Carbonne ~ super, hein, Amandine?

– C'est Valentin. Il ~ le frère* de Manon.
– Oui, nous ~ M. et Mme Carbonne.
– Oui, elles ~ à deux.
– Non, nous ~ trois enfants et un chat.
– Miaou, oui, ils ~ super.
– Oui, je ~ Manon Carbonne.

b *Trouvez l'ordre* des réponses.*

c *Ecrivez le dialogue et jouez la scène.*

5 Rue Richard Lenoir (§§ 8, 10)

Décrivez le dessin (Beschreibt …).

Exemple:

Dans la rue, il y a **des** magasins.
il y a **un** … / **une** … / **des** …

6 Qu'est-ce qu'il y a?* (§§ 8–10)

a *Madame Carbonne est dans la chambre d'Emma. C'est l'horreur*!*
Complétez le texte avec ***les*** *ou* ***des****.*

– Emma, ici, c'est l'horreur! Il y a ? papiers sous le lit!
– Non, maman, ce sont ? dessins de Christian.
– Et ? cartons, là, qu'est-ce que c'est?
– Mais, maman, ? cartons, ce sont ? maisons pour Amandine!
– Et là, il y a ? bouteilles là, là et là!
– Mais, maman, il y a ? poubelles dans la cuisine!
– Oui, et dans ? poubelles, qu'est-ce qu'il y a ? Il y a ? affiches!
– ? affiches? Qu'est-ce qu'il y a sur ? affiches?
– Il y a ? arbres, ? chats et ? chiens.
– Mais, maman, ce sont ? affiches de Malika! Que font* ? affiches de Malika dans la poubelle?

b *Jouez la scène en classe.*

7 Ecouter: Dans la cuisine

11 *Seht euch das Bild genau an. Ihr hört nun einige Sätze. Trifft der Satz zu, dann antwortet mit* ***oui****, ist er falsch, dann antwortet mit* ***non*** *und verbessert die Aussage in eurem Heft.*

Exemple:

Les Carbonne sont dans la salle de bains. → Non, ils sont dans la cuisine.

32 On reste dans le quartier!

1 La famille Carbonne est dans la cuisine. Le téléphone sonne. C'est madame Leclerc:

Madame Leclerc: Allô? Monsieur Carbonne?
M. Carbonne: Oui? J'écoute.
Mme Leclerc: Monsieur! Des chiens dans ma maison! Et une guitare électrique! Non, non et non!
M. Carbonne: Des chiens? Une guitare électrique? Mais, madame, je …
Mme Leclerc: Non! Mes voisins aiment le silence, monsieur! Au revoir!

2 Monsieur Carbonne regarde sa femme. Madame Carbonne regarde son mari. Manon regarde son assiette … et Amandine regarde Valentin.

M. Carbonne: Manon! Où est ta sœur?
Valentin: Elle est dans sa chambre, papa.

3 Dans la chambre d'Emma et de Manon …

M. Carbonne: Quoi? Amandine est un chien, maintenant? Et ta flûte est une guitare électrique? Je suis en colère, Emma!
Emma: Euh … Papa, …!

4 Emma raconte son histoire. Silence …

Mme Carbonne: Ah! Emma! Toi, avec tes histoires! Et la maison? Nous cherchons où maintenant?
Valentin: Eh ben, on cherche dans le quartier!
Emma: Bon, je cherche dans mon ordinateur.

Les parents et les enfants sont d'accord. Emma et son frère sont déjà sur Internet: ils regardent les annonces.

> **Appartement** à louer. 5 pièces. Quartier Bastille. S'adresser à Mme Judith Salomon, Cour de l'étoile d'or. Tél: 01 66 89 91 53

1 A propos du texte

Racontez. (Erzählt.)

1.  est dans la cuisine. 2. 

3. C'est madame Leclerc, la propriétaire: «Monsieur Carbonne, 

et une  dans ma maison, non merci!

4. Mes voisins aiment . Au revoir!»

5. Manon regarde son . 6. Monsieur Carbonne est .

Il cherche Emma. 7. Il  dans .

8. Emma 

son histoire.

9. La famille discute. Les enfants cherchent une solution dans .

2 On regarde des photos. (§ 14)

a *Faites des dialogues.*

Exemple: **le** collège est dans le quartier.

– Ça, c'est **mon** collège.
– Ah, bon? C'est **ton** collège? **Il** est dans le quartier?

C'est	Ce sont*
mon/ma	mes
ton/ta	tes

1. Le frère – rêve.
2. La sœur – aime les chats.
3. L'ordinateur (m.) – est super!
4. L'étagère (f.) – est bizarre!
5. Les parents (m.) – sont super.
6. Les copines – aiment la musique.
7. Les sœurs (f.) – sont super.
8. Les chiens (m.) – jouent.

b *Bringt Fotos von eurer Familie oder von Freunden mit. Stellt sie eurem Nachbarn oder der Klasse vor.*

C'est mon ..., ma ... / Ce sont mes ... / Voici mon ..., ma ..., mes ...

3 Qui est-ce? (§ 14)

*Décrivez les dessins et utilisez (benutzt) **son, sa, ses**.*

Exemple:
– Qui est-ce?
– C'est Manon avec **ses** copines.

4 Nous habitons à Paris.

on dit...

So fragt man, woher jemand stammt und wo er wohnt:

– Tu es d'où? / Vous êtes d'où? (Pl.)
– Vous êtes d'où? (eine Person)

– Tu habites où? / Vous habitez où? (Pl.)
– Vous habitez où? (eine Person)

und so antwortet man:

– Je suis – Nous sommes	de Berlin.
– J'habite – Nous habitons	à Paris. rue Trousseau. dans la banlieue de Paris.

Du triffst deinen Freund / deine Freundin mit seinem / ihrem Austauschpartner. Ihr unterhaltet euch darüber, woher ihr kommt und wo ihr wohnt. Spielt die Szene.

5 En français

a *Emma hat eine Annonce aufgegeben. Sie sucht eine/n deutsche/n Brieffreund/in. Du hast die Annonce gelesen und rufst Emma an.*

Exemple:

1. Du fragst nach Emma Carbonne und sagst, dass du wegen der Anzeige anrufst.
2. Sie sagt, dass sie es ist.
3. Du stellst dich vor (Name, Wohnort).
4. Sie sagt, dass sie im Quartier Bastille wohnt.
5. Du äußerst deine Überraschung und sagst, dass das Viertel toll ist.
6. Sie sagt, dass ihre Familie die Wohnung in drei Monaten verlässt.
7. Du sagst, dass du in deinem Viertel bleibst und dass du deine Freunde magst.
8. Sie sagt, dass sie in der rue Richard Lenoir wohnt.
9. Du gibst deine Straße und deinen Wohnort an und verabschiedest dich von ihr.
10. Sie verabschiedet sich von dir.

b *Jouez la scène.*

6 Jeu de sons (§ 11)

37 **a** *Ecoutez les phrases. Copiez le tableau dans votre cahier. (Übertragt die Tabelle in euer Heft.) Ecrivez les mots dans la bonne colonne (… in die richtige Spalte).*

[ʒ]	[ʃ]	[z]	[s]
jouent	chat	magasin	Christian
…	…	…	…

b *Lisez le texte à haute voix. (Lest den Text laut vor.)*

Voici les trois‿enfants Carbonne. Ils‿habitent dans‿un‿appartement, rue Richard Lenoir. Le quartier est‿un paradis! Devant l'appartement il y a cinq‿arbres. Madame Carbonne rêve de quitter son‿appartement. Elle cherche des‿annonces. Elle trouve une maison avec un‿étage à Montrouge. Les‿enfants cherchent des‿idées pour rester. Emma et Manon discutent. Elles‿aiment le quartier. Elles trouvent sept‿idées, huit‿idées, dix‿idées.

7 L'appartement de la famille Carbonne

a *Copiez le filet à mots dans votre cahier et complétez-le avec le vocabulaire.*
(Übertragt das Vokabelnetz in euer Heft und vervollständigt es dort mit Hilfe des Vokabulars).

b *Dessinez des filets à mots pour les centres d'intérêt **«une famille»** et **«un quartier»***
*(Erstellt Vokabelnetze zu den Sachfeldern **„une famille"**, **„un quartier"**).*

8 Anders Vokabeln lernen

Stratégie

Folgende Tipps sollen euch zeigen, wie ihr euch Vokabeln besser einprägen könnt.
(Weitere Tipps zum Vokabellernen findet ihr auf Seite 123.)

- **Eselsbrücken erfinden:**

  Bilder, Gerüche, Geschmäcker, Geräusche, Stimmungen, Erinnerungen an Erlebnisse und auch Witze können euch helfen, euch an bestimmte Wörter zu erinnern.

- **Klangbilder erfinden:**

  Liedtexte, Gedichte und Werbesprüche prägen sich durch ihre Reime leichter ins Gedächtnis ein. Erfindet Reime zu Wörtern, die ihr euch nur schwer merken könnt.

- **Vokabeln darstellen:**

  Ihr könnt euch Vokabeln bewusster machen, indem ihr sie pantomimisch darstellt.

a *Denkt euch fünf persönliche Eselsbrücken aus und zeigt sie eurer Klasse.*

b *Wählt 2 oder 3 „Lieblingswörter" aus, bringt sie in Reimform und lernt den Reim auswendig. Stellt ihn eurer Klasse vor.*

c *Sucht euch einen Partner. Einer/Eine von euch stellt stumm die ersten fünf Wörter in beliebiger Reihenfolge nacheinander dar. Der/Die andere nennt die Wörter. Tauscht die Rollen.*
horreur/colère/sonner/ordinateur/raconter/assiette/étage/maison/maintenant

36

Quelle famille!

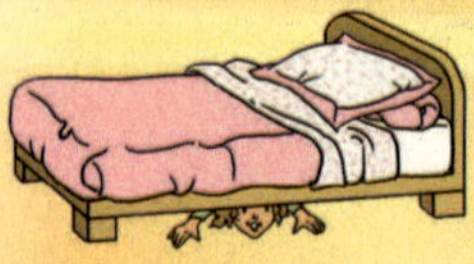

Papa est sur la branche
Ma sœur est sous le lit
Maman est sur le toit
Mon frère est sous le tapis

Sur la branche
Sous le lit
Quelle famille, les amis!
Sur le toit
Sous l'tapis

Le chat est au marché
L'oiseau est dans le lit
Le chien est à l'école
La poule est à Paris!

Au marché
Dans le lit
Quelle famille, les amis!
A l'école
A Paris

L'oiseau est sur la branche
La poule est sous le lit
Le chat est sur le toit
Le chien est sous l'tapis!
Papa est au marché
Ma sœur est dans le lit
Mon frère est à l'école
Maman est à Paris

Sur la branche
Sous le lit
Sur le toit
Sous l'tapis
Au marché
Dans le lit

Bruno Husar

Savoir faire

→ Stratégie, page 39.

a *Einige Wörter sind euch noch unbekannt. Was sie bedeuten, verraten euch die Bilder.*

b *Malt in euer Heft sechs Bilder, die zu den jeweiligen Zeilen der letzten Strophe passen.*

c *Sucht zu diesem Text ein Sachfeld eurer Wahl, z.B. les meubles (die Möbel), und erstellt dazu ein Vokabelnetz mit Wörtern aus dem Liedtext und anderen bekannten Wörtern.*

1 Dans la cour (§§ 1, 4, 8–10)

a *Cherchez les articles et complétez les phrases.*

1. Deux filles discutent sur ? banc.
2. Un garçon ramasse ? bouteilles.
3. «Où est ? poubelle?»
4. «Elle est derrière ? arbre.»
5. Une fille joue avec ? chats.
6. Ce sont ? chats de Mme Salomon.
7. Un monsieur colle ? affiche.
8. Deux enfants regardent ? affiche.
9. Voici ? texte de l'affiche.

b *Inventez le texte de l'affiche en français.*

2 Amandine et les verbes (§§ 2, 6, 12–13)

a *Cherchez les 11 verbes et ajoutez les pronoms (je, tu, il, etc.).*

b *Jouez à deux. Inventez des verbes pour Amandine. Votre voisin cherche les verbes et les pronoms.*

3 Tu cherches avec moi?

Emma: Florian, ma sœur cherche son crayon, sa gomme et ses dessins. On cherche ensemble?
Florian: Wie? Wer ist Masseur?
Emma: Mais non! Ma sœur Manon!
Florian: Ach so, deine Schwester! Was macht Manon?
Emma: Elle cherche ses dessins.
Florian: „deseng", was ist das auf Deutsch?
Emma: En allemand, c'est «Zeichnungen». Où sont les dessins de Manon?
Florian: Nun ja …, ihre Zeichnungen sind dort unter deinem Bett in deinem Mülleimer.
Emma: Oh, quelle horreur! C'est sale!

a *Traduisez (übersetzt) les phrases du correspondant (Brieffreund) d'Emma en français et les phrases d'Emma en allemand.*

b *Jouez la scène en français.*

⟨Plateau 1⟩

OCTOBRE	NOVEMBRE	DÉCEMBRE
1 D Ste Thér. de l'E.-J.	1 M Toussaint	1 V Ste Florence
2 L St Léger	2 J Défunts	2 S Ste Viviane
3 M St Gérard	3 V St Hubert	3 D Avent
4 M St Fr. d'Assise	4 S St Charles	4 L Ste Barbara
5 J Ste Fleur	5 D Ste Sylvie	5 M St Gérald
6 V St Bruno	6 L Ste Bertille	6 M St Nicolas
7 S St Serge	7 M Ste Carine	7 J St Ambroise
8 D Ste Pélagie	8 M St Geoffroy	8 V Imm. Conception
9 L St Denis	9 J St Théodore	9 S St P. Fourrier
10 M St Ghislain	10 V St Léon	10 D St Romaric
11 M St Firmin	11 S Armistice 1918	11 L St Daniel
12 J St Wilfried	12 D St Christian	12 M Ste J.-F. Chantal
13 V St Géraud	13 L St Brice	13 M Ste Lucie
14 S St Juste	14 M St Sidoine	14 J St Odile
15 D Ste Térèse	15 M St Albert	15 V Ste Ninon
16 L Ste Edwige	16 J Ste Marguerite	16 S Ste Alice
17 M St Baudouin	17 V Ste Elisabeth	17 D St Judicaël
18 M St Luc	18 S Ste Aude	18 L St Gatien
19 J St René	19 D St Tanguy	19 M St Urbain
20 V Ste Aline	20 L St Edmond	20 M St Abraham
21 S Ste Céline	21 M St Gélase	21 J HIVER
22 D Ste Elodie	22 M Ste Cécile	22 V Ste F.-Xavière C.
23 L St Jean de C.	23 J St Clément	23 S St Armand
24 M St Florentin	24 V Ste Augusta	24 D Ste Adèle
25 M St Crépin	25 S Ste Catherine L.	25 L NOËL
26 J St Dimitri	26 D St Conrad	26 M St Etienne
27 V Ste Emeline	27 L St Séverin	27 M St Jean Apôtre
28 S St Simon et Jude	28 M St Jacq. de la M.	28 J SS. Innocents
29 D St Narcisse	29 M St Saturnin	29 V St David
30 L Ste Bienvenue	30 J St André	30 S St Roger
31 M St Wolfgang		31 D ST SYLVESTRE

une semaine

C A L E N D R I E R

JANVIER	FÉVRIER	MARS	AVRIL	MAI
1 S JOUR DE L'AN	1 M Ste Ella	1 M St Aubin	1 S St Hugues	1 L FÊTE DU TRAVAIL
2 D Epiphanie	2 M Prés. du Seigneur	2 J St Charles le Bon	2 D PÂQUES	2 M St Boris
3 L Ste Geneviève	3 J St Blaise	3 V St Guenolé	3 L St Richard	3 M St Phil. et Jacques
4 M St Robert de R.	4 V Ste Véronique	4 S St Casimir	4 M St Isidore	4 J St Sylvain
5 M St Edouard	5 S Ste Agathe	5 D Ste Olive	5 M Ste Irène	5 V Ste Judith
6 J Ste Melaine	6 D St Gaston	6 L Ste Colette	6 J St Marcellin	6 S Ste Prudence
7 V St Raymond	7 L Ste Eugénie	7 M Ste Félicité	7 V St J.-B. de la Salle	7 D Ste Gisèle
8 S Ste Peggy	8 M Ste Jacqueline	8 M St J. de Dieu	8 S Ste Julie	8 L Victoire 1945
9 D Ste Alix	9 M Ste Apolline	9 J Mi-Carême	9 D St Renaud	9 M St Pacôme
10 L St Guillaume	10 J St Arnaud	10 V St Vivien	10 L St Fulbert	10 M Ste Solange
11 M St Paulin	11 V N.-D. de Lourdes	11 S St Euloge	11 M St Stanislas	11 J Ascension
12 M Ste Tatiana	12 S St Félix	12 D Ste Justine	12 M St Jules	12 V St Achille
13 J St Remi	13 D Ste Béatrice	13 L St Rodrigue	13 J Ste Ida	13 S Ste Rolande
14 V Ste Nina	14 L St Valentin	14 M Ste Mathilde	14 V Ste Lidwine	14 D Fête J. d'Arc
15 S Ste Rachel	15 M Mardi gras	15 M Ste Louise de M.	15 S St Paterne	15 L Ste Denise
16 D St Marcel	16 M Cendres	16 J Ste Bénédicte	16 D Ste Bernadette	16 M St Honoré
17 L Ste Roselyne	17 J St Alexis	17 V St Patrice	17 L St Etien. Harding	17 M St Pascal
18 M Ste Prisca	18 V St Lavien	18 S St Cyrille	18 M St Parfait	18 J St Eric
19 M St Marius	19 S St Gabin	19 D St Joseph	19 M Ste Emma	19 V St Yves
20 J St Sébastien	20 D Carème	20 L PRINTEMPS	20 J Ste Odette	20 S St Bernardin
21 V Ste Agnès	21 L St P. Damien	21 M Ste Clémence	21 V St Anselme	21 D PENTECÔTE
22 S St Vincent	22 M Ste Isabelle	22 M Ste Léa	22 S St Alexandre	22 L St Emile
23 D St Barnard	23 M St Lazare	23 J St Victorien	23 D St Georges	23 M St Didier
24 L St Fr. de Sales	24 J St Modeste	24 V Ste Catherine de S.	24 L St Fidèle	24 M St Donatien
25 M Conv. St Paul	25 V St Roméo	25 S Annonciation	25 M St Marc	25 J Ste Sophie
26 M Ste Paule	26 S St Nestor	26 D Rameaux	26 M Ste Alda	26 V St Bérenger
27 J Ste Angèle	27 D Ste Honorine	27 L St Habib	27 J Ste Zita	27 S St Augustin de C.
28 V St Th. d'Aquin	28 L St Romain	28 M St Gontran	28 V Ste Valérie	28 D FÊTE DES MÈRES
29 S St Gildas	29 M St Auguste C.	29 M St Jonas	29 S Ste Cath. de Sienne	29 L St Aymar
30 D Ste Martine		30 J St Amédée	30 D Souv. Déportés	30 M St Ferdinand
31 L Ste Marcelle		31 V St Benjamin		31 M Visit. de la Vierge

38 S

Noël[1] en France[2]

«Noël, c'est une fête[3] de famille. Le soir du 24 décembre[4], on fête[5] le réveillon[6] ensemble. On mange[7] la bûche[8] de Noël. Le père Noël[9] passe[10] dans la nuit[11] et le 25 décembre, on cherche les cadeaux[12] sous l'arbre de Noël[13].»

Martin, 12 ans

La fête des rois[14]

«Chez nous, le 6 janvier[15], on mange la galette des rois[16]. Tiens! Qui trouve la fève[17] dans la galette? C'est mon frère! Il a la couronne[18]. Vive[19] le roi! Et qui est la reine[20]? La reine, c'est moi!»

Marion, 11 ans

a *En Allemagne (in Deutschland), on fête aussi Noël et la fête des rois. Racontez.*

b *Regardez le calendrier. Connaissez-vous d'autres fêtes en allemand? (Schaut euch den Kalender an. Kennt ihr noch andere Feiertage auf Deutsch?)*

1 Noël *(m)* [noɛl] Weihnachten – **2 en France** [ɑ̃fʀɑ̃s] in Frankreich – **3 une fête** [ynfɛt] eine Feier/ein Festtag – **4 décembre** [desɑ̃bʀ] Dezember – **5 fêter** [fɛte] feiern – **6 le réveillon** [ləʀevɛjɔ̃] Heiligabend – **7 manger** [mɑ̃ʒe] essen – **8 la bûche** [labyʃ] Weihnachtskuchen – **9 le père Noël** [ləpɛʀnoɛl] der Weihnachtsmann – **10 passer** [pase] vorbeikommen – **11 la nuit** [lanɥi] die Nacht – **12 les cadeaux** [lekado] die Geschenke – **13 l'arbre de Noël** [laʀbʀdənoɛl] der Weihnachtsbaum – **14 le roi** [ləʀwa] der König – **15 janvier** [ʒɑ̃vje] Januar – **16 la galette des rois** [lagalɛtdeʀwa] Blätterteigkuchen mit Marzipanfüllung – **17 la fève** [lafɛv] die Bohne – **18 la couronne** [lakuʀɔn] die Krone – **19 vive …** [viv] es lebe … – **20 la reine** [laʀɛn] die Königin

LEÇON 4

40 Les activités

8 la musique

3 le dessin

1 le foot

6 les jeux vidéo

7 la natation

4 l'escalade

5 le roller

Ordnet die Tonbeispiele den verschiedenen Fotos zu. Legt euch dazu eine Tabelle im Heft an, nummeriert diese von 1 bis 8 durch und schreibt zu jedem Beispiel die auf dem Foto gezeigte Tätigkeit auf.

Exemple 1	**Photo 7: la natation**
Exemple 2	**...**
...	**...**

2 le théâtre

Au club

le club de dessin → Christian est **au club** de dessin.
la maison → Malika est **à la maison**.
l'école* → Madame Bertaud est **à l'école**.
les W.-C → Valentin est **aux W.-C**.

à + le	→	au
à + la	→	à la
à + l'	→	à l'
à + les	→	aux

Continuez.
1. Thomas / le collège
2. Manon / la porte
3. M. Carbonne / le téléphone
4. Mme Carbonne / l'étage
5. Valentin / le lit
6. Christian / la papeterie

C'est une photo de ...

de + le	→	du
de + la	→	de la
de + l'	→	de l'
de + les	→	des

C'est une photo **du** square Trousseau.

C'est une photo **de la** papeterie du quartier.

C'est une photo **de l'**école du quartier.

C'est une photo **des** arbres du quartier.

Continuez.

C'est une photo de **?** d'Emma.

...

...

...

...

41 Je fais du foot, et toi?

Et vous? Qu'est-ce que vous aimez? Qu'est-ce que vous faites?

Exemple:
Moi, j'aime le/la/l'/les. Je fais du/de la/de l'...

42 Au club d'escalade

Avant la lecture, faites l'exercice 13 à la page 51. (Macht vor der Lektüre die Übung 13 auf S. 51.)

1 Le mercredi après-midi au collège Anne Frank, c'est le jour des activités. Les élèves ont sport, musique ou théâtre. En sport, ils font de l'escalade, de la danse, ou du foot.

2 Les élèves du groupe d'escalade sont dans le gymnase.

Victor: Tiens, Thomas, tu ne joues pas au foot aujourd'hui?
Thomas: Non, je n'ai pas envie!
Victor: Mais tu débutes dans l'escalade!
Thomas: Non! Je ne débute pas. Mon père et moi, nous faisons de l'escalade à Fontainebleau! L'escalade n'est pas un problème pour moi. En plus, j'ai douze ans!
Emma: Ah, le prof arrive!

Le prof: Bonjour, bonjour! Tiens, nous avons un nouveau dans le groupe? Tu t'appelles comment?
Thomas: Bonjour, monsieur, je m'appelle Thomas. Je suis nouveau mais je ne débute pas. Je fais souvent de l'escalade avec mon père.

Le prof: Tu as quel âge?
Thomas: J'ai douze ans.
Le prof: Ah bon? D'accord, alors tu grimpes avec Victor.

3 Thomas et Victor regardent le mur d'escalade. Le professeur de sport, monsieur Boulay, prépare les cordes et les casques.

4 Tout à coup, Thomas grimpe sur le mur. Victor crie: „Attention! On ne grimpe pas sans corde!" mais Thomas n'écoute pas. Le professeur arrive. Il est en colère. Il crie: „Thomas! Où est ta corde?" Thomas regarde en bas. Et là, tout à coup, il a peur …

5 Le prof grimpe avec une corde pour Thomas. Il attache Thomas, puis ils arrivent en bas sans problème.

6 *Le prof:* Et voilà! Eh bien, Thomas, quelle histoire! Vous faites souvent de l'escalade, ton père et toi?

Thomas: Oui, … euh, … le mur d'escalade n'est pas facile!

Victor: Thomas, tu fais de l'escalade, non? Mais tu grimpes où? Dans ton lit, le soir? Tu as peur, en haut, hein?

Emma: Eh, Victor, Thomas aime l'escalade. Ce n'est déjà pas mal! Vous ne trouvez pas, monsieur Boulay?

Le prof: Si, c'est super, mais pas sans corde. Thomas, ici, on grimpe avec des cordes, et surtout, on écoute le prof, d'accord?

Thomas: D'accord, monsieur!

Le prof: Ce n'est pas grave. On ramasse les cordes et les casques et on grimpe!

Victor: Mais maintenant, Thomas, tu restes avec moi!

1 A propos du texte

a *Répondez aux questions. Faites des phrases.*

Exemple: 1. Thomas a peur.

1. Qui a peur?
2. Qui prépare les cordes et les casques?
3. Qui arrive?
4. Où sont les élèves du groupe d'escalade?
5. Que fait Thomas tout à coup?
6. Que crie Victor?
7. Que font les élèves le mercredi après-midi?
8. Que ramassent les élèves?

b *Mettez les réponses dans le bon ordre (… in die richtige Reihenfolge).*

2 On compte*. (§ 17)

a *Comptez de 0 à 30. Remplacez* 4, 8, 12, 19, 24 par **Bof!** (Ersetzt … durch …)*

48 **b** *Ecoutez et répétez.*

Exemple:

2 maisons / étages → deux maisons / deux‿étages.

3 mots / exemples
4 professeurs / ordinateurs
5 cuisines / entrées
6 pièces / appartements
7 familles / enfants
8 jours / étagères
9 voitures / flûtes
10 classes / élèves
20 albums / enfants
21 ans / maisons
30 garçons / filles

3 Dans la cour du collège (§ 18)

Lisez le texte. Ajoutez les formes du verbe «avoir».

avez **as** **avons** **a/a** **ont** **a** **avez** **ai** **avons** **ai** **ai**

Mme Bertaud: Bonjour, les enfants. Vous ~ sport, aujourd'hui?
Emma: Oui, nous ~ sport avec monsieur Boulay. Aujourd'hui, nous faisons du roller.
Thomas: Victor, il ~ peur! Il ~ onze ans. Mais moi, j' ~ douze ans!
Victor: Non, toi, tu ~ peur!
Mme Bertaud: Mais, vous ~ des casques, non?
Emma: Oui, nous ~ des casques. Moi, j' ~ un casque avec un dessin de Christian.
Mme Bertaud: Il est super, ton casque, mais, où est Malika?
Thomas: Elle ~ musique aujourd'hui.
Mme Bertaud: Oh, et moi, j' ~ rendez-vous* avec les élèves de la classe 5a. Ils ~ allemand. Alors au revoir!

4 Qui fait quoi le mercredi? (§§ 15, 16)

*Complétez les phrases avec **«faire un/une/des»** ou **«faire du/de la/de l'»**.*

Exemple:
1. Christian fait une photo.

1. Christian ~ .

2. Maintenant, vous ~ . 3. Christian, tu ~? 4. Qui ~? Et qui ~? 5. Nous ~ .

6. Je ~. 7. Aujourd'hui, nous ~. 8. Vous ~? 9. Les enfants ~.

5 Emma raconte. (§ 19)

*Mettez les verbes à la bonne forme. Utilisez la négation **«ne ... pas»**.*
(Verwendet die Verneinung „ne ... pas".)

1. Le mercredi après-midi, nous (rester) au collège. Nous faisons du sport ou de la musique. 2. Christian (grimper). Il dessine au club de dessin. 3. Victor (jouer) au foot. Il fait de l'escalade avec monsieur Boulay. 4. Les élèves (entrer) dans le gymnase sans casque. 5. Avec monsieur Boulay, on (discuter). 6. «Vous (quitter) le gymnase sans les cordes et les casques!»

6 Communiquer: Tu aimes le roller? (§§ 9, 19)

Travaillez à deux (Arbeitet zu zweit). Faites des dialogues.

Exemple:
– Tu aimes le roller? – Oui, j'aime le roller.
– Non, je n'aime pas le roller.

7 Non! Si! (§ 19)

*Trouvez les réponses. Utilisez **«non»** ou **«si»**.*

Exemple:
Malika: Vous quittez le quartier?
Emma: **Non**, nous **ne** quittons **pas** le quartier!

Victor: Thomas, tu n'aimes pas le foot?
Thomas: **Si**, j'aime le foot.

1. *Malika:* Tu débutes dans le dessin?
   Christian: ~.
2. *Christian:* Tu n'aimes pas mon affiche?
   Malika: ~.
3. *Emma:* Vous n'aimez pas la musique rock, Mme Leclerc?
   Mme Leclerc: ~.
4. *Thomas:* Vous ne restez pas dans le quartier?
   Emma: ~.
5. *M. Boulay:* Tu n'as pas peur sans casque?
   Thomas: ~.
6. *M. Boulay:* Thomas, vous grimpez sans corde, toi et ton père?
   Thomas: ~.

8 C'est moi!

on dit...

Ihr könnt jetzt schon viel über euch sagen:

Moi	**Mes frères / sœurs / copains / animaux***	**Mes activités**
Je suis/je m'appelle …	J'ai un frère, (Pierre*).	J'aime le/la/les …
Je suis de …	Il a … ans.	Je n'aime pas le/la/les …
J'habite à …	J'ai une sœur, (Julia*).	Je fais du/de la/de l'/des …
J'ai … ans.	Elle a … ans.	Mon adresse e-mail* est: …
Je suis élève au collège …	Mes copains/copines sont …	
	J'ai un chien/un chat/un …	

a **A vous.** *Présentez-vous sur une affiche. (Stellt euch auf einem Plakat vor.)*

b **A vous.** *Présentez un copain/une copine sans dire son nom. Les autres devinent de qui il s'agit. (Stellt einen Freund/eine Freundin vor, ohne seinen/ihren Namen zu nennen. Die anderen raten, um wen es sich handelt.)*

9 Jeu de sons

a *Lisez les mots à haute voix. Faites trois listes (Listen) dans votre cahier.*

[ɛ̃]	[õ]	[ɑ̃]	
(in, im, ain, ym)	(on, om)	(an, am, en, em)	voisin comment maison Berlin maintenant enfant Amandine un sympa Internet son prénom chambre banc enfin* exemple envie grimper danse souvent onze vingt
voisin …	…	…	

b *Deux mots peuvent aller dans deux listes. Lesquels? (Zwei Wörter passen in zwei Spalten. Welche?)*

10 Vous êtes d'accord?

Travaillez à deux. Trouvez les phrases qui vont ensemble.

1. ***Que font les élèves en sport?***	Il s'appelle* monsieur Boulay.
2. Ils ne restent pas au collège pour le sport?	Non, il a peur!
3. Comment s'appelle le professeur de sport?	Non, ils grimpent sur un mur d'escalade.
4. On grimpe avec un crayon et une gomme?	***Ils font de l'escalade, de la danse ou du roller.***
5. Les élèves grimpent sur un arbre?	Non, il n'a pas envie!
6. Thomas ne joue pas au foot aujourd'hui?	Si, ils sont d'accord.
7. Thomas regarde en bas sans problème?	Non, on grimpe avec une corde et un casque.
8. Emma et M. Boulay ne sont pas d'accord.	Si. Ils font du sport dans le gymnase du collège.

11 Ecouter: La fête*

a *Ecoutez le texte et trouvez les phrases correctes.*
Ecrivez les phrases correctes dans votre cahier.

1. Emma et ses copains sont ?	devant le collège.	dans la cour.	dans le gymnase.
2. Emma fait une fête ?	mercredi après-midi.	maintenant.	mercredi soir.
3. Christian a ?	des CD* en allemand.	de la musique rock.	des CD en français.
4. Les parents d'Emma ?	quittent le quartier.	ne quittent pas le quartier.	quittent le collège.
5. Emma ?	reste au collège.	ne reste pas au collège.	cherche un collège.
6. Pour la fête, Thomas fait ?	une affiche.	de l'escalade.	des photos.
7. Et Christian fait ?	une affiche.	des dessins.	des photos.

b *Ecoutez encore une fois* le texte et répondez: Qui vient à la fête?*
(Hört euch den Text noch einmal an und antwortet: Wer kommt zum Fest?)

12 La police en roller* (§§ 15, 16, 18, 19)

M. Pajon* travaille* à Paris, dans le quartier Bastille-République.
Il est policier*. Victor, Christian et Emma sont dans la rue Richard Lenoir.

Mettez les mots entre parenthèses (in Klammern) à la bonne forme.

Christian: Victor, là, le policier! Je **(rêver)** ! Il **(faire de)** roller.
Victor: Pardon*, monsieur, une question: vous **(travailler)** en roller?
M. Pajon: Oui, c'est ça, tu **(ne pas rêver)** . Nous sommes 25 policiers en roller.
Emma: Vous **(aimer)** le roller, alors?
M. Pajon: Oui, c'est super: je **(faire de)** sport et je **(travailler)**.
Christian: Nous aussi, nous **(faire de)** roller.
M. Pajon: Et vous **(avoir)** des casques?
Victor: Mais oui!
Emma: Moi, je **(faire de)** musique. Vous aussi, vous **(faire de)** musique?
M. Pajon: Oui, je **(avoir)** une guitare. Tu **(avoir)** aussi une guitare?
Emma: Non, je **(avoir)** une flûte.
Victor: Mes sœurs **(faire de)** flûte. Moi, je **(ne pas aimer)** la flûte. Je **(faire de)** guitare.
M. Pajon: Ah, bon? Bon alors, au revoir.
Victor et Emma: Au revoir!

13 Einen Text verstehen

Stratégie

1. Bevor ihr anfangt zu lesen, schaut euch zunächst die Überschrift und die Bilder an. Sie verraten häufig schon viel über das Thema des Textes.
2. Lest dann den Text einmal ganz durch. Vieles könnt ihr verstehen, auch wenn ihr noch nicht alle Wörter kennt.
3. Lest den Text ein zweites Mal. Achtet dabei auf Wörter, die euch an Fremdwörter oder an Wörter einer anderen Sprache, z.B. Englisch, erinnern. Tragt diese Wörter in eurem Heft in eine Tabelle ein.

Französisch	weitere Sprache	Deutsch
activité	*Englisch: activity*	*Aktivität*
...	...	...

Legt eine solche Tabelle in eurem Heft an. Lest euch den Lektionstext auf S. 45 und 46 durch. Tragt die Wörter, die in Frage kommen, in die Tabellenspalten ein.

Les activités au Collège Anne Frank

http://parcours-diversifies.scola.ac-paris.fr/parcourssciences/clgannefrank.htm

Lundi	Mardi	Mercredi	Jeudi	Vendredi	Samedi	Dimanche
17 h 30 **Association sportive** • roller		12 h 30 **Foyer socio-éducatif** • club informatique • club Internet • club théâtre • club de lecture (au CDI) 13 h 30 **Association sportive** • club de danse • club d'escalade • club de tennis 13 h 30 **Atelier de pratique artistique** • club de dessin • club de peinture		15 h 30 **Atelier théâtre et danse** • club de théâtre • club de danse (au gymnase)		

Moi, je suis Malika. J'adore les danses latines. Alors, je vais au club de danse au collège. En plus, au CDI, on trouve des livres super. Je vais aussi au club de lecture.

Savoir faire

Nachdem ihr die „stratégie" (S. 51) durchgearbeitet habt, seid ihr sicherlich in der Lage, die folgenden Fragen zur Schulhomepage zu beantworten:

1. Was heißt „Freitag", was heißt „Sonntag" auf Französisch?
2. Findet eine treffende Übersetzung für *„Association sportive"*.
3. Schaut euch die französischen Angaben der Uhrzeiten genau an. Vergleicht mit dem Deutschen.
4. Wo geht ihr hin, wenn ihr am Computer arbeiten möchtet?
   → *Je vais au club …*
5. …, wenn ihr lesen möchtet? → *Je vais au club …*
6. …, wenn ihr zeichnen möchtet? → *Je vais …*
7. …, wenn ihr gerne Tennis spielen möchtet? → …
8. …, wenn ihr euch für Theater interessiert? → …
9. Stellt euch vor, ihr wärt Schüler/in am Collège Anne Frank. An welcher AG würdet ihr am liebsten teilnehmen? Schreibt einen kurzen Text, in welchem ihr eure Wahl erläutert. Hier ein paar wichtige Sätze:
   Je m'appelle … J'aime faire … Je vais à … Le cours commence à …
10. Erstellt einen „Wochenplan" zu den AG's eurer Schule auf Französisch.

Je m'appelle Thomas. J'aime faire de l'escalade. Mon père et moi, nous adorons la montagne.

LEÇON 5

50 A Paris

4 la pyramide du Louvre

1 l'Arche de la Défense

5 l'Arc de triomphe

2 La tour Eiffel est sur la rive gauche de la Seine.

3 Le Forum des Halles est sur la rive droite de la Seine.

51 ■ **Cousin – cousine**

Adrien a 22 ans. Il est de Genève. Maintenant, il est cuisinier à Paris et travaille dans un restaurant à la Défense. Aujourd'hui, il va chez les Carbonne.

Emma: Salut, cousin! Ça va?
Adrien: Salut, cousine! Oui, ça va bien.
Emma: Alors, tu aimes Paris?
Adrien: Ben … je travaille. Paris, pour moi, c'est le restaurant.
Emma: Quelle chance!
Adrien: Pourquoi?
Emma: Parce que tu vas au restaurant à midi. Moi, je vais à la cantine!
Adrien: Non, je ne vais pas au restaurant! Je travaille au restaurant de midi à minuit!
Emma: Samedi, maman, papa, Manon, Valentin et moi, nous allons au cinéma, à la Défense.
Adrien: Ah bon! Alors, vous allez où, à midi?
Emma: Chez toi, dans ton restaurant!

Trouvez les formes du verbe ***«aller»****. (Findet die Formen des Verbs* ***„aller"****.)*

■ **On va où?**

Jouez à deux aux dés (würfelt zu zweit). Faites des dialogues avec le verbe ***«aller»****.*

Exemple:
Würfel zwei Augen: – ***Tu vas*** *où? → –* ***Je vais*** *à la maison.*

= *je*
= *tu*
= *il/elle/on*
= *nous* →
= *vous*
= *ils/elles*

→

à Paris à une fête au téléphone au gymnase à l'école à la maison à un rendez-vous aux W.-C.	chez Emma chez un copain chez des copines chez un prof chez les voisins

52 ## Au voleur!

1 Une heure. Samedi après-midi, dans une librairie au Forum des Halles, Emma cherche une BD pour son frère. La BD s'appelle «Nos amis les chiens». Malika regarde un livre sur la nature. Thomas et Adrien regardent un livre de cuisine. Puis, les amis vont à la caisse avec leurs livres. Devant les filles, il y a une dame avec son chien. Mais … oui, c'est madame Salomon! Tout à coup, un homme arrive. Il bouscule madame Salomon et … vole son porte-monnaie. Elle crie: «Au voleur! Mon porte-monnaie! Ma photo!» Mais l'homme est déjà dans la rue.

Thomas: Zut! Qu'est-ce qu'on fait?
Adrien: Ecoute, Thomas, tu restes avec Malika et madame Salomon. Emma et moi, on attrape le voleur.
Thomas: D'accord. Rendez-vous où et quand?
Adrien: Rendez-vous chez madame Salomon à six heures! Salut!
Thomas: Tu as ton portable?
Adrien: Oui. Pas de problème.

2 Une heure et quart. Dans la rue, Emma et Adrien regardent à gauche et à droite. Où est le voleur? Le voilà, il grimpe dans un bus! Derrière le bus, il y a un taxi. Quelle chance! Les deux cousins montent dans le taxi. Emma appelle Thomas sur son portable.

Emma: Allô! C'est Emma.
Thomas: Où est-ce que vous êtes?
Emma: Nous sommes dans un taxi.
Thomas: Est-ce que vous avez le voleur?
Emma: Non, il est dans un bus, devant notre taxi.
Thomas: Il va où, le bus?
Emma: Il va au Louvre. Ah, non!
Thomas: Qu'est-ce qu'il y a?
Emma: Un bouchon! Zut!

3 Une heure et demie. Le bus et le taxi arrivent enfin devant le Louvre. Voilà la pyramide et voilà le voleur. Il discute avec un touriste:

Le voleur: Pardon, monsieur, pour aller à l'Arc de triomphe, s'il vous plaît? Comment est-ce que je fais?
Le touriste: C'est facile. Regardez le plan. Vous traversez la place. Puis, vous tournez à gauche. Après, vous allez tout droit.
Le voleur: Merci, monsieur … euh … vous avez l'heure?
Le touriste: Oui, il est … une heure et demie.
Le voleur: Merci, et au revoir!
Emma: Mais pourquoi est-ce qu'il discute avec un touriste?
Adrien: Euh, parce qu'il cherche quelque chose.

Tout à coup, le touriste crie: «Au secours! Mon portable! Au voleur!» Mais le voleur entre déjà dans la station de métro Rivoli.

4 Deux heures moins le quart. Emma et Adrien sont aussi dans la station de métro. Adrien crie: «Il est là! Vite!» Ils montent dans le métro. A la station Charles de Gaulle-Etoile, le voleur quitte le métro.

Adrien: Mais où est-ce qu'il va?
Emma: Ben, il cherche la ligne 6 pour aller à la tour Eiffel parce qu'il y a des touristes.
Adrien: Alors, allons à la tour Eiffel!

5 Deux heures et quart. Devant la tour Eiffel, des touristes cherchent leurs porte-monnaies. Emma crie: «Il est là! Faites attention!» Tout à coup, deux policiers arrivent. Adrien crie: «Vite, arrêtez le voleur!» L'homme regarde Emma, Adrien et les policiers. Maintenant, il a peur et va vite à la station de métro. Mais déjà, les policiers traversent la place et attrapent le voleur à l'entrée de la station.

6 A six heures, les quatre amis sont chez madame Salomon. Adrien et Emma racontent leur histoire. Voilà le porte-monnaie et la photo. Mais qui est-ce? C'est madame Salomon avec un homme. Alors, elle raconte l'histoire de la photo …

1 A propos du texte

Vrai ou faux? Trouvez les phrases qui résument les six parties du texte.
(Sucht die Sätze, die den Inhalt der sechs Textabschnitte zusammenfassen.)

Partie 1	Dans une librairie, un voleur trouve la photo de madame Salomon.	Dans une librairie, un homme vole le porte-monnaie de madame Salomon.
Partie 2	Adrien et Emma montent dans un taxi. Le voleur est dans un bus derrière le taxi.	Le voleur monte dans un bus. Adrien et Emma sont dans un taxi derrière le bus.
Partie 3	Devant le Louvre, le voleur vole le plan d'un touriste.	Devant le Louvre, le voleur vole le portable d'un touriste.
Partie 4	Le voleur monte dans le métro et va à la tour Eiffel.	Le voleur monte dans le métro et va au Louvre.
Partie 5	Le voleur attrape des touristes devant la tour Eiffel.	La police attrape le voleur à l'entrée de la station de métro.
Partie 6	Chez madame Salomon, les cousins racontent leur histoire.	Chez madame Salomon, les cousins racontent l'histoire de la photo.

2 Jeu de mots

a *Sucht im Lektionstext alle Wörter zum Wortfeld „Verkehr" heraus und übertragt sie in euer Heft.*

les moyens de transport*

b *Sucht im Lektionstext Verben und Ausdrücke, die ihr im Zusammenhang mit Verkehrsmitteln verwenden könnt und erweitert das Wortfeld in eurem Heft damit.*

Exemple: monter dans un taxi.

Info F

Avec un ticket de métro[1], tu vas partout[2] dans Paris.

1 un ticket de métro ein Metro-Fahrschein – **2 partout** überall

3 Tu vas où? (§ 21)

Exemple:

Adrien: Emma, tu ~ ?
Emma: ~ gymnase.

Adrien: Emma, tu **vas où**?
Emma: **Je vais au** gymnase.

aller au/à la/à l'
aller chez

Continuez.

1. *Victor:* Elles ~, Emma et Malika?
   Manon: ~ librairie.
2. *Mme Carbonne:* Emma et Adrien, vous ~ ?
   Emma et Adrien: ~ Louvre.
3. *Malika:* Il ~, Christian?
   Emma: ~ prof d'allemand.
4. *Mme Sarré:* Thomas, tu ~?
   Thomas: ~ école.
5. *Julien:* Emma et Christian, ils ~?
   Valentin: ~ Malika.
6. *Mme Bertaud:* Victor, il ~?
   Thomas: ~ copain.
7. *Adrien:* Vous ~?
   M. et Mme Carbonne: ~ théâtre.

4 La journée* d'Adrien (§ 22)

a *Racontez la journée d'Adrien.*

Exemple: A sept heures, Adrien est dans la salle de bains.

b *Et toi? Raconte ta journée.*

- quitter la maison
- arriver à l'école
- aller à la cantine
- aller à la maison
- téléphoner
- faire du sport
- faire de la musique
- jouer avec qn/qc
- d'abord ..., puis, ...
- le mercredi après-midi
- à ? heure(s)
- de ? heure(s) à ? heure(s)
- être à ...

5 Des photos (§ 23)

a *Exemple:* – Ça, c'est **notre** gymnase.
– Ah bon? Et ça, c'est **votre** salle de classe?
– Oui. Et ça, c'est/ce sont …

notre/nos
votre/vos

Continuez.

salle de classe	mur d'escalade	club de dessin	cordes
club Internet	affiches	copines	prof d'allemand
copains	cour	cantine	ordinateurs

b *Traduisez (übersetzt) les phrases dans votre cahier.*

son/sa/ses
leur/leurs

Voilà Emma avec **ses** parents, **sa** sœur, **son** frère et **son** chat.
Voilà M. et Mme Carbonne avec **leurs** enfants et **leur** chat.

Emma et Manon jouent avec **leur** ordinateur.
Valentin joue avec **ses** voitures.

c *Comparez avec l'allemand. (Vergleicht mit dem Deutschen.)*

6 Questions (§ 24)

Posez des questions avec ***«est-ce que …»*** *et répondez par* ***«Oui, …»*** *ou par* ***«Non, …»***.

Exemple:
Adrien/être le cousin d'Emma? → Est-ce qu'Adrien est le cousin d'Emma?
→ Oui, Adrien est le cousin d'Emma.
Victor/être le frère de Malika? → Est-ce que Victor est le frère de Malika?
→ Non, Victor est le copain de Malika.

Adrien/être de Berlin – Adrien/avoir 25 ans – Adrien/travailler à Genève – Emma/aller au Collège Bastille – Emma/avoir une flûte – Emma/avoir un doberman – Malika/aimer la nature – Mme Bertaud/être professeur de sport – Mme Salomon/avoir des chats – La famille Carbonne/habiter à Montrouge – Thomas/avoir 15 ans

7 Les policiers (§ 24)

Devant la tour Eiffel, les policiers regardent les papiers d'Adrien et d'Emma et posent des questions.
Lisez les réponses et cherchez les questions des policiers.

Exemple:
Je m'appelle Emma.
– **Comment est-ce que** tu t'appelles?

- J'habite 10, rue Richard Lenoir.
- Nous crions parce que c'est un voleur.
- Ici? Nous cherchons un voleur.
- C'est la photo de Mme Salomon.
- Non, moi, je suis de Genève.
- Je travaille dans un restaurant à la Défense.
- Je travaille de midi à minuit.
- Nous allons à la maison avec le bus.

8 Communiquer: Poser des questions (§ 24)

*Travaillez à deux. Inventez des dialogues. Posez des questions avec **«est-ce que»** et répondez.*

Exemple:
– Quand est-ce que tu vas au lit? – Je vais au lit à vingt et une heures. Et toi?

Quoi?	Où?	Quand?	Comment?
faire du sport/de la musique	l'école	à midi	avec le bus
du dessin/de la danse/du théâtre	le quartier	mercredi après-midi	avec le taxi
faire de la guitare/de la flûte/	le square	samedi après-midi	avec l'ordinateur
du piano	la cour	**à ? heure(s)**	
jouer au foot/faire de l'escalade/	le collège	de ? heure(s) à ? heure(s)	
de la natation	la maison		
regarder la télé	le club		
jouer aux jeux vidéo			
aller au lit			
travailler sur l'ordinateur			

9 Jeu de sons

58 *Ecoutez le CD et lisez les rimes à haute voix en rythme.*
(Hört die CD und lest die Reime im Rhythmus laut vor.)

Dans la cuisine des Carbonne,
Il y a des cousines et des cousins.
Il y a des assiettes, des téléphones.
Le cuisinier, c'est Adrien.

Pardon, monsieur, vous avez l'heure?
Oui, il est midi moins le quart.
Je vole les heures, je suis un voleur.
Merci, monsieur, et au revoir.

Dans les bouchons place Pigalle*,
Je bouscule des hommes avec ma voiture.
Je cherche Charles, je cherche les Halles.
Et tout à coup, je suis devant un mur.

Appelez la police, au secours!
Vite le portable, s'il vous plaît!
Arrêtez le voleur dans la cour!
C'est parce qu'il a mon porte-monnaie.

Friederike Maria Keck/Gilles Floret

10 C'est l'impératif! (§ 20)

Formez des impératifs. (Bildet Imperative.)

ramasser les papiers	appeler la police
faire attention	entrer
monter dans le bus	attraper le voleur
faire des phrases	respecter la nature

Exemple:
Le numéro de téléphone de la police en France, c'est le 17.

Appelez la police.

11 Pardon, madame ...

on dit...

So fragt man nach dem Weg:

Pardon, monsieur/madame/mademoiselle, ...
– où est ..., s'il vous plaît?
– pour aller à ..., s'il vous plaît?
– comment est-ce que je vais à ... ?

So erkundigt man sich nach der Uhrzeit:

Pardon, monsieur/madame/mademoiselle, ...
– il est quelle heure*, s'il vous plaît?
– vous avez l'heure, s'il vous plaît?

So fragt man nach einem Termin/
einer Verabredung:
– vous avez rendez-vous à quelle heure*?

a *Cherchez les questions et les réponses dans le texte pages 55/56.*

b **A vous.** *Inventez des dialogues d'après le modèle (nach dem Muster) et jouez les scènes.*

12 Communiquer: De A à B

a *Travaillez à deux. Tu as rendez-vous avec ton voisin.*
Décris le chemin à ton voisin de A à B (Beschreibe den Weg …).*

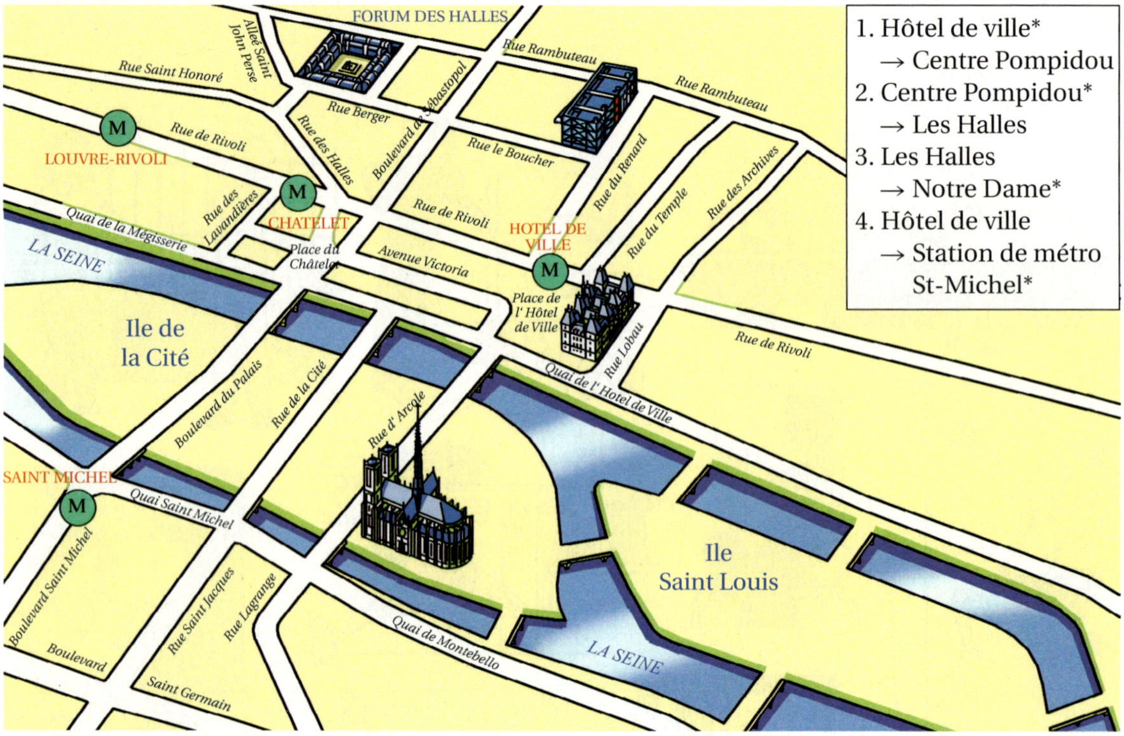

1. Hôtel de ville*
   → Centre Pompidou
2. Centre Pompidou*
   → Les Halles
3. Les Halles
   → Notre Dame*
4. Hôtel de ville
   → Station de métro St-Michel*

b *Changez de rôle et jouez les scènes.*

13 Ecouter: Les rendez-vous

13 **a** *Ecoutez le dialogue. Lisez les phrases. Ecoutez encore une fois le dialogue.*
Vrai ou faux? Corrigez (verbessert …) les phrases dans votre cahier.

1. Emma est au téléphone avec Thomas.
2. Emma et Thomas vont au théâtre.
3. Il y a un film* à 4 heures et demie et à 8 heures moins le quart.
4. Le film s'appelle «Adrien et le voleur».

b *Hört den 2. Dialog zwei Mal an. Lest dann folgende Aussagen.*
Hört euch die Aussagen ein drittes Mal an und wenn ihr etwas anderes hört als im Buch, schreibt es in euer Heft. Prüft danach mit Hilfe des Metroplanes im Buch, ob ihr richtig gehört habt.

1. Le touriste discute avec un professeur.
2. Le touriste aime le bus.
3. Le touriste monte dans le métro, ligne 2.
4. Le Centre Pompidou, c'est à la station Rivoli.

14 La photo de madame Salomon (§§ 14, 20, 21, 23)

Lisez les dialogues et choisissez les formes correctes.

Thomas, Emma, Malika et Adrien **font/sont** chez madame Salomon:
Madame Salomon: Ah, bonjour, **mon/mes** amis. **Entrons/Entrez**. Vous **allez/vont** bien?
Adrien: Oui, merci, madame, et vous?

Adrien et Emma racontent **leur/leurs** histoire. Madame Salomon regarde **leur/son** porte-monnaie et raconte l'histoire de **sa/ses/leur** photo:

Madame Salomon: Ça **va/fait**, maintenant. J'ai **mon/ma/mes** porte-monnaie et **mon/ma/mes** photo.
Thomas: C'est vous, sur la photo?
Madame Salomon: Oui, **regardez/regardes**. C'est moi avec l'acteur* Gérard Depardieu*!
Emma: Ah? Gérard Depardieu! C'est **notre/votre** ami?
Madame Salomon: Oui, mais maintenant, vous êtes aussi **mes/leur** amis!

15 Ecrire: Pardon!

a *Regardez les images*. Puis, écrivez une petite histoire.*
(Schaut euch die Bilderfolge an und schreibt anschließend eine kleine Geschichte.)

b *Inventez la suite* (die Fortsetzung) de l'histoire.*
Ecrivez au maximum (maximal) cinq phrases.

16 Fragen stellen

Stratégie

Ihr kennt jetzt verschiedene Möglichkeiten, im Französischen Fragen zu stellen: die Intonationsfrage, die umgangssprachliche Frage mit nachgestelltem Fragewort und die „est-ce que"-Frage.

a *Sucht im 2. Abschnitt des Lektionstextes alle Fragen heraus und ordnet sie der jeweiligen Spalte im Raster zu.*

Quand?

Quand arrive le bus?	*Le bus, il arrive quand?*	*Quand est-ce que le bus arrive?*

b *Stellt Fragen zu den Informationen aus dem 1. Abschnitt des Lektionstextes.*

Questions	Réponses
Qui?	Adrien, Thomas, Emma, Malika, madame Salomon et un voleur.
Où?	Dans une librairie des Halles.
Quand?	Samedi après-midi.
A quelle heure?	A une heure.
Quoi?	L'homme vole le porte-monnaie de madame Salomon.
Pourquoi?	Malika regarde un livre sur la nature, parce qu'elle aime la nature.
Comment?	L'homme bouscule madame Salomon.

c *Vervollständigt die Informationen zum fünften Abschnitt des Textes „Au voleur!":*

Questions	Réponses
Qui?	Emma, Adrien, …
Où?	Devant …
A quelle heure?	A deux heures et quart, …
Quand?	Tout à coup, à 2 h 20, …
Quoi?	Crier …

d *Schaut euch im Grammatischen Beiheft nochmals die verschiedenen Fragetypen an (§§ 3, 7, 24) und erstellt in der Klasse ein Lernplakat mit einer Übersicht über Fragetypen im Französischen.*

La photo

Info F

Ça, c'est
la tour Eiffel.
Elle habite
à Paris,
avenue
Gustave Eiffel.
Elle est née
le 31 mars 1889
à midi.
Son père
s'appelle
Gustave Eiffel.

■ **Savoir faire**

→ Stratégie, page 64.

a *Travaillez à deux. Regardez la photo et posez cinq questions sur la photo et cinq questions sur les informations d'Amandine.*

b *Ecrivez les questions dans votre cahier et donnez des réponses.*

LEÇON 6

Des métiers

Adrien Carbonne, cuisinier.

M. Beckmann, réalisateur.

Mme Sarré, médecin.

François Davot, dessinateur.

Qu'est-ce qu'ils font comme métier?

Exemple: François Davot est dessinateur.

Continuez: Adrien Carbonne est ...

Qu'est-ce que tu vas faire un jour?

a *Répondez aux questions.*

1. Welche Zeit wird hier ausgedrückt? Wie wird sie gebildet?
2. Wie bildet man diese Zeitstufe im Englischen? Gibt es Ähnlichkeiten zum Französischen?

b *Posez les questions et répondez. Mettez les verbes au futur.*

Exemple:

Thomas: Papa, qu'est-ce que nous (faire), samedi? → *Thomas:* Papa, qu'est-ce que nous **allons faire**, samedi?

M. Sarré: On (faire) de l'escalade. → *M. Sarré:* On **va faire** de l'escalade.

1. *Victor:* Est-ce que nous (faire) de l'escalade, mercredi après-midi?
Thomas: Non. Moi, je (jouer) au foot.

2. *Mme Beckmann:* Les Carbonne (ne pas aller) au restaurant, dimanche?
M. Beckmann: Si, ils (visiter) le restaurant d'Adrien à la Défense.

3. *Théo:* Tu (jouer) dans le square avec moi, mercredi?
Amandine: Non. Nous (jouer) samedi, d'accord?

c *Toi (et ta famille), qu'est-ce que tu vas (vous allez) faire (ou ne pas faire) dimanche?*

60 La star

1

Dimanche après-midi, les enfants vont chez Mme Salomon. La cour est vide. C'est le silence. Tout à coup, dans la maison de Mme Salomon, on crie: «Au voleur! Au voleur! Mon Dieu, mais qu'est-ce que tu fais? Filou!»

2

Dans la cour, les enfants écoutent et ne bougent plus.

Malika: Mais c'est madame Salomon!

Emma: Qu'est-ce que c'est? Elle parle à qui? Encore un voleur? Toujours des voleurs!

Thomas: On va téléphoner à la police!

Emma: Mais non, Thomas, nous allons regarder d'abord!

Malika: Non, on va aider Mme Salomon!

3

Tout à coup, Mme Salomon est à la porte.

Mme Salomon: Tiens? Bonjour les enfants! Qu'est-ce que vous faites ici?

Emma: Euh … ça va, madame Salomon?

Mme Salomon: Oui, très bien, pourquoi?

Thomas: Mais le voleur … chez vous …

4

Mme Salomon: Le voleur? Mais, non. Ça va bien, les enfants, il n'y a rien. Je vais faire une publicité alors, je joue une scène et dans la scène, je donne des croquettes à un chat. Le chat ne mange rien, d'abord, puis il vole les croquettes.

Christian: Dans la scène? Vous allez faire une pub pour la radio?

Mme Salomon: Non, pour la télévision.

Emma: Ah, bon? Vous travaillez comme actrice?

Mme Salomon: Oui, c'est mon métier, mais je ne joue plus très souvent.

Thomas: Ah, vous tournez un film?

Malika: Mais non, Thomas, tu n'écoutes jamais!

Mme Salomon: Non, je fais une publicité pour la télévision.

Emma: Comment est-ce qu'on fait pour entrer dans le studio avec vous?

Mme Salomon: Ecoutez, les enfants, je vais demander au réalisateur demain.

1 A propos du texte

Vrai ou faux? Corrigez (verbessert).

1. Les enfants vont chez Mme Salomon, mercredi.
2. Le chat de Mme Salomon s'appelle Filou.
3. Mme Salomon fait une publicité pour la radio.
4. Mme Salomon donne des croquettes à un chien.
5. Mme Salomon est professeur.
6. Mme Salomon ne joue plus très souvent.

2 Malika et Emma jouent aux cartes*. (§ 25)

a *Regardez les images et inventez des phrases.*

Exemple:
1. **Tu vas avoir** une voiture super et …

1. Tu …

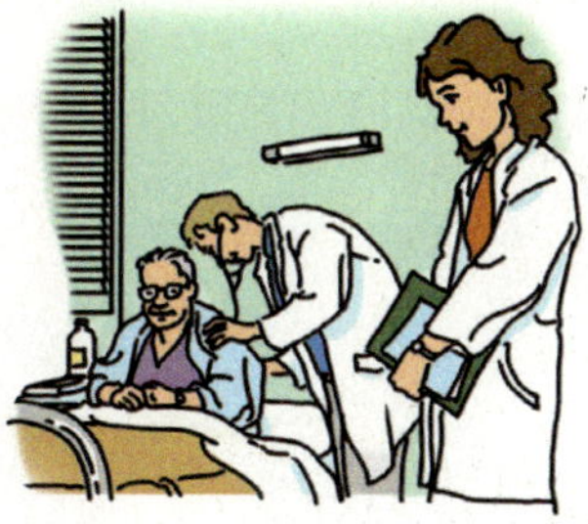

2. Ton mari et toi, vous …

3. Christian, toi et moi, nous …

4. Ton cousin, il …

b *Inventez et racontez la vie (das Leben) de Manon, Thomas ou Victor dans 20 ans. Utilisez le «futur composé».*

travailler comme …
travailler dans …
faire du, de la, de l'…
être le propriétaire de …
habiter à/dans …
avoir une maison …
avoir un mari …
avoir une femme …

3 Victor n'a jamais envie. (§ 26)

Complétez le texte et conjuguez (konjugiert) les verbes.

ne … pas	**ne … plus**
ne … rien	**ne … jamais**

Mercredi, huit heures. C'est bizarre, quand Victor arrive dans la classe, les élèves ~ — *nicht mehr*
(être) là. Tout à coup, Emma arrive: «Victor, pourquoi est-ce que tu ~ (être) au CDI*? — *nicht*
Aujourd'hui on ~ (travailler) dans la salle de classe, on cherche des textes en — *nicht*
allemand sur Internet.» Victor: «Des textes en allemand? Bof, je ~ (trouver) — *nichts*
sur Internet.» Emma: «Tu ~ (chercher). Alors, tu ~ (trouver). Viens!» — *nicht/nichts*
Au CDI, madame Bertaud est en colère: «Victor, tu ~ (travailler) avec nous? — *nicht mehr*
Aujourd'hui on est au CDI! Tu ~ (faire) attention!» Victor: «Pardon, madame!» — *nie*

4 Des questions et des réponses (§ 26)

Travaillez à deux. Posez des questions et donnez des réponses.
*Utilisez **ne … plus, ne … jamais, ne … pas, ne … rien**.*

aimer/faire/être /trouver/	souvent	de la musique/à Paris
habiter/jouer/écouter/…	encore	quelque chose
	toujours	la radio/en colère/au foot/…

Exemple: – *Est-ce que tu es souvent en colère?*
– *Non, je **ne** suis **jamais** en colère.*

5 La machine à phrases* (§§ 27, 28)

sujet	verbe	objet direct (qn/qc)	objet indirect (à qn)
1. Emma	arrive.		
2. Christian	écoute	un CD.	
3. Thomas	parle		à Victor.
4. Malika	donne	un crayon	à Christian.

a *Lisez les quatre phrases. Traduisez-les en allemand. (Übersetzt sie ins Deutsche.) Qu'est-ce qui change en allemand dans la phrase 4? (Worin unterscheidet sich der 4. Satz vom Deutschen?)*

b *Trouvez une phrase par verbe (pro Verb). Les images vous aident. (Die Bilder helfen euch.)*

Exemple:

Emma téléphone à sa mère*.

sujets	verbes	objet direct (qn/qc)	objet indirect (à qn)
Les enfants	entrer	un CD	à Christian
Malika	jouer	le voleur	à la police
Mme Salomon	regarder	les annonces	au professeur
Christian	écouter	une histoire	aux enfants
Adrien	attraper	un bloc	à Malika
Vous	parler	un crayon	***à sa mère***
Emma	***téléphoner***	une scène	
	raconter	la télé	
	donner		
	demander		

6 En français

Christian pense (denkt) encore en allemand … Traduisez les phrases.

Malika und Victor kleben Poster an eine Wand.

Herr Sarré erzählt Thomas eine Geschichte.

Emma gibt Amandine Kroketten.

7 Madame Salomon raconte.

Regardez les images et racontez.

1 Je m'appelle … Je travaille … J'habite …

2 A 9 heures, je vais …

3 L'après-midi, je reste …

4 Le soir, …

5 Maintenant, …

6 Demain, je …

8 Jeu de sons

69

Ecoutez les phrases. Est-ce que c'est une exclamation (ein Ausruf), une surprise (eine Überraschung) ou une interrogation (eine Frage)? Copiez le tableau dans votre cahier.*

Exemple:

	1	2	3	4
Exclamation:			×	?
Surprise:	×			?
Interrogation:		×		?

9 Communiquer: Les devoirs en classe → vocabulaire, page 181.

Je parle aux élèves …

- Ouvrez vos livres à la page 10.
- Qui commence?
- Qui n'a pas ses devoirs?
- Tu continues, s'il te plaît?
- On fait l'exercice 2 à la page 36.
- Va au tableau, s'il te plaît.
- C'est correct. / C'est faux.
- C'est (très) bien./ Encore un effort!
- Pose la question en français, s'il te plaît.

Je parle au professeur …

- Je ne comprends pas le mot «X».
- Comment est-ce qu'on dit «X» en français?
- Pardon, j'ai encore une question.
- Je n'ai pas mon livre/ mes devoirs.
- C'est à quelle page, s'il vous plaît?
- Pouvez-vous répéter la question, s'il vous plaît?

a *Choisissez (wählt) une situation et écrivez un dialogue entre (zwischen) le professeur et l'élève.*
b *Jouez la scène.*

1 Du hast deine Hausaufgaben vergessen. Wie teilst du es deinem Lehrer mit? Versuche eine Erklärung auf Französisch zu geben.

2 Ihr lest im Unterricht einen neuen Text. Du kennst eine französische Vokabel nicht. Was fragst du?

10 Des règles pour parler

- Fais des phrases complètes.
- Regarde tes camarades quand tu parles.
- Ecoute tes camarades quand c'est à leur tour de parler.

- Schau deine Mitschüler an, wenn du mit ihnen redest.
- Höre deinen Mitschülern zu, wenn sie an der Reihe sind.
- Bilde vollständige Sätze.

a *Welche französischen und welche deutschen Sätze gehören zusammen?*

b *Sammelt weitere Gesprächsregeln.*

c *Erstellt ein Lernplakat mit einer Liste von Regeln, die für euch am wichtigsten sind. Führt diese Liste weiter.*

64

Au studio

1

Mercredi après-midi, Mme Salomon est dans le studio pour tourner la publicité. Les enfants sont là aussi, derrière la caméra. Quelle chance, aujourd'hui, ils peuvent visiter le studio et regarder Mme Salomon pendant la scène. Mais elle ne tourne plus très souvent, alors elle a peur d'oublier son texte.

Le réalisateur: Alors madame Salomon, ça va? Le chat est là? Viens, Filou! Bon, on y va! Vous savez votre texte par cœur?

Mme Salomon: Euh…oui, oui, pas de problème!

Le réalisateur: Bon, alors, silence maintenant! On tourne!

2

Mme Salomon: Au voleur! Au voleur! Mon Dieu, mais qu'est-ce que tu …

Le réalisateur: Coupez! Mais qu'est-ce qu'il y a?

Mme Salomon: Pardon, j'ai un chat dans la gorge!

Le réalisateur: Ah, toujours les chats! Alors, encore une fois! Silence!

3

On tourne. Mais maintenant, Filou ne veut pas bouger. Il n'a pas envie de manger les croquettes. On ne peut rien faire avec Filou!

Le réalisateur: Mon Dieu! Ça ne va jamais aller. Vous ne pouvez pas trouver un autre chat? Je ne veux pas tourner la scène 36 fois!

Emma: Est-ce que je peux aider?

Le réalisateur: Qu'est-ce qu'il y a encore?

Emma: J'ai un chat, moi, et il sait très bien jouer! Je peux aller chercher mon chat. Vous voulez bien?

Mme Salomon: Amandine! Mais oui, c'est vrai! Et surtout, elle aime jouer et elle aime les croquettes!

Le réalisateur: Bon, alors d'accord, va chercher ton chat.

4

Une heure après, les deux actrices tournent: Amandine et Mme Salomon.

Le réalisateur: Coupez! Génial! Bravo, madame Salomon, et bravo Amandine! Et surtout, merci Emma!

1 A propos du texte

Regardez les images et racontez la scène.

Mme Salomon entre dans le studio …

2 Jeu de mots: Le studio

a *Complétez le filet à mots «Le studio» avec le vocabulaire des textes A et B.*

b *Corrigez le texte de l'actrice bizarre.*

Je suis acteur et Matthias Beckmann est mon professeur.
Moi, je suis devant la caméra de radio. Ah, zut!
J'ai un chien dans la gorge! Oui, je sais mon texte par peur.
Je ne veux pas tourner la Seine 26 fois!

3 Jeu de mots: Les métiers

Cherchez les activités et les métiers qui vont ensemble.

Les métiers	**Les activités**
Un réalisateur …	… arrête les voitures.
Un acteur/une actrice …	… *travaille dans un collège.*
Un policier …	… travaille dans une cuisine.
Un professeur …	… joue des scènes.
Un cuisinier …	… dessine des BD.
Un dessinateur …	… travaille avec des acteurs.

4 Les adresses des amis de Mme Salomon (§ 29)

Mme Salomon invite* les enfants du quartier au studio. Voici leurs adresses:

a *Lisez les adresses et les numéros de téléphone*.*
Exemple: Le numéro du studio Beryl, c'est **le** …

Studio Beryl
55, rue Descartes / Montrouge
Tél. 01 46 54 27 61

Victor Bajot
17, rue Richard Lenoir
Tél. 01 00 04 69 45

Malika Messadi
30, rue de Charonne
Tél. 01 52 21 48 65

Christian Beckmann
18, rue Saint Bernard
Tél. 01 52 60 26 19

Thomas Sarré
7, rue du Chemin vert
Tél. 01 51 15 30 43

Emma Carbonne
10, rue Richard Lenoir
Tél. 01 53 12 36 62

b *Dictez votre numéro de téléphone à votre voisin et vérifiez ensuite le numéro.*
(Lest eurem Nachbarn eure Telefonnummer vor und schaut dann nach, ob er sie richtig aufgeschrieben hat.)

5 Des problèmes et des solutions (§ 31) savoir – pouvoir – vouloir

Complétez les phrases et donnez des solutions.

Christian ~ respecter la nature, mais il ne ~ pas comment faire. Qu'est-ce qu'il ~ faire?

Il …
ramasser qc, dessiner qc, discuter avec qn, aider qn, …

Tes parents ne ~ pas travailler avec l'ordinateur. Ils ~ trouver une annonce sur Internet. Comment est-ce que tu ~ aider tes parents?

Je …
chercher l'adresse, marquer l'annonce, préparer l'ordinateur, aider encore une fois

Vous ~ aller au cinéma à Paris mais vous ne ~ pas où c'est. Qu'est-ce que vous ~ faire?

Nous …
demander à qn, regarder le plan, chercher, téléphoner

6 Une scène entre Malika et Christian (§§ 25, 31)

Complétez les dialogues avec les constructions à l'infinitif (mit den Infinitivkonstruktionen).

vouloir/pouvoir/savoir/aller/aimer + faire qc	aller chercher qn/qc	avoir envie / avoir peur **de** faire qc

Exemple: – Malika, tu **veux** aller dans le square? – D'accord, …

– Malika, tu ~ aller dans le square?
– Tu ~ dessiner?
– Oui. Un jour, je ~ être dessinateur. Et toi?
– Tu ~ chercher la caméra du collège, s'il te plaît?*
– Oui. Nous ~ jouer des rôles*, nous deux.
– Comment? Tu ne ~ pas jouer par cœur?

– D'accord, Christian. J' ~ regarder la nature.
– Non. Je ne ~ pas dessiner. Mais toi, oui.
– Moi, j' ~ jouer des scènes. Je ~ être actrice.
– Pourquoi? Tu ~ tourner une scène avec moi?
– Mais j' ~ tourner sans texte, tu sais.
– Non. J' ~ avoir un chat dans la gorge.

7 Moi, je veux bien.

on dit…

So kannst du Wünsche ausdrücken:

- S'il te/vous plaît, est-ce que je peux … ?
- Je voudrais*… (Ich möchte …)
- Est-ce que vous pouvez …, s'il vous plaît?
- J'ai envie de faire qc

So kannst du den Zweck einer Handlung ausdrücken:

- Je vais à la bibliothèque* *pour chercher* des livres.

So kannst du Absichten ausdrücken:

- Je veux faire qc
- Nous allons faire qc

A vous. *Stell dir vor, du bist zum ersten Mal bei einer Gastfamilie in Frankreich zu Besuch. Suche dir eine der drei Situationen aus. Schreibe auf, was du auf Französisch sagst, wenn …*

1. du Lust hast, mit deiner Gastfamilie ins Kino zu gehen.
2. du zusammen mit deiner Gastfamilie Sport machen möchtest.
3. du dir den Weg in die Stadt erklären lässt, um dort etwas zu besichtigen.

8 Ecouter: Malika rêve.

Ecoutez le texte deux fois. Trouvez les phrases correctes.
Ecrivez les solutions dans vos cahiers.

15

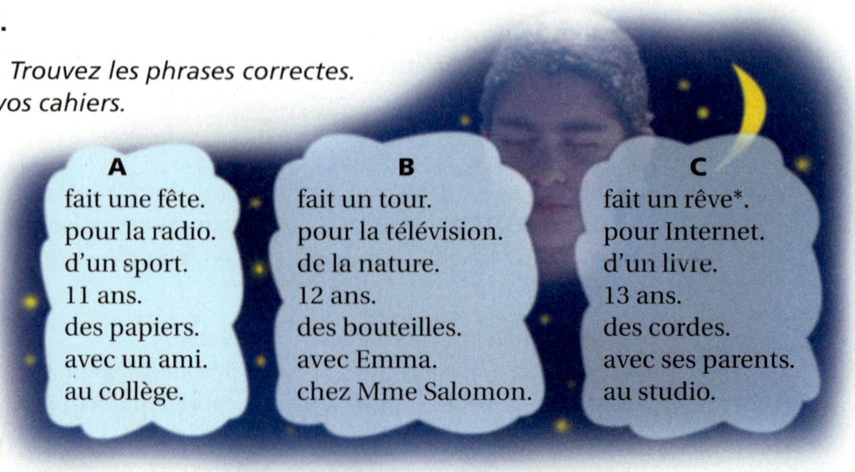

	A	B	C
1. A minuit, Malika	fait une fête.	fait un tour.	fait un rêve*.
2. C'est une publicité	pour la radio.	pour la télévision.	pour Internet.
3. Elle fait la publicité	d'un sport.	de la nature.	d'un livre.
4. Malika a	11 ans.	12 ans.	13 ans.
5. Elle ramasse	des papiers.	des bouteilles.	des cordes.
6. Elle fait des affiches	avec un ami.	avec Emma.	avec ses parents.
7. A 7 heures, Malika va	au collège.	chez Mme Salomon.	au studio.

9 Réalisateur, ce n'est pas facile! (§§ 25, 31)

*Mettez les verbes entre parenthèses (in Klammern) au futur composé et remplacez ~ par **savoir, pouvoir** ou **vouloir**.*

Christian: Papa, réalisateur, c'est un métier sympa: tu ~ travailler avec des acteurs et des actrices, tu ~ rester à la maison pour préparer les scènes …
M. Beckmann: Oui, c'est vrai, mais on ne ~ jamais: par exemple, est-ce que les acteurs (respecter) mes idées? Est-ce qu'ils ~ leur texte par cœur? Est-ce que nous (tourner) une scène 36 fois? Mon travail* n'est jamais facile, tu ~ !
Mme Beckmann: Matthias, Christian, vous ne ~ plus manger?
Christian: Si, maman, mais on discute! Vous ~ , madame Salomon fait une publicité.
M. Beckmann: Ah bon? Elle joue encore, Edith* Salomon? Je cherche une actrice pour un film.
Christian: Alors tu ~ demander à madame Salomon, papa … Elle ~ jouer!
M. Beckmann: Oui, c'est une idée. Je (parler) à madame Salomon. Bien. Et maintenant on mange.

10 Auswendiglernen (apprendre par cœur*)

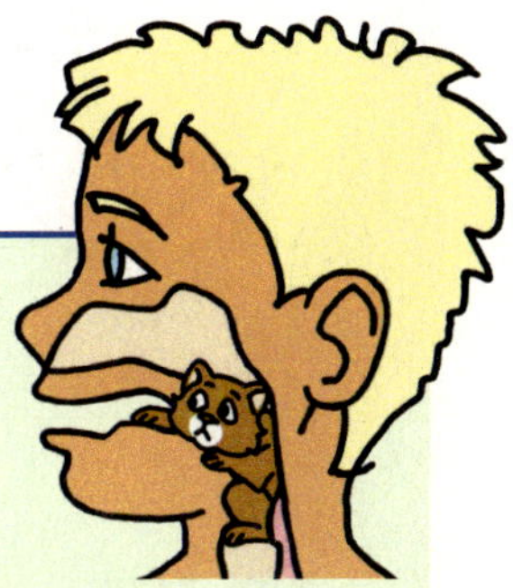

Stratégie

Folgende Tipps helfen euch, auch längere Texte auswendig zu lernen.

1. Zeichnungen anfertigen
Wenn ihr euch eine Redewendung wie *avoir un chat dans la gorge* einprägen wollt, kann euch eine kleine Zeichnung helfen.

2. Laut lesen
Damit sich das Lautbild besser einprägt, ist es sinnvoll, einen Text Satz für Satz laut zu lesen. Ihr lest den ersten Satz laut, deckt ihn dann ab und wiederholt ihn laut. Dann nehmt ihr euch den nächsten Satz vor. Bei Reimen solltet ihr Vers für Vers lernen und die letzte Silbe besonders betonen. Beispiel: Text B, Werbung.

3. Schlüsselwörter finden
Oft ist es hilfreich, sich in jeder Texteinheit Schlüsselwörter zu notieren, auf die man sich konzentrieren kann. Die Reihe der Schlüsselwörter dient euch als Gedächtnisstütze für den gesamten Text.

a *Wenn du das Gedicht auf Seite 40 auswendig lernen möchtest, können dir folgende Schlüsselwörter dabei helfen:*
Exemple: papa, ma sœur, maman, mon frère → ma famille

b *Sucht nach einem einfachen französischen Gedicht und lernt es auswendig. Wendet dabei die einzelnen Strategien an. Tragt es dann eurer Klasse vor.*

68

■ **Savoir faire: Ecrire et apprendre un texte par cœur.**

→ Stratégie, page 77.

Stellt euch folgende Situation vor: Ihr sollt für eine französische Werbeagentur einen Werbeslogan über einen Radiosender erfinden. Wie lautet euer Vorschlag? Das Beispiel oben kann euch nützlich sein.

… und so geht ihr am besten vor:

- *Schreibt zunächst französische Wörter auf, die euch spontan beim Betrachten dieser Seite in den Sinn kommen.*
- *Sammelt dann Wörter, die sich reimen, wie z.B. «star» und «guitare».*
- *Nun müsst ihr euch für euren Werbeslogan eine „Botschaft" überlegen, die ihr vermitteln wollt. Das kann etwas Witziges oder Unerwartetes sein, muss aber immer zum Bild passen.*
- *Kombiniert jetzt eure Wörter zu einem zwei- bis vierzeiligen Reim, ohne dabei eure „Botschaft" außer Acht zu lassen.*
- *Lernt nun euren Werbeslogan auswendig und tragt ihn eurer Klasse vor. Vielleicht überlegt ihr euch auch eine Melodie dazu?*

1 Deux poèmes (§§ 14, 23)

ma famille

mon père *ma mère*
ma sœur *mon frère*
c'est ma famille!
notre maison *nos voisins*
et leurs problèmes!

Notre appartement

Voici *notre* appartement.
J'habite ici avec *mes* parents.
Mais *mes* jeux ne sont pas *leurs* jeux.

Voici *mon* ordinateur.
Je joue sur *mon* ordinateur avec *ma* sœur.
Mais *mes* jeux ne sont pas *ses* jeux.

Voici …

A vous.

Faites des poèmes. «Voici ma chambre», «Voici notre école», etc.
Utilisez ***mon, ma, mes, ton, ta, tes, son, sa, ses, notre, nos, votre, vos, leur, leurs.***

2 On va au cinéma? (§ 31)

a *Ecoutez deux fois le CD. Mettez les images dans le bon ordre.*

16 **b** *Ecoutez encore une fois le CD. Prenez des notes (macht Notizen) et écrivez (schreibt … auf) les dialogues. Utilisez* ***pour faire qc, pouvoir/vouloir faire qc, aller chercher qc, aimer faire qc, avoir envie de faire qc.***

3 Le temps passe[1].

Et toi, tu restes combien d'heures à l'école par jour?
Raconte ta journée à l'école.

Un élève entre en classe à 8 h 30, il quitte
la classe à 11 h 30, il est de retour[2] à 13 h 30
et rentre à la maison à 16 h 30.
Combien d'heures est-ce qu'il rêve d'être libre[3]?

D'après Jacques Prévert, Choses et autres

---

1 passer vorbeigehen
2 être de retour zurückkehren
3 libre frei

⟨Plateau 2⟩

01 **Bonjour la France!**

La France, ce n'est pas seulement[1] Paris!

1 Au Grand **Aquarium**[2] **de Saint-Malo**[3], on peut regarder les poissons[4] des quatre coins[5] de la terre. On peut aussi faire un voyage[6] sous la mer[7] avec le sous-marin[8] Nautibus[9]. Mais, attention, il y a aussi des requins[10]!

2 Avec **Vulcania**[11], on est au centre[12] de la terre. On apprend[13] tout sur la vie[14] des volcans[15] et sur l'histoire de la terre.

3 Vous aimez le sport? Alors visitez **les gorges**[16] **de l'Ardèche**[17] en canoë-kayak[18]. C'est la nature et l'aventure[19] pure!

4 Une **pénichette**[20], c'est une maison sur un bateau[21]. Avec les pénichettes, on peut traverser le sud[22] de la France sur le canal du Midi[23]. Quel silence!

5 Visitez **la dune du Pilat**[24] et jouez dans le sable[25]. Ecoutez les oiseaux[26] chanter[27] sur l'île[28] aux oiseaux, un vrai paradis!

a *Lisez les textes. Donnez un titre à chaque photo.*

b *Où est-ce que tu veux aller? Pourquoi?*

c *Est-ce que tu connais d'autres endroits (Orte) en France? Cherche sur Internet avec le mot «tourisme». Présente un endroit à tes camarades.*

1 seulement [sœlmɑ̃] nur – **2 un aquarium** [ɛ̃nakwaʀjɔm] ein Aquarium – **3 Saint-Malo** [sɛ̃malo] *Stadt in der Bretagne* – **4 un poisson** [ɛ̃pwasɔ̃] ein Fisch – **5 un coin** [ɛ̃kwɛ̃] eine Ecke – **6 un voyage** [ɛ̃vwajaʒ] eine Reise – **7 la mer** [lamɛʀ] das Meer – **8 un sous-marin** [ɛ̃sumaʀɛ̃] ein U-Boot – **9 Nautibus** [notibys] *Eigenname für ein U-Boot* – **10 un requin** [ɛ̃ʀəkɛ̃] ein Hai – **11 Vulcania** [vylkanja] *Vulkanmuseum in der Auvergne* – **12 le centre** [ləsɑ̃tʀ] der Mittelpunkt – **13 apprendre** [apʀɑ̃dʀ] lernen – **14 la vie** [lavi] das Leben - **15 un volcan** [ɛ̃vɔlkɑ̃] ein Vulkan – **16 une gorge** [yngɔʀʒ] eine Schlucht – **17 Ardèche** [aʀdɛʃ] *Region und Fluss in Südfrankreich* – **18 un canoë-kayak** [ɛ̃kanoekajak] ein Paddelboot – **19 une aventure** [ynavɑ̃tyʀ] ein Abenteuer – **20 une pénichette** [ynpeniʃɛt] ein Touristenboot – **21 un bateau** [ɛ̃bato] ein Boot – **22 le sud** [ləsyd] der Süden – **23 le canal du Midi** [ləkanaldymidi] *Kanal im Süden Frankreichs* – **24 la dune du Pilat** [ladyndypila] *Sanddüne in Frankreich* – **25 le sable** [ləsabl] der Sand – **26 un oiseau** [ɛ̃nwazo] ein Vogel – **27 chanter** [ʃɑ̃te] singen – **28 l'île** [lil] die Insel

LEÇON 7

L'anniversaire

C'est la fête. Pourquoi?
C'est la fête, parce que …

03 ## A la campagne

T: Oh, regarde! Des chiens **allemands** et des vaches **espagnoles**!
A: Ils ne vont pas ensemble!

T: Et là, le **petit** oiseau, et le **grand** chat?
A: Est-ce que le **grand** chat va manger le **petit** oiseau?

T: Et là, un coq **français** et une poule **française**.
A: Oui, c'est le mari et la femme.

T: Mais c'est bizarre, non? Les **grands** chats aiment les **petits** oiseaux!
A: Mais les chiens **sympas** aiment les chats maintenant! C'est aussi bizarre! Tu ne trouves pas, Théo?

Répondez aux questions.

1. Wo stehen die Adjektive im Deutschen, wo können sie im Französischen stehen?
2. Schau dir die Nomen an, auf die sich diese Wörter beziehen. Was stellst du fest?

A vous.

Le coq français
Quels mots (welche Wörter ...) vont ensemble?

un, une des	petits petite grand grandes petit	maisons fille animaux arbre oiseau	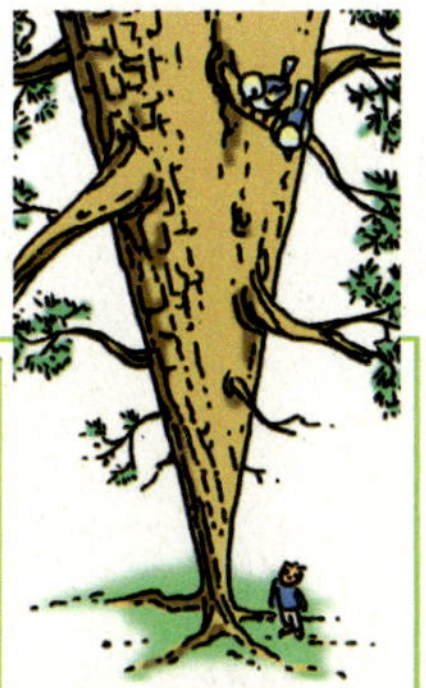
un, une des		films coq musique voitures	espagnole allemandes français espagnols

04

Voilà mes photos de Rombly… C'est la nature avec 3 maisons, pas plus !

Week-end à Rombly

❶ Mercredi 9 mai: Demain est un grand jour. Avec mes parents et mes sœurs, on va prendre le train pour aller chez mes grands-parents. C'est l'anniversaire de ma grand-mère Lili. C'est super! Elle a 60 ans et elle est encore très sportive. Elle fait beaucoup de natation. En plus, elle est très sympa et très jolie.

❷ Jeudi 10 mai: Nous arrivons à la gare du Nord. Il y a beaucoup de monde. Ma grande sœur Léa porte le cadeau pour mamie Lili. Nous prenons le TGV Paris-Arras de 9h52. Maman a les billets. Elle porte sa jolie robe bleue, papa sa chemise blanche et son pantalon noir. Dans le train, Léa et Mathilde lisent des BD. Papa et Zoé jouent aux cartes. Maman lit un livre. Et moi, j'écris mon journal. A Arras, on change de train pour Isbergues. On a un peu de temps. Mais, tout à coup, quelle horreur! Mon Dieu, Léa, où est le cadeau? Zut, c'est trop bête! Le cadeau est dans le TGV et le TGV n'est plus là! Papa donne son numéro de portable à la gare.

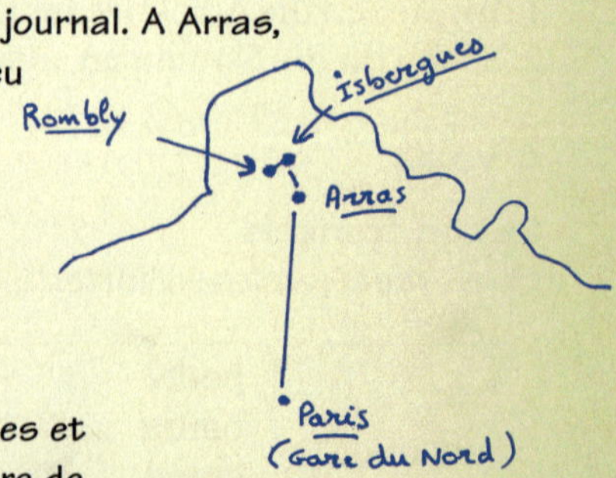

❸ A midi, nous arrivons enfin à la gare d'Isbergues et nous allons en voiture à Rombly, dans la voiture de l'oncle Marc. Chez mes grands-parents, il y a déjà ma tante Isabelle, mes cousins et mes cousines. Zut! Qu'est-ce qu'on va faire sans cadeau? Je cherche tout de suite une solution. Mais, d'abord, papi Bruno et papa ouvrent les bouteilles de champagne et nous buvons aux 60 ans de mamie Lili. Après, nous sommes à table. C'est la fête! Il y a trop de bonnes choses, surtout le gâteau d'anniversaire, mais un repas de famille, c'est long! Avec mes cousins, on quitte la table. Pour le cadeau, j'ai enfin une idée. Elle n'est pas mauvaise …

4 Trois heures après, mamie Lili ouvre ses cadeaux. Bon, c'est mon tour. Je bois un verre d'eau. Cinq, quatre, trois, deux, un ... Je chante ma chanson pour mamie Lili avec mes sœurs. L'oncle Marc joue de la guitare. C'est notre cadeau d'anniversaire.

5 *Toi, ma grand-mère,*
C'est ton anniversaire.
Toi, la mamie, toi ma Lili,
Toi, ma jolie,
Mère de mon père,
Pour toi, grand-mère,
J'ai des mots,
Mais je n'ai pas de cadeau.
Le cadeau des Bajot, il est dans le train, mamie.
Le cadeau des Bajot, il est dans le train, Lili.
Toi, ma grand-mère,
Toi, t'es super!
Jamais en colère
Alors, grand-mère,
Bon anniversaire!

6 Mamie Lili est super contente! Le soir, les parents jouent aux boules dans la rue. Les oiseaux chantent et les vaches regardent la scène. Rombly, c'est la campagne. Le village est joli, au printemps!

7 Vendredi 11 mai: Le téléphone sonne: c'est la gare d'Arras. «Monsieur Bajot? Le cadeau est là, à la gare. Pas de problème.»

1 A propos du texte

a *Qui parle? Expliquez (Erklärt).*

Exemple:
«Toi, ma grand-mère, toi t'es super!» → C'est Victor: Il aime sa grand-mère.

1. «Comment est-ce que tu trouves ma robe?»
2. «J'aime bien la natation.»
3. «Voici mon numéro de portable.»
4. «Je vais porter le cadeau.»
5. «Je vais chanter une chanson pour mamie Lili.»
6. «Bravo! Je suis super contente!»

b *Répondez à la question:* Le cadeau, qu'est-ce que c'est? ■ un chat? ■ un chien? ■ un oiseau?

c *Décrivez Rombly.*

2 Chez mes grands-parents (§§ 33, 34)

Accordez les adjectifs (Gleicht die Adjektive an).

3 A la gare du Nord (§§ 32–34)

a *Mettez les phrases dans l'ordre et accordez les adjectifs. Faites attention à la bonne place des adjectifs:*

1. famille	Voilà	une	(grand)			
2. (français)	famille	une	C'est			
3. Ils	(sympa)	ont	enfants	trois		
4. (joli)	Deux	et	garçon	filles	un	(petit)
5. portent	robes	Les	des	(bleu)	filles	
6. (noir)	garçon	pantalon	Le	porte	un	
7. touristes	Voilà	(allemand)	aussi	des		
8. un	Ils	(petit)	ont	chien		
9. (sportif)	un	chien	C'est			
10. des	avec	(espagnol)	joue	Il		enfants

b *Décrivez le dessin. Utilisez des prépositions (Präpositionen) et surtout beaucoup d'adjectifs.*

4 Noir, c'est noir! (§§ 32–34)

Décrivez le dessin à votre copain/copine.

Exemple: L'homme derrière le piano blanc s'appelle Fredo. Il porte un pantalon blanc et …

5 Les petits hommes verts (§§ 32–34)

Décrivez les rêves de Victor.
Utilisez les adjectifs comme «grand», «petit», «vert», etc. …

Exemple: Victor fait des rêves bizarres.
Il rêve de trois **petits** hommes **verts** devant …

6 C'est quand, ton anniversaire?

Lundi*
Mardi*
Mercredi
Jeudi
Vendredi
Samedi
Dimanche

CALENDRIER

	JANVIER	FÉVRIER	MARS	AVRIL	MAI	JUIN
1	M JOUR DE L'AN	S Ste Ella	S St Aubin	M St Hugues	J FÊTE DU TRAVAIL	D St Justin
2	J Epiphanie	D Prés. du Seigneur	D St Charles le Bon	M Ste Sandrine	V St Boris	L Ste Blandine
3	V Ste Geneviève	L St Blaise	L St Guenolé	J St Richard	S St Phil. et Jacques	M St Kévin
4	S St Robert de R.	M Ste Véronique	M St Casimir	V St Isidore	D St Sylvain	M Ste Clotilde
5	D St Edouard	M Ste Agathe	M Ste Olive	S Ste Irène	L Ste Judith	J St Igor
6	L Ste Melaine	J St Gaston	J Ste Colette	D St Marcellin	M Ste Prudence	V St Norbert
7	M St Raymond	V Ste Eugénie	V Ste Félicité	L St J.-B. de la Salle	M Ste Gisèle	S St Gilbert
8	M Ste Peggy	S Ste Jacqueline	S St J. de Dieu	M Ste Julie	J Victoire 1945	D PENTECÔTE
9	J Ste Alix	D Ste Apolline	D Mi-Carê	M St Renaud	V St Pacôme	L Ste Diane
10	V St Guillaume	L St Arnaud	L St Vivien	J St Fulbert	S Ste Solange	M St Landry
11	S St Paulin	M N.-D. de Lourdes	M St Euloge	V St Stanislas	D Ascension	M St Barnabé
12	D Ste Tatiana	M St Félix	M Ste Justine	S St Jules	L St Achille	J St Guy
13	L St Remi	J Ste Béatrice	J St Rodrigue	D Ste Ida	M Ste Rolande	V A. de Padoue
14	M Ste Nina	V St Ventin	V Ste Mathilde	L Ste Lidwine	M St Matthias	S Élisée
15	M Ste Rachel	S Mardi gras	S Ste Louise de M.	M St Paterne	J Ste Denise	D Fête des Pères
16	J St Marcel	D Cendres	D Ste Bénédicte	M Ste Bernadette	V St Honoré	L St J.-F. Régis
17	V Ste Roselyne	L St Alexis	L St Patrice	J St Etien. Harding	S St Pascal	M St Hervé
18	S Ste Prisca	M St Laavien	M St Cyrille	V St Parfait	D St Eric	M St Léonce
19	D St Marius	M St Gabin	M St Joseph	S Ste Emma	L St Yves	J St Romuald
20	L St Sébastian	J Carème	J St Herbert	D PÂQUES	M St Bernardin	V St Silvère
21	M Ste Agnès	V St P. Damien	V PRINTEMPS	L St Anselme	M St Constantin	S ÉTÉ
22	M St Vincent	S Ste Isabelle	S Ste Léa	M St Alexandre	J St Emile	D St Alban
23	J St Barnard	D St Lazare	D St Victorien	M St Georges	V St Didier	L St Audrey
24	V St Fr. de Sales	L St Modest	L Ste Catherine de S.	J St Fidèle	S St Donatien	M St Jean-Babtist
25	S Conv. St Paul	M St Roméo	M Annonciation	V St Marc	D Fête de Mères	M St Prosper
26	D Ste Paule	M St Nestor	M Ste Larissa	S Ste Alida	L St Bérenge	J Ste Anthelme
27	L Ste Angèle	J Ste Honorine	J St Habib	D Ste Zita	M St Augustin de C.	V St Fernad
28	M St Th. D'Aquin	V St Romain	V St Gontran	L Ste Valérie	M St Germain	S Ste Irénée
29	M St Gildas		S St Jonas	M Ste C. de Sienne	J ASCENSIO	D Pierre, Paul
30	J Ste Martine		D St Amédée	M St Robert	V St Ferdinand	L Martial
31	V Ste Marcelle		L St Benjamin		S Visit. de la Vierge	

	JUILLET	AOÛT	SEPTEMBRE	OCTOBRE	NOVEMBRE	DÉCEMBRE
1	M St Thierry	V St Alphonse	L St Gilles	M St Th. de l'E.-J.	S St Toussaint	L St Florence
2					D Jour des défunts	M Ste Viviane
3					L St Hubert	M St Fr.-Xavier
4					M St Charles	J Ste Barbara
5					M Ste Sylvie	V St Gérald
6					J Ste Bertille	S St Nicolas
7					V Ste Carine	D St Ambroise
8					S St Geoffroy	L Imm. Concept.
9					D St Théodor	M St P. Fourier
10					L St Léon	M St Romaric
11					M ARMISTICE 1918	J St Daniel
12					M St Christian	V St J.-F. de Chantal
13					J St Brice	S Ste Lucie
14					V St Sidoine	D Ste Odile
15					S St Albert	L St Ninon
16					D Ste Marguerite	M Ste Alice
17					L Ste Élisabeth	M St Gaël
18					M St Aude	J St Gatien
19					M St Tanguy	V St Urbain
20					J St Edmond	S St Théophile
21					V Prés. Marie	D St P. Canisius
22					S Ste Cécile	L HIVER
23					D Christ Roi	M St Armand
24					L Ste Flora	M Ste Adèle
25					M Ste Catherine	J NOËL
26					M Ste Delphine	V St Étienne
27					J St Séverin	S Jean l'évang.
28					V Jour de la Marche	D Sainte Famille
29					S Saturnin	L St David
30					D Avent	M St Roger
31						M Sylvestre

Emma
Christian
Malika
Victor
Thomas

a *Leur anniversaire, c'est quand? Au printemps, en été*, en automne*, ou en hiver*?*
Exemple:
L'anniversaire d'Emma, c'est **le premier janvier***. C'est **en** hiver.
L'anniversaire de Malika , c'est **le 15 mai***. C'est **au** printemps.

b A vous.
Et toi, ton anniversaire, c'est quand? Et ton voisin? Posez la question.
Exemple:
– C'est quand, ton anniversaire?
– Mon anniversaire, c'est le …

7 La chanson de Léa (§§ 35, 38–40)

Complétez la chanson de Léa.

1.

Moi aussi, pour toi j' ~	écrire
Une chanson très jolie.	
Victor et moi, ~	écrire
Beaucoup de jolies chansons.	

2.

Pour toi, je ~ mon crayon,	prendre
Pour ~ la chanson.	écrire
Victor, Mathilde et Zoé,	
Vous ~ et vous chantez.	lire

3.

Ecoute les mots des Bajot.	
Maintenant, tu ~ le vrai cadeau	ouvrir
Et tu ~ le petit oiseau.	prendre
Il ~ toujours un peu d'eau.	boire

4.

Les parents ~ le champagne	boire
Dans la maison de campagne.	
Les enfants ~ un verre d'eau	boire
Car* maman ~ une photo.	prendre

8 A la gare

on dit...

- Pardon, madame/mademoiselle/monsieur, pour aller à …, s'il vous plaît?
- Pardon, je voudrais un billet de train pour …, s'il vous plaît.
- Vous avez un train/un TGV à 10h22.
- Vous prenez le train/le TGV de 10h22.
- Ensuite, vous changez de train à …
- Vous arrivez à …
- Après, vous allez en bus/taxi/métro à …
- Voici votre billet. Ça fait*… euros*, s'il vous plaît.

Regardez les horaires (Fahrplan) et faites des dialogues.*

numéro de train		44805	46405	46405	44103	46407	44905	44905	7021	44817	44927	7311	46427	7113	44819	7033	46429	7117	44821/0	44129
notes à consulter		*1*	*2*	*3*	*1*	*1*	*3*	*2*		*2*	*12*	*12*	*12*	*2*	*12*		*2*	*13*	*14*	*15*
									TGV			TGV		TGV		TGV		TGV		
		🚲	🚲	🚲	🚲	🚲	🚲	🚲	♿	🚲	🚲	♿	🚲	♿	🚲	♿	🚲	♿		🚲
Paris Nord	Dep								08.58			09.52		10.22		10.58		11.22		
Longueau	Dep																			
Amiens	Dep																			
Arras	Arr											10.47		11.13				12.13		
Arras	Dep		06.08			06.19						10.50	10.51				11.49			
Lille Europe	Dep																			
Lille Flandres	Dep	06.29			06.43		07.30	07.30	10.02	10.04	10.14				11.14	12.02			12.16	12.16
Lens	Arr		06.23			06.35						11.01	11.04				12.05			
Bully Grenay	Arr		06.29			06.46							11.10							
Béthune	Arr		06.40			06.57						11.13	11.21							
Lillers	Arr		06.50			07.10							11.30							
Isbergues	Arr		06.56			07.18							11.36							
Hazebrouck	Arr	07.04	07.10	07.12	07.29	07.33	08.06	08.06		10.37	10.49	11.35	11.47		11.51				12.54	12.56
Dunkerque	Arr		07.41	07.41				08.34			11.19	11.58	12.27							

Info F

A Paris, il y a six grandes gares: la gare du Nord (→ Angleterre, Belgique, Hollande, Allemagne, Scandinavie), la gare de l'Est (→ Allemagne), la gare de Lyon, la gare d'Austerlitz, la gare Montparnasse et la gare Saint-Lazare.

9 Ecouter: Des billets pour Isbergues

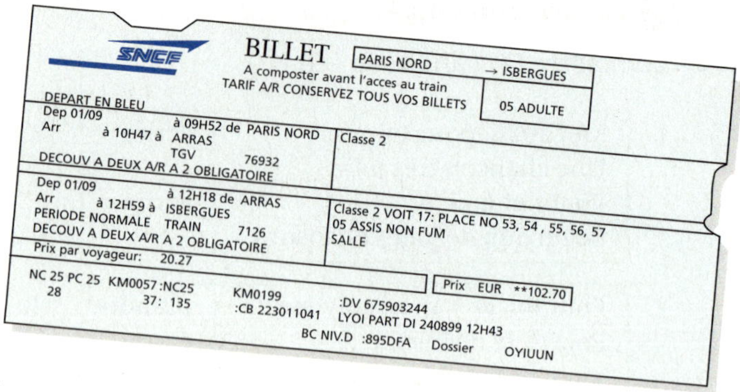

17 **a** *Regardez le billet de train puis écoutez le dialogue deux fois.*

b *Répondez aux question.*

1. Où est madame Bajot?
2. Où est-ce qu'elle veut aller?
3. Elle prend d'abord un train ou un TGV?
4. Le TGV arrive à quelle heure à Arras?
5. Où est-ce qu'on change de train?
6. Le train arrive à quelle heure à Isbergues?

10 Habiter à la campagne: oui ou non? (§ 36)

Faites des dialogues avec ces mots-clés (mit diesen Schlüsselwörtern). Puis jouez la scène.*

Pour	Contre
Chez/vous/trop/voitures/et/bouchons: Vie/pas/facile. Mais/ici/peu/voitures/et/enfants/jouer/rue.	Nous/pouvoir/prendre/d'autre/moyens de transport/comme/par/exemple/métro/ou …
Chez/vous/beaucoup/monde/bousculer/les voisins/et/trop/voleurs.	A/Paris/beaucoup/magasins/cinémas/et/restaurants: vie/bouger/et/beaucoup/monde.
A/campagne/hommes/et/femmes/boire/souvent/ensemble/bouteille/champagne.	Chez/nous/on/avoir/peu/temps/pour/boire/verre/champagne/ensemble.
A/campagne/joli/villages/et/beaucoup/arbres. Vie*/être/joli/surtout/ printemps.	En plus/à/Paris/tour Eiffel/et/beaucoup/grand/maisons/et/6/grand/gares/et …
Ici/on /sportif./On/jouer/boules/ou/faire/guitare/…	Mais/ici/aussi/faire/beaucoup/activités: faire/beaucoup/… Chez/vous/peu/activités.
Paradis: nature./beaucoup/oiseaux/chanter. On/content/et/il y a/pas/problème.	A/Paris/aussi/un/peu/nature: Seine/et/quartiers/sur/deux/rives.
A/campagne/beaucoup/animaux: beaucoup/peu …	A/Paris/aussi/on/beaucoup/chats/et/chiens.

11 Victor invite beaucoup de monde. (§§ 32–34)

Accordez les adjectifs entre parenthèses dans votre cahier. Remplacez les **?** *par les adjectifs de la phrase. Faites attention à la place de l'adjectif dans la phrase.*

1. C'est une (grand) fête et il y a un (long) repas: La fête est **?** et le repas chez Victor, c'est **?** .
2. Emma et Malika portent des pantalons (blanc): Les pantalons sont **?** .
3. Anne et Léa, deux cousines (sportif), font de la danse: Les deux filles sont **?** .
4. Et voilà des histoires (bête): Les cadeaux pour Victor ne sont plus là! C'est **?** !
5. Mais les copains de Victor ont enfin une (bon) idée. Elle n'est pas (mauvais) …

12 La famille Bajot

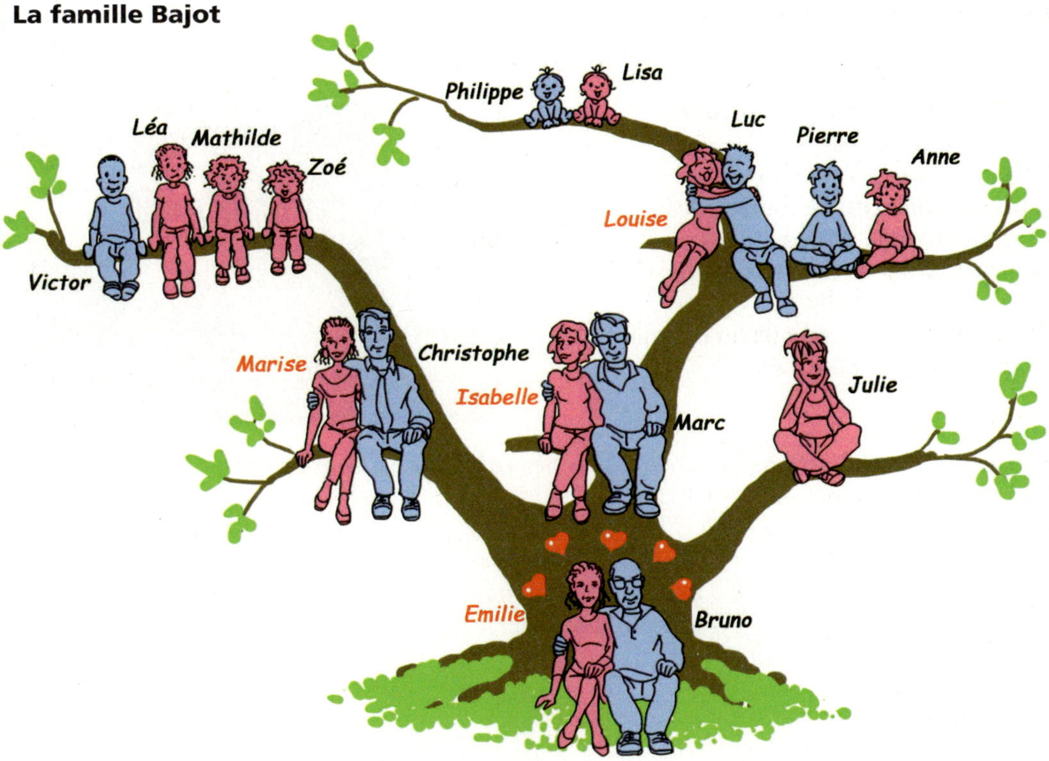

a *Complétez le texte. Ajoutez aussi **mon, ma, mes,** si nécessaire (falls nötig).*

Je m'appelle Pierre. Je suis le ~ de Victor. ~ ~ sont Marc et Isabelle. J'ai un grand ~, Luc, et une ~, Anne. La ~ de Luc s'appelle Louise. Ils ont deux ~, Lisa et Philippe. J'aime bien ~ ~ Christophe, le ~ de Marise. C'est le ~ de Victor et de ~ trois ~, Léa, Mathilde et Zoé. ~ ~ Léa est très sportive. Aujourd'hui, nous sommes chez ~ ~ à Rombly, parce que ~ ~ Emilie a son anniversaire. C'est sympa.

b *Qui est la tante de Pierre et aussi la tante de Victor?*
Qui est Pierre pour Lisa et Philippe?

c A vous.
Faites un dessin avec trois générations (Generationen) de votre famille.
Après, parlez de votre famille.

13 Jeu de sons

11 **a** *Trouvez des mots qui riment pour chaque couleur* (… für jede Farbe).*

bleu	marron	noir	gris	vert	blanc
jeu	garçon	histoire	mamie	frère	enfant
…	…	…	…	…	…

b *Choisissez trois couleurs et faites des rimes. (Wählt drei Farben aus und schreibt Reime.)*

14 Communiquer: Deux sœurs en colère

a *Mettez le dialogue dans le bon ordre et ajoutez les noms*.*

***Zoé:* Léa, tu joues un peu avec moi?**
? Qu'est-ce que tu lis?
? Euh … dans le TGV à Arras.
? A propos «oiseau», où est le cadeau?
? Comment, tu ne sais pas? Il est où, le cadeau?
? Non, je n'ai pas envie! Je lis!
? Je ne sais pas.
? Je lis une BD: «Les oiseaux du paradis».
***Zoé:* Ah, mais tu es bête, Léa!**

b A vous.

Choisissez une des situations suivantes (eine der folgenden Situationen) et écrivez un dialogue.

1. Tu es dans la salle à manger et tu veux regarder la télé, mais ta sœur/ton frère veut écouter un CD. Tu n'es pas d'accord.	2. Tu veux aller au cinéma avec un copain mais il veut jouer au foot.	3. Ton frère/ta sœur et toi, vous cherchez un cadeau pour l'anniversaire de votre mère. Vous n'êtes pas d'accord.

15 Lire: Portrait*

Victor est un garçon sympa. Il porte toujours un pantalon long et noir et une chemise rouge ou blanche. Il n'est pas très grand mais il est sportif. Les autres élèves aiment jouer à des jeux vidéo mais Victor n'aime pas ça. Il est mauvais en allemand mais il est super bon en français et en espagnol. Ses copains aiment la musique rock mais Victor aime le rap*. Il joue du piano et de la guitare et il écrit des chansons. Le samedi, il prend des leçons de piano chez monsieur Touches*, son professeur de musique, et le mercredi après-midi, il joue de la guitare avec un groupe de copains. Il n'est pas comme les autres mais les copains trouvent Victor sympa, parce qu'il aide souvent ses copains avec leurs devoirs* de français et d'espagnol et aussi, parce qu'il est super bon en musique.

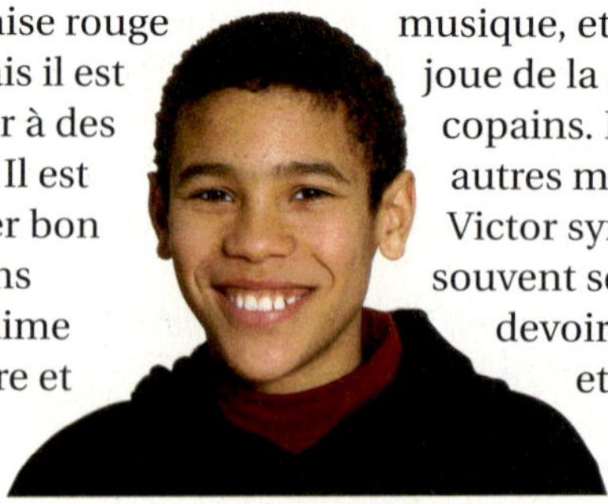

a *Répondez aux questions:*

1. Qu'est-ce que Victor aime/n'aime pas?
2. Qu'est-ce qu'il fait le mercredi après-midi et le samedi?
3. Qui est monsieur Touches?
4. Victor n'est pas comme les autres. Pourquoi?
5. Comment est-ce que les autres trouvent Victor?

b *Sa sœur Léa est différente* (anders). Faites son portrait. (Porträtiert sie).*

Exemple: 1. Elle est …
2. Elle joue/fait …
3. Souvent …
4. Le soir, …
5. Elle est super … en … mais elle est mauvaise en …
6. Elle n'est pas d'accord avec Victor, parce que …

16 Le professeur n'est pas là. (§§ 32–36, 38–40)

Accordez les verbes. Remplacez **?** *par les adjectifs et* **~** *par les expressions de quantité (Mengenangaben).*

1.	Il est huit heures. Les élèves sont dans leur **?** salle de classe.	klein
2.	Mais le **?** professeur n'est pas encore là.	groß
3.	Les élèves (avoir) **~** problèmes.	viele
4.	**~** élèves (lire) des BD.	viele
5.	Un garçon (prendre) son portable et téléphone à sa copine **?** .	spanisch
6.	Une fille et un garçon (écrire) une **?** histoire pour le club de lecture*.	lang
7.	Deux filles (boire) **~** eau et (manger) **~** petits gâteaux.	ein Glas/zu viel
8.	Un garçon (jouer de) guitare et fait **~** musique.	ein bisschen
9.	Deux garçons **?** (jouer à) cartes et (crier).	komisch
10.	Tout à coup, Mme Sévère*, la prof de français, (ouvrir) la porte: «**~** silence, s'il vous plaît. Vous (ne pas être) **?** !»	etwas/einfach

17 Fehler vermeiden (éviter les fautes*)

Stratégie

- Wenn du einen französischen Text geschrieben hast, lies ihn dir noch einmal sorgfältig durch und achte dabei auf folgende typische Fehlerquellen:
  1. Sind die **Verben** richtig angeglichen? *tu regard**es**, ils cher**chent**, vous **êtes**, vous **allez***
  2. Hast du an den **Accord** gedacht? *les fille**s**, des joli**es** maison**s***
  3. Stimmen die **Possessivbegleiter**? *Victor cherche **sa** sœur* **(seine)**/*Léa cherche **sa** sœur* **(ihre)**/*Ils cherchent leur sœur/leurs* **(ihre)** *parents*
  4. Ist die **Wortstellung** bei der Negation richtig? *Je **ne** veux **pas** travailler*
  5. Hast du die französische **Rechtschreibung** beachtet? *le p**è**re, un m**é**tier, l'**â**ge, le gar**ç**on, …*
- Zum Üben lege dir eine Fehlertabelle als Checkliste an, auf der du deine häufigsten Fehler vermerkst.

1 Verben	2 Accord	3 Begleiter	4 Wortstellung	5 Rechtschreibung
nous arriv**ons**	des bonn**es** chose**s**	leur**s** parents	Il **n'**est **plus** là.	un coq fran**ç**ais
…	…	…	…	…

- Überprüfe deine Fehlertabelle regelmäßig, z. B. vor Klassenarbeiten.

A vous.

Diktiere deinem Nachbarn/deiner Nachbarin 7 Sätze des Lektionstextes deiner Wahl. Korrigiere den geschriebenen Text und ordne die Fehler den 5 Gruppen zu. Danach tauscht ihr die Rollen.

Malika Secouss

1 **une glace**
ein Eis

2 **faire du grand huit**
Achterbahn fahren

3 **une chaussure**
ein Schuh

4 **un bureau**
ein Büro

5 **le forfait**
die Gebühr

■ Savoir faire: La grande sœur

→ Stratégie, page 93.

a *La petite sœur de Malika fait le portrait de sa grande sœur. Mais elle fait des fautes. Corrigez le texte dans votre cahier (il y a 19 fautes).*

b *Classez les fautes dans le tableau de la stratégie. (Ordnet die Fehler in die Tabelle der Strategie ein.)*

c *Inventez un dialogue entre Malika et sa petite sœur. Racontez ses activités. Donnez un nom à la petite sœur.*

FAUX!

J'ai une grand sœur. Elle s'appele Malika et elle as 16 an. Nous faison beaucoup des choses ensemble. Mais souvent, ma sœur aime pas aller au cinema avec moi parce que je suis encore trop petit. Elle aime rester avec sa groupe de copains, et elle aime racontez des histories bizarre. Malika et son ami Sophie téléphone souvent a leur copains. Maman aime pas ca.

LEÇON 8

13 La rencontre

Où vont les élèves allemands pour rencontrer les élèves français?

Une lettre de France

Paris, le 13 avril 2005

Chère Madame, cher Monsieur,

Notre classe de 5ᵉ est très contente de rencontrer votre 7ᵉ B du 5 au 13 juin 2005 à Bruxelles. Le professeur de sport de notre collège, M. Boulay, va accompagner les élèves avec moi. Nous avons maintenant les informations sur l'auberge de jeunesse. Elle s'appelle «Jacques Brel», Place Madou. Vous pouvez regarder le plan de Bruxelles sur Internet. L'auberge est près de la station de métro Madou. Comme vous, nous cherchons encore des idées pour notre projet. Voilà pour aujourd'hui. A bientôt, au téléphone.

Cordialement.

Nathalie Bertaud

Comment est-ce qu'on écrit une lettre en français? Ecrivez les mots et les phrases dans votre cahier.

14 **... et un coup de téléphone**

Mme Bertaud: Allô?
Mme Schmitt: Bonjour. Schmitt. Est-ce que je peux parler à Mme Bertaud, s'il vous plaît?
Mme Bertaud: Oui, c'est moi. Qui est à l'appareil?
Mme Schmitt: Meike Schmitt à l'appareil.
Mme Bertaud: Ah, Mme Schmitt. Comment allez-vous?
Mme Schmitt: Très bien merci, et vous?
Mme Bertaud: Bien, merci.
Mme Schmitt: Merci pour votre lettre. J'ai encore une petite question: quand est-ce que vous allez arriver de Paris, le 5 juin? L'après-midi ou le soir?
Mme Bertaud: A 19 heures. Pourquoi?
Mme Schmitt: Nous allons arriver de Kassel à 17 heures. Dans l'auberge, il y a un restaurant pas très cher. Alors, je peux organiser le repas du soir. Les élèves vont être contents de manger ensemble …
Mme Bertaud: D'accord, c'est une bonne idée!
Mme Schmitt: Voilà, c'est tout, eh bien … bonsoir et à bientôt.
Mme Bertaud: Au revoir, Mme Schmitt et merci.

Wie beginnt ein Telefongespräch in Frankreich? Was ist anders als in Deutschland?

A vous.
Vous téléphonez à un ami ou une amie français/e pour aller au cinéma. Jouez le dialogue.

15 Le projet

1 Les élèves français arrivent à l'auberge de jeunesse «Jacques Brel». Le groupe allemand est déjà là. On dit «Bonjour!», «Guten Tag!» et on rigole mais on ne parle pas beaucoup. «Christian a de la chance, dit Victor, il est bilingue, il parle français et allemand!» «Allez, on visite les chambres maintenant. Qui va avec qui?» demande Mme Bertaud à ses élèves. «Christian, toi, tu vas avec Malika!» dit Thomas. Les filles rigolent mais Christian ne trouve pas ça drôle. Il répond: «Et toi, tu vas avec Mme Bertaud!» «Arrêtez maintenant, dit Mme Schmitt, et portez vos affaires dans vos chambres!»

2 Le lendemain, on parle du projet. C'est un calendrier bilingue que les élèves vont vendre à la fête de leur école. Pour les douze mois de l'année, il y a douze pages qui donnent des informations en deux langues sur la ville de Bruxelles. Christian, Malika et Victor sont dans un groupe de travail avec trois élèves allemands, Katja, Julia et Christopher. D'abord, il y a des problèmes de langue: on commence une phrase en français et on continue en allemand ou en anglais!

3 «Mais qu'est-ce que j'entends, Jan, Martin, qu'est-ce que vous dites?, demande Mme Schmitt, on ne parle pas en anglais ici!» «Elle n'est pas facile, votre prof!» dit Christian. «Mais si, elle est super sympa», répond Julia. «Avec elle, on a beaucoup de 1 et de 2!» «Quoi? Des 1, des 2? Et tu dis que c'est une prof sympa?» dit Victor. Les élèves allemands ne comprennent rien, mais Christian explique: «En Allemagne, les notes vont de 1 à 6 et 1, c'est une très bonne note.» «Ah, bon? Chez nous, dit Malika, les notes vont de 0 à 20. Et 1, c'est une très mauvaise note, ma chère Julia!» «Oui, et en plus, dit Victor, on n'a jamais 20 en France!» «Ça, c'est vrai, dit Christian. Bon, allez, on travaille maintenant!»

4 Aujourd'hui, les élèves visitent Bruxelles. Ils prennent des photos de la ville. «Oh nein, mein Film!» dit Christopher. Il demande aux profs s'il peut chercher un magasin de photo. «Regarde, dit Mme Bertaud, voilà un magasin! Tu as assez d'euros? Nous attendons là.»
«Bonjour, tu désires?» demande la dame dans le magasin. «Je voudrais … un film, s'il vous plaît, pour ma caméra.» «Un film? Pour ta caméra? Ah, je comprends. Ecoute, nous vendons des pellicules et des appareils photo … Voilà, ça fait quatre euros septante centimes, s'il te plaît», répond la dame. «Euh … Pardon? Ça fait combien? Quatre euros sept quoi?» «… soixante-dix centimes. Nous, en Belgique, nous disons septante et pas soixante-dix», explique la dame. «C'est bien ici! Septante, c'est facile … alors j'achète deux … pellicules.» «Et avec ça?» demande la dame. «C'est tout!» Et il paie. Devant le magasin, les autres élèves attendent. «Bon, maintenant, nous achetons des frites, j'ai faim!» dit M. Boulay.

5 Après une semaine de travail, c'est le départ. «Allez, montez dans les bus! Au revoir!» disent les professeurs. Christian veut faire la bise à Julia mais elle ne veut pas! «Mais on fait la bise, chez nous en France!»
Malika regarde Christian. Elle ne dit rien. Elle monte dans le bus. Victor parle en allemand. Il parle et il parle.
Ce n'est pas toujours très correct mais ça ne fait rien. «Bravo, Victor, tu n'as plus peur de parler maintenant, hein?» dit Mme Bertaud. «Madame, quand est-ce que vous organisez une autre rencontre?» demande Victor.
«Peut-être au printemps 2006!» répond Mme Bertaud.
«Bon, alors, au revoir, auf Wiedersehen!»

1 A propos du texte

a *Copiez le tableau dans vos cahiers et complétez.*

	Qui?	Où?	Quoi?
Partie 1	• Les élèves du collège Anne Frank de Paris • Les élèves du Goethe Gymnasium de Kassel • Mme Bertaud • Mme Schmitt	• En Belgique • A Bruxelles • A l'auberge de jeunesse «Jacques Brel».	• Les élèves ne parlent pas beaucoup. • Christian est bilingue. • Les élèves visitent les chambres.
Partie 2			
Partie 3			
Partie 4			
Partie 5			

b *Trouvez des titres* pour les cinq parties du texte.*

Exemple: Partie 1: La rencontre

c *Répondez aux questions.*

1. Pourquoi est-ce que Malika regarde Christian?
2. Pourquoi est-ce qu'elle monte dans le bus et ne dit rien?

2 Le départ (§ 41)

Complétez.

1. Il est 9h. Les élèves français ~ le bus pour Bruxelles.
2. Malika demande: «Quand est-ce qu'il arrive? Nous ~ déjà depuis* une heure!»
3. Le portable de Mme Bertaud sonne. Elle ~: «Allô? … Oui … Comment? … Un bouchon? Bon, on ~ .»
4. Elle dit aux élèves: «On va ~ encore un peu. Le bus est dans un bouchon.»
5. Un homme ~ des journaux. Mme Bertaud achète «Le Journal du Dimanche».
6. A 9h20, Thomas crie: «Ecoutez. Vous ~ le bus? Il arrive!»
7. Victor rêve: «Moi, je ne ~ rien.»
8. «Toi, tu ne ~ jamais rien», dit Thomas. «Regarde, il est là, devant toi. On monte.»

3 Les faux amis*

18 *Ecoutez le texte. Trouvez la bonne traduction* mais faites attention aux «faux amis».*

1. un rendez-vous =	ein Rendezvous?	ein Termin?	ein Gespräch?
2. une raquette =	ein Match?	eine Rakete?	ein Schläger?
3. grosse =	groß?	dick?	alt?
4. une glace =	ein Glas?	ein Essen?	ein Eis?
5. une tablette =	eine Tafel?	eine Tablette?	ein Tablett?

[ ]
4 Comment ça s'appelle? (§ 42)

Les élèves allemands ne trouvent pas toujours les mots qu'ils cherchent. Ce n'est pas grave.

Exemple:

Ils veulent dire:	***Ils expliquent:***
ein Polizist	→ C'est quelqu'un **qui** arrête des voleurs.
ein Bleistift	→ C'est quelque chose **que** tu prends pour dessiner.
eine Buchhandlung	→ C'est un endroit[1] **où** on peut acheter des livres.

a *Expliquez en français. Utilisez les pronoms relatifs (Relativpronomen).*

1. ein Schwimmbad
2. ein Fotograf
3. ein Lebensmittelgeschäft
4. eine Schere
5. Klebstoff
6. ein Kugelschreiber
7. eine Turnhalle
8. ein Fußballspieler
9. ein CD-Spieler

b *Jouez en classe: Un élève fait une phrase qui explique un mot.*
Est-ce que les autres vont trouver le mot?

5 Dans le magasin de souvenirs* (§§ 43, 44)

Complétez avec les verbes ***dire, acheter*** *et* ***payer****.*

1. On ~ (acheter) des souvenirs, Malika? J'ai soixante-dix euros.
2. Les Belges* ~ (dire) septante et aussi nonante* et nous ~ (dire) soixante-dix et quatre-vingt-dix. Mais moi, j'ai une carte!
3. Qu'est-ce que tu ~ (acheter), Christian, pour tes parents?
4. J'~ (acheter) un livre sur Magritte*. Et vous? Qu'est-ce que vous ~ (acheter)?
5. Nous n' ~ (acheter) rien. C'est cher, ici!
6. Quoi? Qu'est-ce que vous ~ (dire), les filles?
7. On ~ (dire) que c'est un peu cher ici! Oh, il est déjà midi!
8. Bon, les filles, vous ~ (payer) à la caisse pour moi. Vous avez soixante-dix euros. Et ici, on ne peut pas ~ (payer) avec la carte!

1 un endroit [ɛ̃nɑ̃dʀwa] ein Ort

6 Projet: présenter sa classe

Ihr nehmt Kontakt zu einer französischen Klasse auf. Was ist der erste Schritt beim gegenseitigen Kennenlernen? Man stellt sich vor, z. B. mit einem „Steckbrief“:

a *Sammelt in der Klasse zuerst eure Hobbys, eure (Wunsch-)Tiere, eure Vorlieben und Abneigungen. Erarbeitet gemeinsam mit eurer Lehrerin/eurem Lehrer, wie ihr das auf Französisch ausdrücken könnt.*

b *Macht „Steckbriefe“ von euch und stellt sie zu einem Klassensteckbrief zusammen.*

c *Nehmt – z. B. über das Internet – Kontakt zu einer französischsprachigen Klasse auf. Schickt ihr den Steckbrief eurer Klasse und bittet sie um Antwort.*

Mon nom:
Timo Stolte

Mon âge:
11 ans

Mes activités:
Le judo[1], les jeux vidéo

Mes animaux:
Un cobaye[2].
Il s'appelle Zwirbel.

J'aime: La musique techno[3]

Je n'aime pas:
Notre voisin parce qu'il n'aime pas ma musique.

Mon nom:
Gina Jetter

Mon âge: 12 ans

Mes activités:
La danse, le roller

Mes animaux:
Je voudrais un chien.

J'aime:
Les BD et les histoires drôles

Je n'aime pas:
Ma prof de danse parce qu'elle n'est jamais contente.

7 Jeu de sons

a *Cherchez les couples (Paare) de mots. Exemple: 1. gar**çon** + chan**son**, …*

gram**maire**	m**ain**tenant	restau**rant**	mer**ci**	ca**hier**	**car**ton
ca**deau**	**si**lence	**do**berman	**mer**credi	chan**son**	fr**è**re
straté**gie**	**ren**contre	**gy**mnase	gar**çon**	s**œur**	**quar**tier
quel	pa**yer**	voi**sin**	**cai**sse	profess**eur**	ch**er**

20 **b** *Lisez à haute voix les affiches bilingues. Comment prononcer des mots inconnus? (Wie kann man unbekannte Wörter aussprechen?) Contrôlez votre prononciation (Aussprache) avec le CD.*

Ne pas toucher aux œuvres SVP. **Inter****diction** de prendre des **pho**tos. La **direction** du musée	A notre **rayon** livres vous trouverez le **der**nier **ro**man de **Gil Guilan** pour 15 **eu**ros.	Dans notre maga**sin**, vous pouvez **pay**er par **chè**que ou par carte **bancai**re.
Bitte die Austellungsstücke nicht berühren. Das Fotografieren ist nicht gestattet. Die Museumsdirektion	In unserer Bücher-Abteilung finden Sie den letzten Roman von Gil Guilan für 15 Euro.	In unserem Geschäft können Sie mit Scheck oder mit Bankkarte bezahlen.

1 le judo [ləʒydo] das Judo **2 un cobaye** [ɛ̃kɔbaj] ein Meerschweinchen **3 la musique techno** [lamyziktɛkno] Techno-Musik

8 Au magasin

on dit...

– C'est à qui* maintenant?
– Vous désirez, madame/mademoiselle/monsieur?
– D'accord. Combien?
– Voilà. Et avec ça?
– C'est tout?

– Ça fait 4 euros 70.
– Et voilà 5 euros 30. Merci et au revoir!

– C'est à moi*.
– Je voudrais ..., s'il vous plaît.

– Trois/deux bouteilles.
– Je prends aussi ...
– Oui, madame/mademoiselle/monsieur, c'est tout. Ça fait combien?
– Voilà 10 euros.
– Au revoir, madame/mademoiselle/monsieur.

A vous. *Vous achetez des cadeaux. Jouez les scènes.*

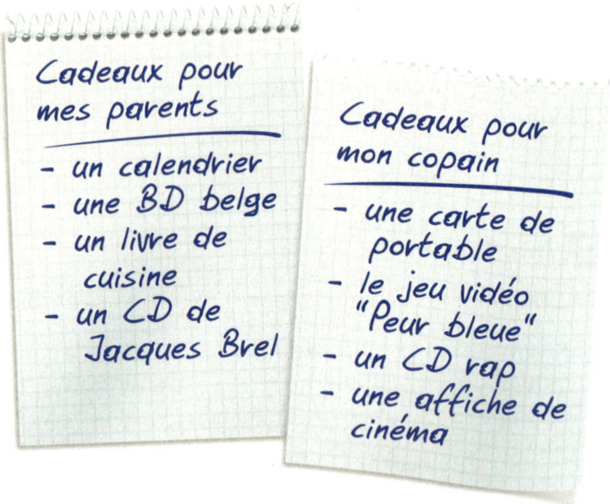

9 Bruxelles, c'est cher! (§§ 44, 45)

a *Qu'est-ce que madame Bertaud achète en Belgique? Combien est-ce qu'elle paie?*

Exemple:
Madame Bertaud achète ***le journal du dimanche****.*
Ça fait ***un euro soixante-quatorze centimes****.*

b *Combien est-ce que madame Bertaud paie au total (insgesamt)?*

Cora Bruxelles
97, rue Jacques Brel
B-1070 Bruxelles
Tel.: 02/414.15.66

journal dimanche	1,74 €
plan Bruxelles	5,87 €
BD Malika Secouss	13,95 €
pellicule Kodak	6,90 €
6 x 1L eau Vittel	3,85 €
bloc papier	2,70 €
album photo	15,93 €
CD Zazie	22,80 €

Total:

Merci et à bientôt!

[ ] 10 Que dit Jan? Qu'est-ce qu'il demande? (§§ 46, 47)

Les élèves travaillent en groupe. Dans le groupe de Thomas, il y a un problème: Thomas ne comprend pas Jan. Il demande alors à Christian d'aider.

Tu es Christian. Explique à Thomas les phrases de Jan.
Exemple: dire que/demander si

Jan à Thomas: *Arbeiten wir zusammen?*
→ *Christian à Thomas:* ***Il demande si*** *vous travaillez ensemble.*

Jan à Thomas: *Ich finde Brüssel gut.*
→ *Christian à Thomas:* ***Il dit qu'*** *il aime bien Bruxelles.*

Jan dit/demande:
1. Die Fotos von Christopher sind gut.
2. Schreiben wir Texte über die Stadt?
3. Schreibst du den Text auf Französisch?
4. Ich schreibe den Text auf Deutsch.
5. Bist Du einverstanden?
6. Emma ist sehr nett.
7. Hat sie einen Freund?
8. Ich werde schreiben: In Brüssel kann man nette Mädchen treffen.

[ ] 11 Ecouter: On téléphone aux parents? (§§ 46, 47)

19 **a** *Ecoutez le texte trois fois. Copiez les phrases dans votre cahier et complétez-les.*

Emma veut …
Malika demande à Emma si …
Katja demande si …
Emma fait …
Emma parle … parce qu'elle …
Emma raconte que l'après-midi, elle …
Malika veut aussi … mais la carte …
Le lendemain, Malika va …

Info F

Vous voulez téléphoner …

en France:	0033/…
en Belgique:	0032/…
en Allemagne:	0049/…

b *Imaginez: Vous êtes Français et vous êtes en Belgique. Vous voulez téléphoner à vos parents. Ecrivez des dialogues et jouez la scène.*

12 Ecrire: Une lettre de Bruxelles

Pendant la rencontre à Bruxelles, Victor écrit une lettre à ses grands-parents.

*Regarde la lettre à la page **96**. Puis, écris la lettre de Victor. Tu parles de Bruxelles et des activités en groupe. N'oublie pas d'écrire la ville, la date* et de dire au revoir.*

13 Qui paie? (§§ 35, 38, 39, 41, 43, 44, 48)

Conjuguez les verbes entre parenthèses.

1. Après le repas du soir, les jeunes discutent. Emma et Julia (lire) un livre sur Bruxelles. 2. Malika (écrire) à sa famille. 3. Thomas (lire) un journal de télé en français. 4. «Tiens!, (dire) Thomas, il y a un film sur Bruxelles aujourd'hui!» 5. «Mais il (commencer) à 22 heures.» 6. «Zut! Je (dire) aux profs que demain, nous (commencer) à 10 heures.» 7. Christopher (prendre) le journal: «Euh … Je ne (comprendre) rien!» 8. «Chut! Vous (entendre)? Qui est-ce?» (demander) Katja. 9. «Ce sont les profs!» (répondre) Malika et Julia. Les enfants ne bougent plus. 10. Ils (attendre). «On (boire) quelque chose?» (demander) Victor. 11. «D'accord. Vous (acheter) deux bouteilles de coca* et des frites, les filles?» (demander) Thomas. 12. «Nous (payer) toujours», (répondre) Emma et Malika. 13. «Thomas, tu (acheter) des frites et tu (payer).» 14. «Ils (vendre) des frites à la cantine de l'auberge de jeunesse», (dire) Christian.

14 Sich leichter verständigen können

Stratégie

Verständigungsschwierigkeiten gibt es oft. Die folgenden Lerntechniken helfen euch, die passenden Wörter auf Französisch zu finden.

A *Mir fehlen die Worte!* So könnt ihr das Wort umschreiben, das euch fehlt:

1. Mit einem Oberbegriff: → *ein Wolf: C'est un **animal** un peu comme un chien. Il fait «hou!».*
2. Mit einer Erklärung: → *ein Schreibtisch: C'est quelque chose pour poser tes cahiers, tes livres et ton ordinateur et pour faire tes devoirs.*
3. Mit dem Gegenteil: → *über: C'est le contraire* de «sous».*

B *Ich verstehe kein Wort!* So könnt ihr euren Gesprächspartner

1. um eine Erläuterung bitten: *Qu'est-ce que ça veut dire, «une pellicule»?*
2. um eine Wiederholung bitten: *Tu peux/Vous pouvez répéter*, s'il te/vous plaît?*
3. um eine langsamere Sprechweise bitten: *un peu moins vite*, s'il te/vous plaît!*
4. um Bestätigung bitten, ob ihr etwas richtig versteht: *Est-ce que je comprends bien: on dit: «septante» en Belgique et cela veut dire soixante-dix?*

A vous. *Erkläre die folgenden Begriffe auf Französisch:*
ein Flugzeug / der Morgen / abfahren / eine U-Bahn / eine Stadt / ein Schüleraustausch

Le calendrier bilingue

Avril

Atchoum Atchoum Atchoum
Le mois d'avril est enrhumé
Il a besoin de se moucher
Chut, ne fais pas tant de bruit,
Dit la petite souris
Sinon tu vas faire peur
A la première fleur

April

April, April,
der macht schon, was er will.
Mal Sonne und mal Regen,
und auch mal weißen Segen.
Nur langsam kommt die Sonne,
wir sehen es mit Wonne.
Hurra, es schmilzt der Schnee,
dem Winter sag adé.
Ach, lieber Mai, voll Wonne,
komm bald und bring viel Sonne.

						1
2	3	4	5	6	7	8
9	10	11	12	13	14	15
16	17	18	19	20	21	22
23	24	25	26	27	28	29
30						

MINI EUROPE

Mini Europe au Brupark de Bruxelles offre un voyage dans 70 villes européennes en miniature. Attention, quand on appuie sur un bouton, ça bouge:

Le TGV passe,
Big Ben sonne,
Le Vésuve explose.
Le mur de Berlin tombe …
Et quoi encore?

MINI-EUROPA

Mini-Europa im Brupark von Brüssel bietet eine Reise durch 70 europäische Städte in Kleinformat. Achtung, wenn man auf einen Knopf drückt, bewegt sich etwas:

Der TGV fährt vorbei,
Big Ben läutet,
Der Vesuv bricht aus,
Die Berliner Mauer fällt …
Und was noch?

Savoir faire

→ Stratégie, page 104.

a *Lisez le dialogue de Katja et Malika.*

Katja: Malika, tu dis: «le bruit». , «le bruit»?
Malika: C'est du «silence».
Katja: : «le bruit», cela veut dire «der Lärm»?
Malika: Oui, c'est ça. Dans le texte allemand, il y a «Regen». .
Katja: «Regen», c'est .

b *Complétez le dialogue. Que disent Malika et Katja? = …*

c *Comment est-ce qu'on traduit „Atchoum" en allemand?*

[LEÇON 9]

Découvertes

1. Décrivez les photos. Faites des filets à mots.
2. Où est-ce que vous aimez passer vos vacances? A la mer, à la montagne, à la campagne, en ville? Dites pourquoi.

22 Les colonies de vacances, non merci! (I)

Mme Carbonne: Regarde la photo.
Emma: Non, je ne la regarde pas!
Mme Carbonne: Alors, lis le texte.
Emma: Non, je ne le lis pas!
Mme Carbonne: Voici les informations. Ecoute, je les lis:
«La jolie colonie de vacances de Morzine est à la montagne. Là, vos enfants font de l'escalade, ...»
Emma: Ecoute, maman, je n'ai pas envie d'aller en colonie!

Info F

Les colonies de vacances sont organisées par les entreprises françaises pour les enfants des travailleurs.

Vous connaissez déjà (ihr kennt schon) «le, la, les». Mais, ici, ce ne sont pas des articles. Qu'est-ce que c'est alors? Expliquez en allemand leur fonction (ihre Funktion).

23 Les colonies de vacances, non merci! (II)

Emma: Papi et mamie invitent Manon et Valentin en vacances, et moi, ils m'oublient!
Mme Carbonne: Papi et mamie vous invitent, toi, Manon et Valentin, mais pas ensemble!
Emma: Et pourquoi est-ce qu'ils ne nous invitent pas ensemble?
Mme Carbonne: Tes grands-parents ont 70 ans. Trois enfants, c'est trop de travail!
Alors toi, ils t'invitent, mais après Manon et Valentin. La colonie ...
Emma: Non, non et trois fois non! Toi et papa, vous ne me comprenez pas.
Madame Salomon, elle, elle me comprend!

Vous ne **me** comprenez pas!

Si. Nous **te** comprenons!

Tu ne **nous** comprends pas!

Oh, si! Moi, je **vous** comprends!

Traduisez les phrases. Qu'est-ce que «me, te, nous, vous» remplacent?

24

Bises de Port-Blanc et de Marrakech!

1

Port-Blanc, le 6 juillet

Chère maman, cher papa,

La maison de Mme Salomon est super. On la trouve au bord de la mer, entre le village et la plage. Les Kermorgant habitent à côté. Ils ont deux enfants Yan et Anne. Je les trouve super. Yan adore le vélo et Anne les danses bretonnes. Yan, Anne et moi, on sort tout le temps pour faire du vélo ou du bateau. Il y a souvent du soleil et la plage est super, mais il y a beaucoup de vagues. Le matin, je dors jusqu'à dix heures!

Bises de Port-Blanc

Emma

PS: Est-ce que vous partez en vacances le 14 ou le 15 août?

M. et Mme Carbonne
10, rue Richard Lenoir
75011 PARIS

2

Port-Blanc, le 9 juillet

Chère maman, cher papa,

Alors, ma carte postale, comment vous la trouvez? Yan, Anne et moi, nous partons dans une demi-heure à Penvénan. C'est à cinq kilomètres de Port-Blanc. Et à Penvénan, il y a un marché où on trouve des vêtements pas chers: des maillots de bain, des t-shirts, des jeans, des pulls... Super, non? Oui mais voilà: je n'ai plus beaucoup d'argent.

Je vous embrasse.

Emma

M. et Mme Carbonne
10, rue Richard Lenoir
75011 PARIS

3

Mme Salomon: Allô?

M. Carbonne: Bonjour, madame. Roberto Carbonne à l'appareil.

Mme Salomon: Ah, bonjour, cher monsieur.

M. Carbonne: Comment ça va avec ma fille? Elle ne vous donne pas trop de travail?

Mme Salomon: Non, Emma est super contente. Elle est toujours à la plage pour ramasser des coquillages. Elle a trouvé des copains chez mes voisins, les Kermorgant.

M. Carbonne: Oui, oui, je sais, Yan le cycliste, et Anne la danseuse.

Mme Salomon: Vous savez tout! M. Kermorgant, le papa, est un grand sportif: il a même fait le Tour de France. A propos, je vous remercie pour le cadeau. J'adore les films avec Depardieu.

M. Carbonne: Vous avez invité Emma. Encore merci.

Mme Salomon: De rien, cher monsieur. J'aime les enfants et quand Emma et ses copains sont là, ça bouge dans ma maison.

M. Carbonne: A propos, je fais un chèque pour Emma aujourd'hui.

4

Marrakech, le 15 août

Chère Emma,

Comme tu le sais, je passe les vacances chez mes grands-parents Messadi, à Marrakech. C'est une grande ville avec des montagnes à côté. Ils ont une petite maison à côté d'un souk (un souk, c'est comme un grand marché). Mon grand-père parle le français et l'arabe. Moi, je n'ai pas parlé l'arabe depuis des années. Mais je le comprends. Pour mon anniversaire, grand-père a fait un joli bijou et grand-mère a préparé des gâteaux marocains ... J'ai eu mal au ventre. Il fait très, très chaud. Est-ce que tu as passé des bonnes vacances chez Mme Salomon? Est-ce que Christian est à Paris? Est-ce que tu l'as rencontré?

Bises de Marrakech.

Malika

Emma Carbonne
10 rue Richard Lenoir
F-75011 PARIS
FRANCE

1 A propos du texte

a *Répondez aux questions.*

1. Qui sont Yan et Anne?
2. Que fait Emma comme activités pendant les vacances?
3. Pourquoi est-ce qu'Emma passe ses vacances chez madame Salomon?
4. Le problème d'Emma en vacances, qu'est-ce que c'est?
5. Le cadeau des Carbonne à Mme Salomon, qu'est-ce que c'est?
6. Qu'est-ce que M. Carbonne va faire pour aider Emma?

b *Lisez les trois résumés* de la carte de Malika.*
Quel est le bon résumé: numéro 1, 2, ou 3? Expliquez pourquoi.

1. Malika passe ses vacances à Marrakech. C'est une petite ville au bord de la mer. Là, ses parents ont une petite maison à côté d'un souk. Malika ne parle pas l'arabe, mais elle le comprend. Pour son anniversaire, son grand-père a fait un gâteau marocain. Il y a tout le temps du soleil et il fait très chaud.

2. Malika est en vacances chez ses grands-parents à Marrakech. C'est une ville à côté des montagnes. Le grand-père de Malika parle français et arabe. Malika comprend l'arabe. Pour l'anniversaire de Malika, son grand-père a fait un bijou et sa grand-mère a fait des gâteaux marocains. Il fait tout le temps très chaud.

3. Malika est à Marrakech chez ses grands-parents. Ils ont une petite maison à côté d'un souk. Il fait tout le temps très, très chaud et Malika fête son anniversaire avec ses grands-parents. Ses cadeaux: un bijou pour sa grand-mère et des gâteaux marocains pour son grand-père. Mais il a mangé trop de gâteaux et il a eu mal au ventre.

2 Les activités (§ 51)

*Complétez des phrases avec les verbes **partir, dormir** et **sortir**.*

1. Pendant les vacances, Malika		de la maison pour aller à la plage.
2. En vacances, Manon et Valentin		de Marrakech, il y a les montagnes.
3. Quand on	(dormir)	à 19 h 30.
4. En juillet, la famille Messadi	(partir)	avec Anne et Yan à Penvénan.»
5. Amandine		jusqu'à onze heures.
6. «Madame Salomon, demain, je	dort	dans la chambre des grands-parents.
7. Le train pour Brest*	(sortir)	à Marrakech.
8. L'après-midi, les enfants		encore? Il est déjà 11 heures!»
9. «Les enfants, vous		à deux. On va au cinéma?»
10. «Chérie*, ce soir*, nous		sur le lit d'Emma.

3 Ça va, ma chérie? (§ 49)

*Complétez avec les pronoms «**le, la, les**» qui correspondent aux mots soulignés. (… , die den unterstrichenen Wörtern entsprechen).*

M. Carbonne: Bonjour, madame. Est-ce que je peux parler avec <u>ma fille</u>, s'il vous plaît?
Mme Salomon: Bien sûr, monsieur, je vais ~ chercher.
M. Carbonne: Alors, ma grande, tu n'es plus à la plage?
Emma: Non, papa, mais <u>la plage</u> de Port-Blanc, je ~ trouve super, et puis <u>les vagues</u> …
M. Carbonne: Fais attention. Tu ~ respectes, hein! Et tu aides <u>Mme Salomon</u>?
Emma: Bien sûr, je ~ aide. Il y a aussi <u>Yan et Anne</u>, je ~ adore.
M. Carbonne: C'est bien! Attends, maman a encore une question!
Mme Carbonne: Emma, ma chérie, le soir, tu n'oublies pas <u>ton pull</u>, d'accord?
Emma: Non, maman, je ~ porte toujours, le soir. Comment vont Manon et Valentin?
Mme Carbonne: <u>Ta sœur et ton frère</u> sont encore chez papi et mamie, mais on va ~ chercher demain. Et Amandine, elle ne quitte pas <u>ton père</u>.
Emma: Elle ne ~ quitte pas? Ça, alors*! Mais <u>Amandine</u>, vous ne ~ oubliez pas, hein?
Mme Carbonne: Mais non! Bon, on arrête pour aujourd'hui! Fais attention à toi. A bientôt!

4 Au marché de Penvénan (§ 50)

a *Complétez les dialogues par les pronoms «**me, te, nous, vous**».*

1 – Vous ~ cherchez?
– Oui, madame, vous pouvez ~ aider?

2 – Nous cherchons des jeans.
– Venez, je ~ accompagne au premier étage.

3 – Attention, monsieur. Ne ~ bousculez pas comme ça!
– Oh, pardon!

4 – Le jean est super, mais je n'ai plus d'argent.
– C'est bête, on ~ comprend.

5 – Allez, nous ~ invitons. On va manger des crêpes*.

6 – Yan et Anne, vous ~ attendez, s'il vous plaît?
– Mais oui, on ~ attend!

b *Vous êtes au marché avec votre ami/e. Faites un dialogue. Utilisez les pronoms.*

5 Les vacances de Victor (§ 52)

Travaillez à deux. Mettez les verbes et leurs participes (Partizipien) ensemble dans votre cahier. Les lettres (Buchstaben) à côté des participes vous disent où Victor passe ses vacances.

Exemple:

savoir → j'ai su

1. être 2. boire 3. dire 4. attendre 5. faire 6. prendre 7. écrire	8. ouvrir 9. pouvoir 10. avoir 11. lire 12. dormir 13. vouloir	attendu (M) – écrit (t) – pris (r) – pu (n) – lu (q) – ouvert (i) – voulu (e) – fait (a) – bu (l) – eu (i) – été (à) – dit (a) – dormi (u)

→ *Victor passe ses vacances* ? ? ? ? ? ? ? ? ? ? ? ? ?.

6 Ecouter: Vive les vacances*!

20

Ecoutez les quatre scènes. Est-ce que les personnes parlent au passé, au présent ou au futur? Ecrivez dans votre cahier.

	scène 1	scène 2	scène 3	scène 4
passé	?	?	?	?
présent	?	?	?	?
futur	?	?	?	?

7 Ecrire: Une carte postale en français

Ville, le 1er/2/3/… janvier/février/mars/… 2005

Cher/chère/chers/chères … ,

Texte … (on commence avec une majuscule) *(mit Großbuchstaben)*

A bientôt!
Bises./Je t'embrasse./Je vous embrasse.

Signature* *(Unterschrift)*

A vous. *Tu passes tes vacances à la montagne/au bord de la mer/dans une ville française ou allemande. Ecris une carte postale à ton/ta correspondant/e* français/e et raconte: Qu'est-ce que tu fais? Qu'est-ce que tu vas faire?*

8 En français: Cher Victor …

Traduisez la lettre de Katja à Victor.

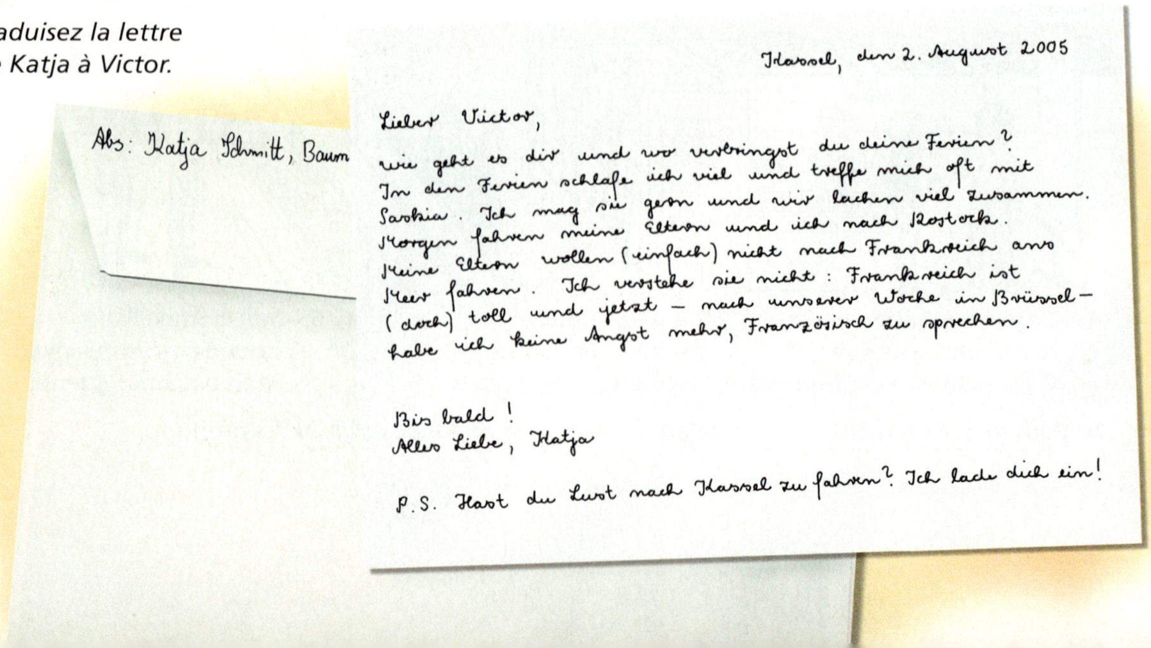

Kassel, den 2. August 2005

Lieber Victor,

wie geht es dir und wo verbringst du deine Ferien?
In den Ferien schlafe ich viel und treffe mich oft mit
Saskia. Ich mag sie gern und wir lachen viel zusammen.
Morgen fahren meine Eltern und ich nach Rostock.
Meine Eltern wollen (einfach) nicht nach Frankreich ans
Meer fahren. Ich verstehe sie nicht: Frankreich ist
(doch) toll und jetzt – nach unserer Woche in Brüssel –
habe ich keine Angst mehr, Französisch zu sprechen.

Bis bald!
Alles Liebe, Katja

P.S. Hast du Lust nach Kassel zu fahren? Ich lade dich ein!

9 Hörverstehen

Stratégie

Bereits in Lektion 1 (vgl. S. 14) habt ihr Hinweise zum Hörverstehen erhalten.
Die hier genannten Tipps sollen euch weitere Hilfen bieten:

1. ***Vor dem Hören (eines Textes):*** Findet schon in dieser Phase möglichst viele Informationen über den Inhalt eines Textes (vgl. Überschrift oder Situation) heraus und prüft, welche Informationen ihr heraushören wollt oder sollt.
2. ***Beim ersten Hören:*** Beschränkt euch hier auf die Grundaussage(n) und versucht die W-Fragen (Wer? Wo? Wann? Was? Warum?) zu beantworten.
   Achtet auch auf Stimmungen, Stimm(lag)en, Betonungen und Hintergrundgeräusche.
3. ***Beim wiederholten Hören:*** Konzentriert euch jetzt auf Einzelheiten und prüft, ob das, was ihr verstanden habt, auch Sinn macht. Oft verändert ein falsch verstandener Laut oder das Verwechseln gleich klingender Wörter die Aussage:
   vgl. *La grand-mère de Malika achète **des** gâteaux.* *Emma regarde la **mer**.*
   *La grand-mère de Malika achète **deux** cadeaux.* *Emma regarde la **mère**.*
4. ***Nach dem Hören:*** Prüft, ob ihr z.B. Fragen zum Text, die ihr schriftlich beantworten sollt, sprachlich möglichst korrekt und vollständig bearbeitet habt.

24 **La colonie de vacances, pour ou contre?**

a *Avant l'écoute (Vor dem Hören):*
Lisez le titre. Selon vous, de quoi parle le texte?
(Wovon handelt eurer Meinung nach der Text?)

b *A la première écoute (Beim ersten Hören):*

Dialogue 1/2/3:	**Dialogue 1:**	**Dialogue 2:**	**Dialogue 3:**
1. Qui parle avec qui? 2. Où est-ce qu'ils parlent?	1. Qu'est-ce que le garçon adore? 2. Où et avec qui est-ce que la fille passe ses vacances? 3. Est-ce qu'elle aime ça?	Est-ce que les deux amis aiment les colonies de vacances?	Qu'est-ce que les deux filles font pendant les vacances?

c *A la deuxième écoute (Beim zweiten Hören):*

Dialogue 1:	**Dialogue 2:**	**Dialogue 3:**
1. Pourquoi est-ce que le garçon adore les colonies? 2. Que fait la fille avec ses parents? 3. Est-ce qu'elle parle de la «mer» ou de la «mère»?	1. Pourquoi est-ce que les deux garçons aiment les colonies de vacances? 2. Est-ce que le premier garçon parle de «scène» ou de «Seine»?	1. Pourquoi est-ce que la fille 1 ne fait rien pendant les vacances? 2. Qu'est-ce qu'elle attend? 3. Qu'est-ce que la fille 2 fait avec ses parents? 4. Est-ce qu'elle parle de «campagne» ou de «champagne»?

10 Jeu de mots

a *Cherchez dans les textes et dans le vocabulaire tous (alle) les mots autour (zum Bereich) des «vacances».*

b *Copiez le filet à mots dans votre cahier. Ecrivez les mots.*

c *Ecrivez pour trois mots une expression courante pour décrire le temps*. (… eine geläufige Wendung zur Wetterbeschreibung.)*

d *Formez deux groupes. Le groupe A donne des définitions (Umschreibungen), le groupe B devine le mot. Changez de rôle. Le groupe avec le plus de solutions (mit den meisten Lösungen) a gagné.*

Groupe A	Groupe B
1. Quand tu es en vacances en France, tu es un/une ? .	1. A la montagne, on peut grimper sur un ? .
2. On traverse la mer avec un ? .	2. Pour faire de la natation, on porte un ? .
3. C'est un animal qu'on trouve à la campagne et en été à la montagne.	3. Une personne qui fait du vélo, c'est un ? .
4. Elle est dans l'appareil photo.	4. Quand la mer est en colère, il y a beaucoup de ?
5. … *Continuez.*	5. … *Continuez.*

11 Le grand-père Loïc (§§ 49–51)

Remplacez *par* ***dormir, partir*** *ou* ***sortir*** *et* ? *par les pronoms* ***le, la, l', les, me, te, nous, vous.***

Le grand-père de Mme Kermorgant a 90 ans. Il habite toujours dans sa maison, près de Tréguier. Il encore dans un lit de 1890! Mme Kermorgant ? appelle deux fois par* semaine. Comme il ne plus, Mme Kermorgant va chez son grand-père le samedi pour ? aider. Un jour, il a dit: «Pour mon anniversaire, je ? invite, toi, ton mari et les enfants, au restaurant. Ta grand-mère et moi, on a souvent mangé là-bas.» Dans la maison, il y a beaucoup de lits bretons. Les touristes ? prennent en photo*. En plus, ils aiment bien parler avec Loïc. Quand ils , ils ? remercient. Les dames disent toujours: «Merci pour tout. Allez! Je ? embrasse.» Alors, le grand-père est très content. La télévision a même tourné un film sur Loïc, sa maison et ses lits bretons. Quand Mme Kermorgant , son grand-père ? accompagne toujours à la porte. Il ? remercie et il fait trois bises à la «petite», comme il dit.

29
La tempête

1

Port-Blanc, le 17 juillet

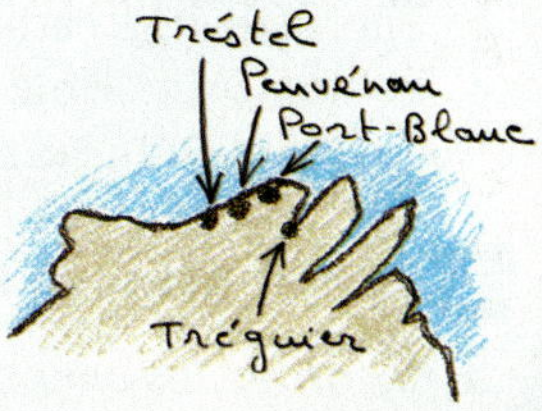

Chère maman, cher papa,

J'aime bien la Bretagne. Ici, chaque jour est super! Avec Yan, Anne, Mme Kermorgant et Mme Salomon, nous sommes allés à Tréguier. Dans cette ville, on a visité la cathédrale. Elle a cinq cents ans! A midi, on a mangé dans une crêperie: Génial, ce restaurant! L'après-midi, je suis allée à Tréstel et j'ai vu les rochers jusqu'à Port-Blanc. On a regardé la mer, les rochers et les bateaux. J'ai adoré cet après-midi au bord de la mer. Quelle chance d'être là!

Le 13 au soir et le 14 juillet, toute la journée, on a fait la fête! Des groupes de musique bretonne ont donné un concert. Ils ont joué aussi la Marseillaise! J'ai pris des photos. Après, il y a eu un feu d'artifice au bord de la mer. Tout à coup, tout le monde a eu très peur car il y a eu une tempête avec beaucoup de vent et de la pluie. Le vent a emporté toutes les affiches, les tables et les chaises. Quelle histoire! Alors, nous sommes allés jusqu'à la maison des Kermorgant.

Aujourd'hui, je vais mettre mon vêtement de pluie pour aller faire du vélo avec Yan. Vous voyez: je passe des super vacances. Faites une bise à Manon et à Valentin, à papi et à mamie pour moi.

Emma

PS: J'arrive à la gare Montparnasse le 30 juillet à 18 heures. Vous venez me chercher?

2

Mme Carbonne: Chéri, tu as fait le chèque pour Emma?

M. Carbonne: C'est fait, Annie. J'ai mis cent cinquante euros. Mais je n'ai plus d'argent. En plus, avec mes problèmes au travail … J'écris déjà une petite lettre à Emma. Mets-tu un «s» à «artifice» dans «feu d'artifice» ou pas?

Mme Carbonne: Voyons, Roberto, on ne met pas de «s» à «artifice». Tu poses toujours les mêmes questions! Tu pourrais regarder dans le dictionnaire! … As-tu enfin terminé?

M. Carbonne: Oui, tu vois, j'ai terminé ma lettre par ces mots: «Kenavo. Mille bisous». «Kenavo», ça veut dire «au revoir» en breton.

Mme Carbonne: C'est une bonne idée, chéri.

1 A propos du texte

Vrai ou faux? Corrigez.

1. Emma passe des super vacances.
2. Emma passe ses vacances à la montagne.
3. Elle visite une cathédrale à Port-Blanc.
4. Le soir, M. et Mme Carbonne écrivent ensemble une lettre à Emma.
5. M. Carbonne ne sait pas écrire *kenavo*.
6. Dans sa lettre, M. Carbonne parle de son travail.
7. M. Carbonne met 200 euros dans la lettre.

2 A Port-Blanc et à Marrakech! (§§ 52, 54)

a *Racontez les aventures* (Abenteuer) d'Emma au passé composé avec* ***avoir****.*

1. Dimanche, nous (visiter) Tréguier.
2. A midi, nous (manger) dans une crêperie.
3. Puis, nous (regarder) les rochers à Trestel.
4. Hier, je (rêver) des bateaux.
5. Le 13 et le 14 juillet, on (faire) la fête.
6. Des groupes bretons (chanter) et Anne (danser). Alors, je (prendre) des photos.
7. Tout à coup, il y (avoir) une tempête.
8. Tout le monde (crier) et je (avoir) très peur. Yan (accompagner) Anne et moi à la maison.

[ ] **b** *La tante de Malika pose des questions. Utilisez le passé composé avec* ***être****.*

Exemple: – Tu ne *vas* pas au marché? – Mais je suis déjà allée au marché!

1. Quand est-ce qu'elle *arrive*, la lettre de tes parents?
2. Tu peux *rester* deux heures dans le magasin de papi, s'il te plaît?
3. Pourquoi est-ce que tes parents ne *vont* pas au concert de Khaled*?
4. Tu n'as pas envie d'*entrer* dans un club de danse du ventre?
5. Tes cousines de Toulouse* *arrivent* demain?

3 Venez voir! (§§ 56–58)

Regardez les scènes et complétez les dialogues avec les verbes ***venir, voir*** *et* ***mettre****.*

1 – Tu ~ ton pull, chéri?
– Non, je ne le ~ pas, il fait chaud, je trouve.

2 – Vous ~ les bateaux?
– Oui, nous les ~!

3 – ~, Emma, c'est ton papa! Elle ~ tout de suite, monsieur Carbonne.

4 – Les enfants, vous ~ vos vêtements de pluie! La tempête ~ vite en Bretagne!

5 – Quand est-ce qu'ils ~, les Kermorgant?
– Ce soir, mais Yan ~ à midi.

6 – Tu ~ Emma, il y a une lettre de tes parents: «Nous ~ le 31 juillet à Port-Blanc.»

4 Après les vacances (§ 55)

Complétez le dialogue avec les mots suivants:

tous, même, ce, cet, cette, déjà, tout à coup, de rien, car, chaque

Emma: Je te remercie pour ta carte.
Malika: ~. Mais toi, tu n'as pas écrit …
Emma: Oui, j'ai oublié. J'ai ~ oublié mes grands-parents. ~ été, je n'ai pas écrit et je n'ai pas fait mes devoirs.
Malika: Moi, ~ année, j'ai écrit à ~ les amis, c'est super.
Emma: ~ année, je me dis «j'écris aux copains», mais je ne le fais pas ~ je n'ai pas le temps. Et quand je veux écrire, c'est ~ septembre!
Malika: ~ soir, je vais chez Christian. Tu veux venir?
~ le portable d'Emma sonne. Alors elle ne répond pas à la question de Malika.

5 De 0 à 1000! (§ 53)

a *Combien d'euros est-ce qu'il y a sur la photo? Prenez des notes (macht Notizen) dans votre cahier.*

33 **b** *Quels nombres* ne sont pas sur le CD?*

56	24	130	345	498	690
971	520	222	5	60	375
12	780	1000	865	19	
81	101	15	97	572	

6 Etes-vous journaliste* ?

Prenez le rôle du journaliste et posez des questions. Utilisez ***«l'inversion simple»*** *(„einfache Inversion").*

Exemple:

Le journaliste: **D'où viens- tu?**

Emma: Je viens de Paris.

1. *Le journaliste:* ?
   Madame Kermogant: Oui, nous venons en Bretagne chaque année.
2. *Le journaliste:* ?
   Anne: Oui, j'aime bien cette fête, surtout le concert.
3. *Le journaliste:* ?
   Yan: Un garçon de mon âge fait de la natation.
4. *Le journaliste:* ?
   M. Kermorgant: Non, je ne travaille pas demain.
5. *Le journaliste:* ?
   Anne et Yan: Non, nous ne parlons pas le breton, mais nos parents le parlent.
6. *Le journaliste:* ?
   Emma: Je pars déjà lundi mais je n'ai pas envie.

31

A. La mer

B. La montagne

■ **Savoir faire**

→ Stratégie, page 113.

a *Décrivez les deux images.*

b *Avant l'écoute: Lisez les deux titres. De quoi parlent les deux poèmes*?*

c *Après l'écoute:*

Poème A

Ecoutez une fois le poème:
1. Que fait la fille?
2. Quel numéro est-ce qu'elle fait?
3. Qui répond?

Ecoutez encore une fois le poème:
1. Est-ce que tu as entendu «plage» ou «page»?
2. Comment est-ce que le premier vers du poème s'appelle? (Wie heißt der erste Vers des Gedichts?)

Poème B

Ecoutez une fois le poème:
1. Que fait le garçon?
2. Que fait sa mamie?
3. Où va son papi?

Ecoutez encore une fois le poème:
1. Pourquoi est-ce que le garçon aime la montagne?
2. Est-ce que le mot «escalade» est ici un verbe ou un substantif?

d *Travaillez en groupes. Lisez le poème A à la page 184. Gardez la structure du poème A (Übernehmt den Aufbau des Gedichtes A) et cherchez d'autres rimes. Puis, écrivez un autre poème sur la mer. Regardez l'exemple. Lisez vos poèmes à la classe. Vous pouvez aussi faire des dessins.*

Si tu trouves dans la mer
… super
… midi
… lit
… plage
… maintenant
… coquillage(s)
… restaurant.

1 Discutez.
(§§ 35, 38–41, 43, 44, 48)

Complétez les dialogues avec les bons (richtigen) verbes. Ecrivez dans votre cahier.

comprendre – parler – dire

Thomas: Qu'est-ce qu'ils ~, les touristes?
Christian: Je ne sais pas, je ne ~ pas le japonais.
Thomas: Pardon, nous ne ~ pas. Vous ~ français ou anglais?

écrire – lire

M. Beckmann: Tu ~ une BD, Christian?
Christian: Non, papa, j' ~ une lettre!
M. Beckmann: Tiens. Normalement, tu n' ~ jamais de lettres, tu dessines!

boire – commencer – attendre

Le réalisateur: On peut ~, madame?
Mme Salomon: ~, une minute! Je ~ encore un verre d'eau. J'ai soif. Voilà! C'est bon, ~ maintenant! Mince! Où sont les croquettes? Filou!

payer – répondre – prendre

Mme Carbonne: Nous ~ la robe bleue, Manon!
Manon: Ah non, pourquoi est-ce que nous ne ~ pas la robe rouge? ~ !
Mme Carbonne: Elle est trop chère. Allez, viens maintenant, je ~.

ouvrir – boire

Mamie Lili: Allez, ~ le champagne!
M. Bajot: Pas les enfants, maman!
Mamie Lili: Mais si, ils ~ un verre avec nous. Tu ~ la bouteille, Marc?

[ ] 2 Avant le départ (§§ 42, 46, 47)

a *Remplacez ~ par **qui, que, où.***

Thomas: Victor, comment s'appelle l'auberge ~ on va habiter?
Victor: «Jacques Brel»! C'est un chanteur ~ mon père aime bien.
Malika: Emma, j'ai peur de parler allemand. C'est une langue ~ n'est pas facile.
Christian: Ach was! Je ne suis pas d'accord avec toi!
Emma: Toi, tu es bilingue et tu as un père ~ parle allemand!
Thomas: Est-ce qu'il y a aussi des filles dans le groupe ~ nous allons rencontrer?
Emma: Oui. Mais pourquoi tu n'écoutes pas les informations ~ madame Bertaud donne?
Mme Bertaud: Les enfants, nous montons bientôt dans le bus ~ attend derrière le collège.

b *Mettez les remarques au discours indirect et à l'interrogation indirecte. Utilisez:*
Il/Elle dit/répond que …
Il/Elle demande/veut savoir si/comment/où/pourquoi …

Exemple: Thomas demande à Victor comment …

3 Ecouter: Jouez aux détectives! (§§ 32–34)

27 **a** *Ecoutez le texte deux fois. Il correspond à l'image A, B ou C?*

b *Cherchez les erreurs dans les deux images fausses (Sucht die Fehler in den beiden falschen Bildern).*

c *Travaillez à deux. L'élève A décrit les erreurs dans l'une des images fausses, l'élève B décrit les erreurs dans l'autre.*

4 Victor veut faire la fête. (§ 36)

Remplacez ~ par les expressions de quantité (Mengenangaben).

Victor: Maman, c'est bientôt mon anniversaire et je voudrais inviter les copains et les copines.
Mme Bajot: Tu sais, Victor, on n'a pas ~ place et vous faites toujours ~ bruit.
Victor: Mais non, maman! On va faire ~ musique et on va boire ~ coca. A propos, on a ~ bouteilles de coca?
Mme Bajot: Oui, il y a dix bouteilles dans la cuisine. C'est ~ !
Victor: Non, ce n'est pas ~ ! Et puis moi, je voudrais boire aussi ~ champagne!
Mme Bajot: Tu es fou? A ton âge!
Victor: Allez, maman. Un verre de champagne, ce n'est pas ~ !
Mme Bajot: Si. Un verre de champagne, c'est déjà ~ pour un enfant, Victor!
Victor: D'accord, maman. Alors, je vais boire ~ coca! Cinq bouteilles!
Mme Bajot: Comme tu veux. Mais tu sais, les filles n'aiment pas les garçons qui boivent ~ coca!

LES TERMITES[1] ATTAQUENT[2]!

Juju, mon petit frère, a six ans. Moi douze. Sa vie ne m'intéresse pas. Le problème, c'est que ma vie intéresse Juju. Je suis son héros[3]. Les grands sont toujours les héros des petits. Le problème, c'est que Juju veut faire tout ce que je fais. Un exemple: j'aime aller chercher le courrier[4]. Alors, il crie, parce que c'est lui qui veut aller chercher le courrier. Moi, j'adore découvrir[5] qui m'écrit. J'ai envie d'être seul[6] quand je lis les lettres de Seb ou de Valentine. Mais lui, il pense que ma vie, c'est sa vie.

Il est dix heures: le facteur[7] apporte[8] le courrier de grand-mère. Oui, nous sommes chez elle, à la campagne. Et comme toujours, Juju crie et dit qu'il veut aller chercher le courrier. Et papa, maman et grand-mère me disent, comme toujours: «Tu peux bien laisser[9] ton petit frère aller chercher le courrier.» Alors Juju va prendre le courrier et comme toujours, il regarde qui m'écrit. Aujourd'hui, il y a des lettres pour papa et pour mamie. Et une pub. Son titre? «Attention danger[10]!» La pub, c'est un texte avec un gros termite noir. Le texte dit: «Les termites mangent le bois[11] de votre toit[12]. Ils contaminent[13] votre maison. Pour un contrôle[14] gratuit[15], téléphonez au 01 34 63 09 44.»

Juju lit le texte de la pub, mais ne le comprend pas. Alors mamie lui explique. «Les termites sont des petits insectes[16]. Ils mangent le bois.»

Le soir arrive. Et puis, c'est l'heure d'aller au lit. Et à deux heures du matin, Juju crie: «Les termites! Les termites!» Papa, maman et mamie sont déjà à la porte de notre chambre. «Qu'est-ce que tu as, mon chéri? Tu es malade[17]?» Mais non, il dit qu'il a très peur, parce qu'il les entend. «Tu entends quoi, mon chéri?» dit grand-mère. «J'entends les termites. Ils mangent ton toit. Il va tomber[18] sur ma tête[19].» Le toit qui tombe sur la tête de Juju, moi, j'aimerais bien …

Aujourd'hui, on va à un mariage[20]. Je n'ai pas très envie. Alors, Juju dit: «Je veux rester avec Guillaume!» Guillaume, c'est moi. Moi, tout à coup, j'ai très envie d'aller au mariage. A un mariage, on mange bien. L'église[21] est sympa: jolie, petite, blanche. Nous entrons dans l'église. Musique, puis, silence. Tout à coup, mon petit frère crie. Les autres font «Chut!» Ils le regardent et font encore «Chut!» parce qu'il continue de crier. Mamie est rouge. Comme la pub sur les termites. Elle regarde les autres qui regardent mon petit frère. Lui, il crie: «Les termites! Ils mangent le toit de l'église. L'église va tomber sur ma tête.» Papa prend alors Juju par la main[22] et quitte très vite l'église.

Demain, c'est moi qui vais chercher le courrier, parce que Juju n'a plus envie …

Léo Koesten

A vous.
Est-ce que vous avez aussi des problèmes avec votre sœur/frère? Racontez.

1 un termite [ɛ̃tɛʀmit] eine Termite – **2 attaquer** [atake] angreifen – **3 un héros** [ɛ̃eʀo] ein Held – **4 le courrier** [ləkuʀje] die Post – **5 découvrir** [dekuvʀiʀ] entdecken – **6 seul(e)** [sœl] allein – **7 le facteur** [ləfaktœʀ] der Briefträger – **8 apporter** [apɔʀte] bringen – **9 laisser** [lɛse] lassen – **10 un danger** [ɛ̃dɑ̃ʒe] eine Gefahr – **11 le bois** [ləbwa] das Holz – **12 le toit** [lətwa] das Dach – **13 contaminer** [kõtamine] anstecken – **14 un contrôle** [ɛ̃kõtʀol] eine Kontrolle – **15 gratuit(e)** [gʀatɥi(t)] kostenlos – **16 un insecte** [ɛ̃nɛ̃sɛkt] ein Insekt – **17 malade** [malad] krank – **18 tomber** [tõbe] fallen – **19 la tête** [latɛt] der Kopf – **20 le mariage** [ləmaʀiaʒ] die Hochzeit – **21 une église** [ynegliz] eine Kirche – **22 prendre qn par la main** [pʀɑ̃dʀəkɛlkɛ̃paʀlamɛ̃] jd bei der Hand nehmen

Lautzeichen

Vokale

[a]	madame; wie das deutsche *a.*
[e]	café, manger, regardez; geschlossenes *e,* etwa wie in *geben.*
[ɛ]	il fait, il est, merci; offenes *ä,* etwa wie in *Ärger.*
[i]	il, dessiner; geschlossener als das deutsche *i,* Lippen stark spreizen.
[ɔ]	l'école, alors, collège; offenes *o,* offener als in *Loch.*
[ø]	deux, monsieur; geschlossenes *ö,* etwa wie in *böse.*
[o]	photo, allô, aussi; geschlossenes *o,* wie in *Rose.*
[œ]	sœur, neuf, heure; offenes *ö,* bei kurzem Vokal etwa wie in *Röcke.*
[ə]	le, demain; der Laut liegt zwischen [œ] und [ø], näher bei [œ].
[u]	où, bonjour; geschlossenes *u,* etwa wie in *Ufer.*
[y]	tu, rue, salut; ähnlich dem deutschen *ü* in *Tüte.*

Nasalvokale

[ɛ̃]	un, chien, lundi, copain; nasales [ɛ]
[õ]	on, sont, nom; nasales [o]
[ɑ̃]	dans, chambre, je prends; nasales [ɑ]

Die Nasalvokale haben im Deutschen keine Entsprechung.
Beachte: *un, lundi:* Neben [ɛ̃] hört man in Frankreich auch [œ̃] = nasales [œ].

Konsonanten

[f]	frère, photo; wie das deutsche *f* in *falsch.*
[v]	devant, il arrive; wie das deutsche *w* in *werden.*
[s]	sœur, c'est, ça, rester, attention; stimmloses *s,* wie in *Los;* als Anlaut vor Vokal ist *s* immer stimmlos.
[z]	phrase, maison, ils‿arrivent, zéro; stimmhaftes *s,* wie in *Esel;* zwischen zwei Vokalen ist *s* stimmhaft.
[ʒ]	je, bonjour, étage; wie *j* in *Journalist.*
[ʃ]	je cherche; stimmloses *sch,* wie in *schön.*
[ɲ]	campagne; etwa wie in *Kognak.*
[ŋ]	in Wörtern aus dem Englischen, z. B. camping.
[ʀ]	regarder; Zäpfchen-Reibelaut; wird auch am Wortende und vor Konsonant deutlich ausgesprochen.

Die nicht erwähnten Konsonanten sind den deutschen sehr ähnlich. Bei [p], [b], [t], [d], [k], [g] ist jedoch darauf zu achten, dass sie ohne „Hauchlaut" gesprochen werden.

Halbkonsonanten

[j]	quartier; weicher als das deutsche *j* in *ja.*
[w]	oui, toi; flüchtiger [u]-Laut, gehört zum folgenden Vokal.
[ɥ]	cuisine, je suis, huit; flüchtiger [y]-Laut, gehört zum folgenden Vokal.

Symbole und Abkürzungen

→	Vergleiche mit …	D	Deutsch
↔	Achte auf den Unterschied zwischen	SP	Spanisch
=	bedeutet	I	Italienisch
≠	Ist das Gegenteil von		Wortfamilie
⟨⟩	rezeptiv		leicht zu merken
E	Englisch		Aussprache
F	Französisch	*pl.*	*pluriel* (= Plural)
	Schreibung	*sg.*	*singulier* (= Singular)
!	Achtung!	qc	*quelque chose* (= etwas)
fam.	*familier* (= umgangssprachlich)	qn	*quelqu'un* (= jemand)
ugs.	umgangssprachlich	jd.	jemand
m.	*masculin* (= maskulin)	jdn.	jemanden
f.	*féminin* (= feminin)	jdm.	jemandem

Tipps zum Vokabellernen

Einige Grundregeln zum Vokabellernen kennst du schon aus dem Englischen.
Weitere Tipps erleichtern dir das Vokabellernen in Französisch:

1. Lerne und wiederhole Vokabeln in **kleinen Pensen und kurzen Abständen** (ca. 20 Vok. in 3 x 10 Min.).
2. Sprich die **Vokabeln** beim Lernen **laut** vor dich hin, sie prägen sich so besser ein.
3. Decke die **rechte Spalte** in einem **1. Durchgang** ab und versuche, die Bedeutung aus der **mittleren Spalte** zu erschließen. Vergleiche danach dein Ergebnis mit der rechten Spalte. In einem **2. Durchgang** deckst du die **linke Spalte** ab und suchst nach dem französischen Wort. Gehe so Wort für Wort vor. In der **mittleren Spalte** findest du auch hilfreiche **Hinweise und Abbildungen**.
4. Schreibe während des Lernens die schwierigen Vokabeln und kontrolliere dabei die Rechtschreibung.
5. Schreibe die schwierigen Vokabeln, die du immer wieder vergisst, auf **Karteikärtchen** (Vorderseite deutsch, Rückseite französisch). Da sie klein und handlich sind, kannst du überall damit lernen (z. B. im Bus).

6. Eine gute Hilfe zum Einprägen ist das Lernen in **Gegensatzpaaren**, z. B.:
devant ≠ derrière grand/e ≠ petit/e
7. Eine weitere Hilfe ist das Lernen in **Wortfamilien**, z. B.:
entrer dans qc → une entrée lire qc → un livre → une librairie
8. Hilfreich ist es auch, sich Vokabeln in **Sachfeldern** einzuprägen. Erstelle dazu **Vokabelnetze, *filets à mots***, die du durch neue Wörter und Redewendungen erweitern kannst (vgl. L2, Nr. 7, S. 24), z. B.

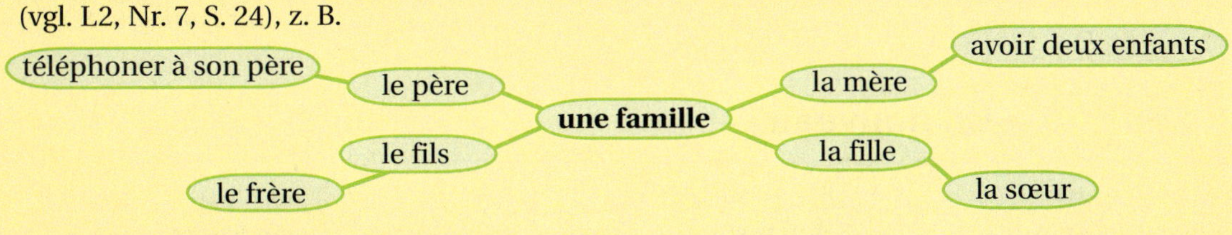

9. Du kannst dir Vokabeln auch einprägen, indem du dir eine **Eselsbrücke**, einen **Merkreim** oder eine passende **Situation** dazu überlegst oder ein **Bild** malst (vgl. L3B, Nr. 8, S. 39).

Mon chat Filou est fou des croquettes «Matou».

- Die neuen Wörter in den Album-Teilen werden nicht als bekannt vorausgesetzt. Du findest sie im Lektionsvokabular.
- Auch die neuen Wörter in den Plateau-Teilen werden später nicht als bekannt vorausgesetzt. Sie stehen als Fußnoten auf den Plateauseiten.
- In der Übersicht *Pour faire les exercices du livre* auf S. 181 findest du die Vokabeln der Arbeitsanweisungen.

LEÇON 1

Entrée Salut ! Bonjour !

une **entrée** [ynɑ̃tʀe]		ein Eingang
Emma [ɛma]		Emma *(weibl. Vorname)*
Malika [malika]		Malika *(weibl. Vorname)*
Amandine [amɑ̃din]		Amandine *(weibl. Vorname)*
Thomas [toma]	F ⟷ D	Thomas *(männl. Vorname)*
Victor [viktɔʀ]	F ⟷ D	Victor *(männl. Vorname)*
Théo [teo]		Théo *(männl. Vorname)*
Salut! *(fam.)* [saly]	~, Malika!	Hallo!/Grüß' dich! *(ugs.)*

> **Salut:** Mit «Salut!» begrüßen sich Freunde untereinander. Kennt man sich nicht so gut oder grüßt man Erwachsene, so sagt man «Bonjour!».

Bonjour! [bɔ̃ʒuʀ]	~, Victor!	Guten Tag!
je m'appelle [ʒəmapɛl]	Bonjour, ~ Emma!	ich heiße
moi [mwa]	~, je m'appelle Thomas!	ich *(betont)*
je suis [ʒəsɥi]	Salut, ~ Victor!	ich bin
et [e]	~ moi, je suis Malika!	und
toi [twa]	Et ~?	du *(betont)*
Ouah, ouah! [wawa]	F ⟷ D	Wau, wau! *(So bellt ein Hund auf Französisch.)*
Miaou! [mjau]	F ⟷ D	Miau! *(So miaut eine Katze auf Französisch.)*

Texte Un nouveau

1 un **texte** [ɛ̃tɛkst]	F ⟷ D	ein Text
un **nouveau** [ɛ̃nuvo]	Salut, je suis ~.	ein Neuer
un **collège** [ɛ̃kɔlɛʒ]		ein «Collège» *(weiterführende Schule für alle 11- bis 15-Jährigen)*
à [a]		in
Paris [paʀi]	Je suis à ~. F ⟷ D	Paris *(Hauptstadt Frankreichs)*
une **rue** [ynʀy]		eine Straße
la **rue Trousseau** [laʀytʀuso]		die Rue Trousseau *(Name einer Straße in Paris)*
Ça va? [sava]		Wie geht's?
oui [wi]		ja

Ça va bien. [savabjɛ̃]		Es geht (mir) gut.
Merci. [mɛʀsi]		Danke.
2 **Tiens.** [tjɛ̃]	~ , un nouveau!	Sieh mal da!/Na sowas!
un **chat** [ɛ̃ʃa]	Miaou!	eine Katze
un **chien** [ɛ̃ʃjɛ̃]	Ouah, ouah!	ein Hund
ensemble [ɑ̃sɑ̃bl]	Tiens, un chien et un chat ~!	zusammen

une **voiture** [ynvwatyʀ]		ein Auto
bizarre [bizaʀ]	E bizarre	komisch/merkwürdig
avec [avɛk]	Tiens, Malika ~ Emma!	mit
un **garçon** [ɛ̃gaʀsɔ̃]		ein Junge
sympa *(fam.)* [sɛ̃pa]	= sympathique	nett *(ugs.)*

Qui est-ce? [kiɛs]		Wer ist das?
3 **madame …** [madam]		Frau …
Bonjour, madame! [bɔ̃ʒuʀmadam]		Guten Tag! *(zu einer Frau)*
monsieur … [məsjø]		Herr …

Schreibe **madame** und **monsieur** immer klein, außer in den Abkürzungen **M.** und **Mme** und in der schriftlichen Anrede (→ Leçon 8).

Bonjour, monsieur! [bɔ̃ʒuʀməsjø]	Ah, M. Beckmann! ~!	Guten Tag! *(zu einem Mann)*
monsieur Beckmann [məsjøbɛkman]		Herr Beckmann
voici [vwasi]	~ une voiture!	hier ist
Christian [kʀistjɑ̃]	F ⟷ D	Christian *(männl. Vorname)*
madame Bertaud [madambɛʀto]		Frau Bertaud
un **professeur** [ɛ̃pʀɔfɛsœʀ]	D Professor, E professor, I professore, SP profesor	ein Lehrer/eine Lehrerin

un **professeur** wird in der Umgangssprache oft abgekürzt *un prof.* Wenn es sich um eine Lehrerin handelt, sagt man *une prof.*

allemand [almɑ̃]		deutsch; Deutsch *(als Unterrichtsfach)*
un **professeur d'allemand** [ɛ̃pʀɔfɛsœʀdalmɑ̃]		ein Deutschlehrer/eine Deutschlehrerin
4 **Salut!** *(fam.)* [saly]		Tschüs! *(ugs.)*
papa *(m.)* [papa]		Papa/Vati
Au revoir! [ɔʀvwaʀ]		Auf Wiedersehen!
Au revoir, madame! [ɔʀvwaʀmadam]		Auf Wiedersehen! *(zu einer Frau)*

1 VOCABULAIRE

	Au revoir, monsieur! [ɔʀvwaʀməsjø]		Auf Wiedersehen! *(zu einem Mann)*
5	**tu es** [tyɛ]	Toi, ~ Victor?	du bist
	euh [ø]		äh … *(Ausdruck des Zögerns)*
	tu t'appelles [tytapɛl]		du heißt
	comment [kɔmɑ̃]		wie
	Tu t'appelles comment? [tytapɛlkɔmɑ̃]	Je suis Emma et toi, ~?	Wie heißt du?
6	**Chut!** [ʃyt]		Pst!
	le **silence** [ləsilɑ̃s]		die Ruhe/Stille
	Ah, ah, ah! [a, a, a]		Hahaha! *(So lacht man auf Französisch.)*
	c'est [sɛ]		das ist
	un **prénom** [ɛ̃pʀenɔ̃]	Prénom: Christian. Nom: Beckmann	ein Vorname
	de [də]	Je suis ~ Paris.	von/aus
	une **fille** [ynfij]	≠ un garçon	ein Mädchen
7	**mais** [mɛ]		aber
	non [nɔ̃]		nein
	Christian **est** de Berlin. [kʀistjɑ̃nɛdəbɛʀlɛ̃]		Christian **ist** aus Berlin.
	Berlin [bɛʀlɛ̃]	F ⟷ D	Berlin *(Hauptstadt Deutschlands)*
	en allemand [ɑ̃nalmɑ̃]		auf Deutsch
	Bienvenue! [bjɛ̃vny]	I benvenuto, SP bienvenido ⟷ E welcome	Willkommen!
	un, deux, trois [ɛ̃døtʀwa]	1/2/3	eins, zwei, drei

Pratique

	pratique *(f.)* [pʀatik]		die Praxis/die Ausübung
1	une **question** [ynkɛstjɔ̃]	Posez des questions. E = F	eine Frage
	un **exemple** [ɛ̃nɛgzɑ̃pl]	E ⟷ F	ein Beispiel
2	**Amélie** [ameli]		Amélie *(weibl. Vorname)*
	Julien [ʒyljɛ̃]	F ⟷ D	Julien *(männl. Vorname)*
	Caroline [kaʀɔlin]		Caroline *(weibl. Vorname)*
3	**mademoiselle** [madmwazɛl]	Bonjour, ~!	Fräulein …
	Bof! *(fam.)* [bɔf]		Na ja!/Ach! *(ugs.)*
	Ça va mal. [savamal]	Ça va? – Non, ~!	Es geht schlecht.
	un **dialogue** [ɛ̃djalɔg]		ein Dialog
	une **scène** [ynsɛn]	F [sɛn] ⟷ D Szene E scene, I scena, SP escena	eine Szene
	une **classe** [ynklas]		eine Klasse
4	un **jeu** [ɛ̃ʒø]		ein Spiel
	un **mot** [ɛ̃mo]		ein Wort

un **jeu de mots** [ɛ̃ʒødmo]	= un jeu avec les mots	ein Wortspiel/ein Spiel mit Worten
5 une **stratégie** [ynstʀateʒi]		eine Strategie *(eine Technik, die man anwendet, um ein Ziel zu erreichen)*
6 un **jeu de sons** [ɛ̃ʒødsɔ̃]		ein Spiel mit Lauten
une **rime** [ynʀim]		ein Reim
7 **français** [fʀɑ̃sɛ]		französisch
en français [ɑ̃fʀɑ̃sɛ]		auf Französisch
8 **dix** [dis]		zehn

Die Zahlen von 1 bis 10

0	zéro	[zeʀo]	**4**	quatre	[katʀ]	**8**	huit	[ɥit]
1	un	[ɛ̃]	**5**	cinq	[sɛ̃k]	**9**	neuf	[nœf]
2	deux	[dø]	**6**	six	[sis]	**10**	dix	[dis]
3	trois	[tʀwa]	**7**	sept	[sɛt]			

⟨Album⟩ Collège Anne Frank

un **album** [ɛ̃nalbɔm]	F ⟷ D	ein Album

Album [albɔm]: Die Wörter in den „Album"-Teilen solltest du verstehen können. Du musst sie aber nicht auswendig lernen und selbst anwenden.

Collège Anne Frank [kɔlɛʒanfʀɑ̃k]		Collège Anne Frank *(Name einer Schule in Paris)*
un **gymnase** [ɛ̃ʒimnaz]	≠ ⟷ Gymnasium	eine Turnhalle
une **douche** [ynduʃ]	SP ducha, I doccia ⟷ E shower	eine Dusche
les **sanitaires** [lesanitɛʀ]		die Sanitäranlagen
la **salle des élèves** [lasaldezelɛv]		der Aufenthaltsraum für Schüler *(hier)*
la **salle des professeurs** [lasaldepʀɔfesœʀ]		das Lehrerzimmer
une **cantine** [ynkɑ̃tin]	F ⟷ D	eine Kantine
les **W.-C.** *(m., pl.)* [levese]	→ E water closet	das WC
un **labo photo** *(fam.)* [ɛ̃labofoto]		ein Fotolabor *(ugs.)*
un **CDI** *(un centre de documentation et d'information)*		ein CDI *(Dokumentations- und Informationsstelle einer Schule)*
un **secrétariat** [ɛ̃səkʀetaʀja]		ein Sekretariat
une **bibliothèque** [ynbiblijotɛk]	I biblioteca, SP biblioteca, E library	eine Bibliothek
un **principal** [ɛ̃pʀɛ̃sipal]		ein Schuldirektor

2 VOCABULAIRE

un **accueil** [ɛ̃nakœj]		ein Empfang/eine Rezeption
une **cour** [ynkuʀ]		ein Hof
une **cuisine** [ynkɥizin]		eine Küche
un **escalier** [ɛ̃nɛskalje]		eine Treppe
au collège [okɔlɛʒ]		im «Collège»
une **marelle** [ynmaʀɛl]	C'est un jeu.	„Himmel und Hölle" *(ein Hüpfspiel)*

Révision

Moi, je suis …/ Toi, tu es …

– **Moi, je suis** Emma.	Ich *(betont)* bin Emma.
– Et **toi, tu es** Christian?	Und du *(betont)*, du bist Christian?

Théo est …

– Qui **est**-ce, Théo?	Wer ist das, Theo?
– Théo **est** un chien.	Theo ist ein Hund.

LEÇON 2

Entrée Dans le quartier

dans [dɑ̃]		in
un **quartier** [ɛ̃kaʀtje]	F [kaʀtje] ⟷ D Quartier	ein Stadtviertel
Qu'est-ce que c'est? [kɛskəsɛ]		Was ist das?
chercher qc [ʃɛʀʃe]		etw. suchen
sur [syʀ]	Je cherche un texte ~ Paris.	auf/über
pour [puʀ]		für
aussi [osi]	Moi ~, je cherche un texte! On cherche ensemble?	auch
une **photo** [ynfoto]	F **une** ~ ⟷ D **ein** Foto	ein Foto
d'accord [dakɔʀ]	Toi, tu es ~? – Oui!	einverstanden/o.k.
à propos [apʀɔpo]	F ⟷ D	übrigens
à propos de [apʀɔpodə]		bezüglich, in Bezug auf
un **verbe** [ɛ̃vɛʀb]		ein Verb
regarder qc [ʀəgaʀde]		etw. sehen/ansehen/betrachten
trouver qc [tʀuve]		etw. finden

Texte Ici c'est le paradis!

1 **ici** [isi]		hier
un **paradis** [ɛ̃paʀadi]	F [paʀadi] ⟷ D Paradies	ein Paradies

entrer [ɑ̃tʀe]	 Christian ~[1] **dans** le collège.	eintreten/betreten/hereinkommen
un **square** [ɛ̃skwaʀ]	→ E	eine (kleine) Grünanlage
le **square Trousseau** [ləskwaʀtʀuso]		der Square Trousseau *(Name einer Grünanlage in Paris)*
ramasser qc [ʀamase]		etw. aufheben/einsammeln
un **papier** [ɛ̃papje]	Tu ramasses ~? F ⟷ D [papje]	ein Papier
une **bouteille** [ynbutej]	E bottle, I bottiglia, SP botella	eine Flasche
où [u]		wo
Il est où, Christian? *(fam.)* [ilɛukʀistjɑ̃]		Wo ist Christian? *(ugs.)*
là [la]	Il est ~, dans le square.	da/dort
Que fait Christian? [kəfɛkʀistjɑ̃]	Il cherche une photo.	Was macht Christian?
2 un **banc** [ɛ̃bɑ̃]	F **un** ~ ⟷ D **eine** Bank	eine (Sitz)Bank
dessiner qc [desine]		etw. zeichnen
3 **poser** qc [poze]	Le professeur ~[2] une question.	etw. setzen/stellen/legen
un **dessin** [ɛ̃desɛ̃]	dessiner	eine Zeichnung
ça [sa]	Et ~, qu'est-ce que c'est?	das
Ben [bɛ̃]	~ … ça, c'est Mme Bertaud!	nun ja
une **place** [ynplas]	F **une** ~ ⟷ D **ein** Platz	ein Platz
la **place de la Bastille** [laplasdlabastij]		die Place de la Bastille *(Name eines Platzes in Paris)*
4 **aimer** qc [eme]	Tu ~[3] Paris?	etw. lieben/mögen
la **nature** [lanatyʀ]	Moi, j'aime ~.	die Natur
sale [sal]	Le caca de Théo dans le square, c'est ~!	schmutzig
Tu trouves? [tytʀuv]		Findest du?
sous [su]		unter
un **arbre** [ɛ̃naʀbʀ]		ein Baum
un **carton** [ɛ̃kaʀtɔ̃]	F ⟷ D	ein Karton
devant [dəvɑ̃]		vor *(örtlich)*
une **poubelle** [ynpubɛl]		ein Mülleimer
vide [vid]		leer
5 une **affiche** [ynafiʃ]		ein Plakat/Poster
marquer qc [maʀke]		etw. markieren/anzeigen *(hier)* schreiben
respecter qc [ʀɛspɛkte]	Ici, on ~[4] la nature!	etw. achten
Tu es d'accord? [tyɛdakɔʀ]		Bist du einverstanden?
super [sypɛʀ]	F ⟷ D	super/toll
coller qc [kɔle]		etw. (an)kleben
Zut! *(fam.)* [zyt]	~, la bouteille est vide!	Mist! *(ugs.)*

[1] entre – [2] pose – [3] aimes – [4] respecte

	une **papeterie** [ynpapɛtʀi]	un papier	ein Schreibwarengeschäft
	Rollin [ʀɔlɛ̃]		Rollin *(Familienname)*
	la **rue Charles Baudelaire** [laʀyʃaʀlbodlɛʀ]		die Rue Charles Baudelaire *(Name einer Straße in Paris)*
	derrière [dɛʀjɛʀ]	≠ devant	hinter
6	un **magasin** [ɛ̃magazɛ̃]	[!]	ein Geschäft/Laden
	un **bloc à dessin** [ɛ̃blɔkadesɛ̃]		ein Zeichenblock
	une **gomme** [yngɔm]	[I] **gomma** per cancellare, [SP] **goma** de borrar	ein Radiergummi
	un **crayon** [ɛ̃kʀɛjõ]	Tu dessines avec ~?	ein Bleistift
	une **étagère** [ynetaʒɛʀ]		ein Regal
7	**quitter** qc [kite]		etw. verlassen
	la **rue du Faubourg Saint Antoine** [laʀydyfobuʀsɛ̃tɑ̃twan]		die Rue du Faubourg Saint Antoine *(Name einer Straße in Paris)*
	une **porte** [ynpɔʀt]	[I] porta, [SP] puerta ⟷ [E] door	eine Tür
	Viens! [vjɛ̃]		Komm! *(Aufforderung)*
	une **cour** [ynkuʀ]	Viens dans la ~, Malika!	ein Hof
8	**Salomon** [salomõ]		Salomon *(Familienname)*
	maintenant [mɛ̃tnɑ̃]	Tu viens ~?	jetzt
	vite [vit]	Malika, viens ~!	schnell
	Hein? *(fam.)* [ɛ̃]	~? – Viens vite! Christian est là!	Wie? *(ugs.)*

Pratique

1	**Vrai ou faux?** [vʀɛufo]		Richtig oder falsch?
2	**Dufour** [dyfuʀ]		Dufour *(Familienname)*
3	un **cahier** [ɛ̃kaje]		ein Heft
	bien [bjɛ̃]		gut
4	une **salle de classe** [ynsaldəklas]		ein Klassenzimmer
7	une **situation** [ynsitɥasjõ]	[E] situation, [I] situazione, [SP] situación	eine Situation
	une **partie** [ynpaʀti]		ein Teil
8	une **réponse** [ynʀepõs]	répondre	eine Antwort
10	**Patrick** [patʀik]	[F] ⟷ [D]	Patrick *(männl. Vorname)*
	une **phrase** [ynfʀaz]		ein Satz
12	le **vocabulaire** [ləvɔkabylɛʀ]	[E] vocabulary, [I] vocabolario, [SP] vocabulario	der Wortschatz
	une **liste** [ynlist]		eine Liste
	une **liste des mots** [ynlistdemo]		eine Wörterliste
	une **page** [ynpaʒ]	Lisez le texte à la ~ 10!	eine Seite

⟨Album⟩ Dans le quartier, on trouve …

une **librairie** [ynlibʀɛʀi]	un livre = ein Buch	eine Buchhandlung
une **BD** *(= une bande dessinée)* [ynbede]		ein Comic(-Heft)
la **cour de l'Etoile** [ləkuʀdəletwal]		die Cour de l'Etoile *(Name einer Straße in Paris)*
le **marché d'Aligre** [ləmaʀʃedaligʀ]		der «Marché d'Aligre»
le **cirque d'hiver** [ləsiʀkdivɛʀ]		der «Cirque d'hiver» *(wörtl. „Winterzirkus", Name eines Zirkusgebäudes in Paris)*

Révision

Jemanden begrüßen

– Salut, Emma, ça va?	Hallo Emma, wie geht's?
– Oui, ça va.	Gut.
– Bonjour, Madame!	Guten Tag.

Sich verabschieden

Salut!	Tschüss!
Au revoir!	Auf Wiedersehen!
Au revoir, Madame.	Auf Wiedersehen!

Fragen stellen …

Qu'est-ce que c'est?	Was ist das?
Qui est-ce?	Wer ist das?
Qui est M. Beckmann?	Wer ist Herr Beckmann?
Que fait Christian?	Was macht Christian?
Où est Malika?	Wo ist Malika?

… und beantworten

C'est une affiche.	Das ist ein Plakat.
C'est M. Beckmann.	Das ist Herr Beckmann.
C'est le papa de Christian.	Das ist der Papa von Christian.
Il regarde l'affiche.	Er betrachtet das Plakat.
Elle est là, dans la cour.	Sie ist da, im Hof.

Stimmloses und stimmhaftes -s-

s = [s]		s = [z]	
un dessin, dessiner qc	une réponse	bizarre	une cuisine
un/une professeur	je suis	un magasin	poser qc
ramasser qc	Salut!	une mademoiselle	une phrase
aussi	respecter qc	un gymnase	

Stimmlos spricht man **-ss-**, ein **s-** am Wortanfang sowie -**s**- vor und nach Konsonanten aus.

Stimmhaft spricht man **-z-** sowie **-s-** zwischen Vokalen (a, e, i, o, u) aus.

En France

Opéra-Bastille

Das Stadtviertel *Opéra-Bastille* liegt im östlichen Paris. In diesem interessanten Viertel treffen das alte und das neue Paris aufeinander. Auf der *Place de la Bastille* stand früher die *Bastille*, das Gefängnis von Paris. Beim Ausbruch der Französischen Revolution im Jahr 1789 wurde es von den Pariser Bürgern gestürmt und anschließend zerstört. Heute steht dort die moderne Oper von Paris. Auch das *Collège Anne Frank* und der *Square Trousseau* liegen in diesem Viertel. Entlang der lebhaften Straße *Faubourg Saint-Antoine* und in den Seitenstraßen gibt es Cafés, Geschäfte, kleine Theater, Kinos und immer wieder begrünte Innenhöfe, die wie ruhige grüne Oasen in der Großstadt wirken.

LEÇON 3

Entrée Tu habites où ?

habiter [abite]	J'~[1] à Paris.	wohnen
une **salle à manger** [ynsalamɑ̃ʒe]		ein Esszimmer
une **cuisine** [ynkɥizin]		eine Küche
une **chambre** [ynʃɑ̃bʀ]		ein Schlafzimmer
maman *(f.)* [mamɑ̃]	≠ papa	Mama/Mutti
les **W.-C.** *(m. pl.)* [levese]		die Toilette/das WC
Valentin [valɑ̃tɛ̃]	F ⟷ D	Valentin *(männl. Vorname)*
Manon [manɔ̃]		Manon *(weibl. Vorname)*
une **salle de bains** [ynsaldəbɛ̃]		ein Badezimmer
la **rue St-Bernard** [laʀysɛ̃bɛʀnaʀ]	F St = Saint → D Sankt	die Rue St Bernard *(Name einer Straße in Paris)*
la **rue Richard Lenoir** [laʀyʀiʃaʀlənwaʀ]		die Rue Richard Lenoir *(Name einer Straße in Paris)*
il y a [ilja]	E there is/there are	es gibt/es ist/es sind

Il y a un chat dans le carton ⟷ Le chat **est** dans le carton.
Wer oder **was** befindet sich an einem Ort? → **il y a**
Wo befindet sich jemand oder etwas? → **est**

un **copain** *(fam.)* [ɛ̃kɔpɛ̃]		ein Freund *(ugs.)*
d'abord [dabɔʀ]		zuerst
une **annonce** [ynanɔ̃s]	F → D	eine Anzeige/Annonce
Carbonne [kaʀbɔn]		Carbonne *(Familienname)*

Familiennamen: deutsch: die Carbonnes, französisch: les Carbonne

[1] habite

un **appartement** [ɛ̃napaʀtəmɑ̃]	D Apartment, E apartment, I appartamento, SP apartamento	eine Wohnung
une **pièce** [ynpjɛs]		ein Zimmer

une pièce ist im Französischen das allgemeine Wort für „Zimmer". In einer «chambre» steht immer ein Bett.

un **appartement de cinq pièces** [ɛ̃napaʀtəmɑ̃dəsɛ̃pjɛs]	~: quatre chambres, salle à manger, cuisine, salle de bains	eine Fünfzimmerwohnung
une **maison** [ynmɛzõ]		ein Haus
un **étage** [ɛ̃netaʒ]	Nous habitons dans une maison à trois ~[1].	ein Stockwerk/eine Etage
quoi [kwa]	Je quitte Paris! – Hein! ~? Tu quittes Paris?	was
une **copine** *(fam.)* [ynkɔpin]	Tu quittes les copains et les ~[2]?	eine Freundin *(ugs.)*

Texte A Où est le problème?

1 **où est** [uɛ]	~ Théo? – Zut! Il est derrière la voiture!	wo ist
un **problème** [ɛ̃pʀɔblɛm]	Où est le ~? – Nous sommes à deux dans une chambre!	ein Problem
être [ɛtʀ]	Quoi? Vous ~[3] à deux dans une chambre?	sein

être: je **suis**, tu **es**, il/elle/on **est**, nous **sommes**, vous **êtes**, ils/elles **sont**

la **télévision** *(fam.: la télé)* [latelevizjõ]	E television, I televisione, SP televisión	das Fernsehen
une **famille** [ynfamij]	La ~ Beckmann est de Berlin.	eine Familie
2 les **parents** *(m.)*	= papa et maman	die Eltern
rêver de qc [ʀɛve]	Je ~[4] un appartement avec deux salles de bains.	von etw. träumen

Regelmäßige Verben auf -er: je rêve, tu rêv**es**, il/elle/on rêve, nous rêv**ons**, vous rêv**ez**, ils/elles rêv**ent**

visiter qc [vizite]		etw. besichtigen
un **jour** [ɛ̃ʒuʀ]		ein Tag
un jour [ɛ̃ʒuʀ]		eines Tages
Montrouge [mõʀuʒ]		Montrouge *(Name eines Vororts von Paris)*
la **banlieue** [labɑ̃ljø]	Montrouge est dans ~ de Paris.	der Vorort/Vorstadtbereich

«La banlieue» umfasst alle Vororte, die im Nahbereich einer Großstadt liegen. Es gibt „reiche" Vororte, aber auch viele „arme" Vororte mit sozialen Problemen.

[1] étages – [2] copines – [3] êtes – [4] rêve d'

un **soir** [ɛ̃swaʀ]		ein Abend
le soir [ləswaʀ]	~, nous regardons la télé ensemble.	abends
raconter qc [ʀakɔ̃te]		etw. erzählen
un/une **propriétaire** [ɛ̃/ynpʀɔpʀijetɛʀ]	Je trouve Mme Leclerc, la ~ de l'appartement, sympa.	ein Eigentümer/eine Eigentümerin
un **mois** [ɛ̃mwa]		ein Monat
dans trois mois [dɑ̃tʀwamwa]	~, on quitte Paris.	in drei Monaten
une **adresse** [ynadʀɛs]		eine Adresse
rester [ʀɛste]		bleiben
3 **jouer** [ʒwe]	Tu ~[1] avec moi? un jeu	spielen
un **ordinateur** [ɛ̃nɔʀdinatœʀ]		ein Computer
un **lit** [ɛ̃li]		ein Bett
discuter [diskyte]		sich unterhalten/diskutieren
une **idée** [ynide]		eine Idee
une **solution** [ynsɔlysjɔ̃]	Il y a un problème, mais il y a aussi ~!	eine Lösung
téléphoner [telefɔne]		telefonieren
pour [puʀ]	Je téléphone ~ l'annonce.	wegen
4 **Allô?** [alo]		Hallo? *(am Telefon)*

Allô: Wenn man angerufen wird, meldet man sich in Frankreich am Telefon in der Regel nicht sofort mit seinem Namen, sondern zuerst nur mit «Oui» oder «Allô?».

Leclerc [ləklɛʀ]		Leclerc *(Familienname)*
une **guitare** [yngitaʀ]	F ⟷ D **Gitarre**, E **guitar**, I **chitarra**, SP **guitarra**	eine Gitarre
une **guitare électrique** [yngitaʀelɛktʀik]		eine elektrische Gitarre
un **voisin**/une **voisine** [ɛ̃vwazɛ̃/ynvwazin]		ein Nachbar/eine Nachbarin
Ah, bon? [abɔ̃]	Qui est Victor? – C'est un voisin. – ~?	Ach ja?/Wirklich?
un **doberman** [ɛ̃dobɛʀman]		ein Dobermann *(eine Hunderasse)*
la **musique** [lamyzik]	E music, I musica, SP música	die Musik
la **musique rock** [lamyzikʀɔk]		die Rockmusik
Quelle horreur! *(fam.)* [kɛlɔʀœʀ]		Wie grässlich/schrecklich! *(ugs.)*

Pratique

3 une **forme** [ynfɔʀm]	F ⟷ D	eine Form
la bonne forme [labɔnfɔʀm]		die richtige Form
contre [kɔ̃tʀ]	≠ pour	gegen

[1] joues

	un **enfant** [ɛ̃nɑ̃fɑ̃]	~ et sa maman cherchent un appartement.	ein Kind
4	une **interview** [ynɛ̃tɛʀvju]	F **une** ~ ⟷ D **ein** Interview	ein Interview
	un **frère** [ɛ̃fʀɛʀ]	≠ une sœur	ein Bruder
	une **sœur** [ynsœʀ]	!	eine Schwester
	un **ordre** [ɛ̃nɔʀdʀ]		eine Reihenfolge
6	**Qu'est-ce qu'il y a?** [kɛskilja]		Was gibt es?
	C'est l'horreur! [sɛlɔʀœʀ]		Es ist schrecklich/grässlich!
	Que font … ? [kəfɔ̃]		Was machen … ?

Texte B On reste dans le quartier!

1	un **téléphone** [ɛ̃telefɔn]	téléphoner	ein Telefon
	sonner [sɔne]	Le téléphone ~[1].	klingeln
	écouter qn [ekute]	Allô? Oui, j'~[2]!	jdm. zuhören
	mon, ma, mes [mɔ̃/ma/me]	Valentin, c'est ~[3] copain, Valentine, c'est ~[4] copine.	mein, meine
2	**son, sa, ses** [sɔ̃/sa/se]	Où est Valentin? Il est dans ~[5] chambre?	sein(e)/ ihr(e)
	une **femme** [ynfam]		eine Frau/Ehefrau
	un **mari** [ɛ̃maʀi]	≠ une femme	ein Ehemann
	une **assiette** [ynasjɛt]		ein Teller
	ton, ta, tes [tɔ̃/ta/te]	C'est ~[6] problème!	dein, deine
3	une **flûte** [ynflyt]		eine Flöte
	une **colère** [ynkɔlɛʀ]		ein Zorn/eine Wut
	être en colère [ɛtʀɑ̃kɔlɛʀ]	Vite, les papiers et les cartons sur l'étagère! Maman ~[7]!	wütend sein
4	une **histoire** [ynistwaʀ]	! F ⟷ E	eine Geschichte
	déjà [deʒa]	Comment? Ton assiette est ~ vide?	schon
	Internet *(m.)*		Internet *(n.)*
	sur Internet [syʀɛ̃tɛʀnɛt]	Je cherche une photo ~.	im Internet

Pratique

2	**ce sont** [səsɔ̃]	Sur la photo, ~ mes parents et moi.	das sind

⟨Album⟩ Quelle famille!

Quelle famille! [kɛlfamij]		Was für eine Familie!
une **branche** [ynbʀɑ̃ʃ]		ein Ast
un **toit** [ɛ̃twa]		ein Dach
un **tapis** [ɛ̃tapi]		ein Teppich
un **ami** [ɛ̃nami]	= un copain	ein Freund
un **marché** [ɛ̃maʀʃe]		ein Markt
au marché [omaʀʃe]		auf dem Markt
un **oiseau** [ɛ̃nwazo]		ein Vogel

[1] sonne – [2] écoute – [3] mon – [4] ma – [5] sa
[6] ton – [7] est en colère

une **école** [ynekɔl]		eine Schule
à l'école [alekɔl]		in der Schule
une **poule** [ynpul]		ein Huhn
Bruno Husar [bʀynoyzaʀ]		Bruno Husar *(Name eines französischen Sängers)*
un **animal**/des **animaux** [ɛ̃nanimal/dezanimo]	Un oiseau, une poule, un chien et un chat sont ~[1].	ein Tier/Tiere
un **meuble** [ɛ̃mœbl]	[F] ⟷ [D]	ein Möbel

Révision

Une ville

une ville* [ynvil]	eine Stadt	**une cour**	ein Hof
la banlieue	die Vorstadt	**une maison**	ein Haus
un quartier	ein Stadtviertel	**un appartement**	eine Wohnung
une rue	eine Straße	**un marché*** [ɛ̃maʀʃe]	ein Markt
un boulevard* [ɛ̃bulvaʀ]	ein Boulevard	**un magasin**	ein Geschäft
un square	eine Grünanlage	**un café*** [ɛ̃kafe]	ein Café
une place	ein Platz	**un hôtel***[ɛ̃notɛl]	ein Hotel

*Wörter, die hier zur Vervollständigung zusätzlich erwähnt werden.
Sie werden in den folgenden Lektionen nicht als Lernwortschatz vorausgesetzt.

En France

Wohnen in Paris

Paris, die Hauptstadt von Frankreich, hat heute über 2,15 Millionen Einwohner.
Wohnungen, vor allem geräumige Wohnungen in Paris, sind sehr teuer. Viele Familien ziehen deshalb in die Vorstädte, die *banlieue*. Dort sind die Wohnungen preiswerter als im Stadtzentrum und meistens ist es dort auch ruhiger.

LEÇON 4

Entrée Les activités

une **activité** [ynaktivite]		eine Tätigkeit *(hier)* eine Freizeitbeschäftigung
le **foot** [ləfut]	→ [E] football, [SP] fútbol	der Fußball *(als Sportart)*
le **théâtre** [ləteatʀ]	[!] le théâtre [E] theatre, [I] teatro, [SP] teatro	das Theater

[1] des animaux

l'**escalade** *(f.)* [lɛskalad]		das Klettern
le **roller** [ləʀɔlœʀ]		das Rollschuhlaufen/das Rollerskaten
une **vidéo** [ynvideo]		ein Video
un **jeu vidéo**/des **jeux vidéo** [ɛ̃ʒøvideo]		ein Videospiel

un jeu/des jeux: Einige französische Nomen enden im Plural nicht auf **-s,** sondern auf **-x.** Eine Liste mit solchen Nomen findest du in deinem **Grammatischen Beiheft** im Teil *«Révisions».*

la **natation** [lanatasjɔ̃]	→ SP natación	das Schwimmen
un **club** [ɛ̃klœb]		ein Klub; *(hier) eine Freizeitgruppe/AG*
un **club de dessin** [ɛ̃klœbdədesɛ̃]		eine Zeichengruppe/Zeichen-AG
au club de dessin [oklœbdədesɛ̃]		in der Zeichen-AG
à la maison [alamɛzɔ̃]	Malika est ~ et Christian est au club de dessin.	zu Hause
une **école** [ynekɔl]	Il y a un club de dessin dans l'~ d'Emma et de ses copains.	eine Schule
faire qc [fɛʀ]		etw. machen
le **sport** [ləspɔʀ]	Le foot et la natation sont des ~[1].	der Sport
faire du sport [fɛʀdyspɔʀ]	Vous ~[2] ?	Sport treiben
un **piano** [ɛ̃pjano]	Non, mais je fais du ~.	ein Klavier/ein Piano

Texte Au club d'escalade

1 un **exercice** [ɛ̃nɛgzɛʀsis]	F ⟷ E	eine Übung
mercredi *(m.)* [mɛʀkʀədi]	Ta leçon de piano, c'est ~?	Mittwoch
un **après-midi** [ɛ̃napʀɛmidi]		ein Nachmittag
le mercredi après-midi [ləmɛʀkrədiapʀɛmidi]	Non, ~, je vais au club d'escalade.	mittwochnachmittags
Collège Anne Frank [kɔlɛʒanfʀɑ̃k]		Collège Anne Frank *(Name einer Schule in Paris)*
un **élève**/une **élève** [ɛ̃nelɛv/ynelɛv]		ein Schüler/eine Schülerin
ou [u]	! **Où** est Amandine? – Dans ma chambre **ou** dans la cuisine.	oder

Verwechsle **ou** = oder nicht mit **où** = wo, das einen *accent grave* trägt. Merke dir am besten den Spruch: „Auf der Oder schwimmt kein Graf."

[1] sports – [2] faites du sport

en sport [ɑ̃spɔʀ]	Christian est super ~!	in Sport *(Sport als Schulfach)*
la **danse** [ladɑ̃s]		das Tanzen/der Tanz
2 un **groupe** [ɛ̃ɡʀup]	! F **un** ~ ⟷ D **eine** Gruppe	eine Gruppe
un **gymnase** [ɛ̃ʒimnaz]	= une salle de sport	eine Turnhalle
ne … pas [nə … pa]		nicht
jouer au foot [ʒweofut]	Tu ~[1] ~ avec moi?	Fußball spielen
aujourd'hui [oʒuʀdɥi]	Non, pas ~!	heute
avoir [avwaʀ]		haben

avoir: j'**ai**, tu **as**, il/elle/on **a**, nous **avons**, vous **avez**, ils/elles **ont**

avoir envie [avwaʀɑ̃vi]	On joue au foot? – Non, je n'~[2] pas ~.	Lust haben
débuter dans qc [debyte]		Anfänger sein in etw.
un **père** [ɛ̃pɛʀ]		ein Vater
Fontainebleau [fɔ̃tɛnblo]		Fontainebleau

Fontainebleau ist eine Stadt, 60 km südlich von Paris. Dort steht eines der bekanntesten Schlösser Frankreichs. Der Wald von Fontainebleau ist ein beliebtes Ausflugsziel für Naturliebhaber und Kletterer.

en plus [ɑ̃plys]	Je fais du foot, de la natation et ~ de l'escalade!	außerdem/zusätzlich
douze [duz]		zwölf
un **an** [ɛ̃nɑ̃]		ein Jahr
avoir douze ans [avwaʀduzɑ̃]	Bonjour, je suis le nouveau! Je m'appelle Christian et j'**ai** douze **ans**. ! F ⟷ D	zwölf Jahre alt sein
arriver [aʀive]	Emma et Malika ~[3] ensemble à l'école.	(an)kommen
souvent [suvɑ̃]	Nous jouons ~ au foot.	oft
l'**âge** *(m.)* [laʒ]		das Alter
Tu as quel âge? [tyakɛlaʒ]		Wie alt bist du?
alors [alɔʀ]	Tu joues de la guitare? ~, tu es dans mon groupe!	nun/jetzt/dann
grimper [ɡʀɛ̃pe]		klettern
3 un **mur** [ɛ̃myʀ]	! F **un** ~ ⟷ D **eine** Mauer	eine Mauer/eine Wand
un **mur d'escalade** [ɛ̃myʀdɛskalad]		eine Kletterwand
Boulay [bulɛ]		Boulay *(Familienname)*
préparer qc [pʀepaʀe]		etw. vorbereiten

[1] joues au foot – [2] ai – [3] arrivent

	une **corde** [ynkɔʀd]	Le groupe prépare les ~[1].	ein Seil
	un **casque** [ɛ̃kask]	Tu as ton ~?	ein Sturz-/Schutzhelm
4	**tout à coup** [tutaku]		plötzlich
	crier [kʀije]		schreien
	l'**attention** [latɑ̃sjɔ̃]		die Aufmerksamkeit
	Attention! [atɑ̃sjɔ̃]	On grimpe. Tout à coup, le prof crie: ~!	Achtung!/Vorsicht!
	sans [sɑ̃]	Vous ne grimpez pas ~ casque!	ohne
	en bas [ɑ̃ba]		unten/nach unten
	la **peur** [lapœʀ]		die Angst
	avoir peur [avwaʀpœʀ]		Angst haben
5	**attacher qc** [ataʃe]		etw. (fest)binden
	puis [pɥi]	D'abord, ils attachent les cordes, ~, ils grimpent.	dann
6	**voilà** [vwala]		da ist; *(hier)* Na also./Jetzt haben wir's. *(ugs.)*
	Quelle histoire! [kɛlistwaʀ]		Was für eine Geschichte!
	facile [fasil]	C'est ~? Non, ce n'est pas ~.	leicht
	en haut [ɑ̃o]		oben/nach oben

	… , hein? [ɛ̃]	Tu as peur, ~?	… ja?/ … nicht wahr?
	Ce n'est pas mal. [sənɛpamal]	Tu débutes, ~!	das ist nicht schlecht
	si [si]	Tu ne grimpes pas aujourd'hui? – ~ monsieur!	doch
	surtout [syʀtu]	Je fais du piano, mais ~ de la guitare.	vor allem
	Ce n'est pas grave. [sənɛpagʀav]	Je ne trouve pas la photo de Théo! – Oh, ~!	Das ist nicht schlimm.

Ce n'est pas grave. Wenn du genau hinhörst, stellst du fest, dass die Franzosen beim Sprechen das «ne» oft weglassen: «C'est pas mal./ C'est pas grave.» Als Französischlerner sprichst du das «ne» aber besser aus.

Pratique

1	le **bon ordre** [ləbɔnɔʀdʀ]		die richtige Reihenfolge
2	**compter qc** [kɔ̃te]	[!] [kɔ̃te] sans [p]!	etw. zählen
3	un **rendez-vous** [ɛ̃ʀɑ̃devu]		eine Verabredung/ein Termin
	avoir rendez-vous [avwaʀʀɑ̃devu]		eine Verabredung/einen Termin haben
6	**à deux** [adø]		zu zweit
8	un **animal**/des **animaux** [ɛ̃nanimal/dezanimo]	[E] animal, [I] animale, [SP] animal	ein Tier/Tiere

[1] cordes

Pierre [pjɛʀ]		Pierre *(männl. Vorname)*
Julia [ʒylja]		Julia *(weibl. Vorname)*
un **e-mail** [ɛ̃nimɛl]		eine E-Mail
10 **il s'appelle** [ilsapɛl]		er heißt
11 une **fête** [ynfɛt]		ein Fest
un **CD**/des **CD** [ɛ̃sede]	F **un** CD/des **CD** ⟷ D **eine** CD/CDs	eine CD/CDs
encore [ɑ̃kɔʀ]		noch/schon wieder
une **fois** [ynfwa]	Comment? Encore ~ pour moi.	einmal
12 la **police** [lapɔlis]		die Polizei
en roller [ɑ̃ʀɔlœʀ]		auf Rollschuhen
Pajon [paʒɔ̃]		Pajon *(Familienname)*
Pardon. [paʀdɔ̃]		Verzeihung./Entschuldigung.
travailler [tʀavaje]		arbeiten
un **policier** [ɛ̃pɔlisje]		ein Polizist

⟨Album⟩ Les activités au Collège Anne Frank

lundi *(m.)* [lɛ̃di]	I lunedì, SP lunes	Montag
mardi *(m.)* [maʀdi]		Dienstag
jeudi *(m.)* [ʒødi]		Donnerstag
vendredi *(m.)* [vɑ̃dʀədi]		Freitag
samedi *(m.)* [samdi]		Samstag
dimanche *(m.)* [dimɑ̃ʃ]		Sonntag
une **association sportive** [ynasosjasjɔ̃spɔʀtiv]	→ nata**tion**, situa**tion**, solu**tion**	ein Sportverein
un **foyer socio-éducatif** [ɛ̃fwajesosjoedykatif]		*(hier)* Beschäftigungsangebote außerhalb der Unterrichtszeit
l'**informatique** *(f.)* [lɛ̃fɔʀmatik]	F [ɛ̃ …] ⟷ D in …	die Informatik
la **lecture** [lalɛktyʀ]		die Lektüre/das Lesen
un **CDI** *(un centre de documentation et d'information)* [ɛ̃sedei]		ein CDI *(Dokumentations- und Informationsstelle einer Schule)*
le **tennis** [lətenis]		das Tennis
un **atelier** [ɛ̃natəlje]	→ pap**ier**, escal**ier**, foy**er**	eine Werkstatt
un **atelier de pratique artistique**		*(hier)* eine Kunstwerkstatt
la **peinture** [lapɛ̃tyʀ]		die Malerei/die Farbe *(zum Anmalen)*
aimer faire qc [emefɛʀ]		etw. gerne tun
adorer qc [adɔʀe]		etw. sehr gerne mögen
une **montagne** [ynmɔ̃taɲ]	~ de lasagnes	ein Berg
une **danse latine** [yndɑ̃slatin]		ein lateinamerikanischer Tanz
un **livre** [ɛ̃livʀ]	une librairie	ein Buch

Révision

Sagen, dass man etwas mag oder nicht mag

J'aime bien **la** musique rock et surtout **la** guitare électrique.	Ich mag gern Rockmusik und vor allem E-Gitarre.
J'adore* **les** voitures et **les** jeux vidéo. [ʒadɔʀ]	Ich mag sehr gern Autos und Computerspiele.
Le sport, **c'est bien.**	Sport ist gut.
Le foot, **c'est super!**	Fußball ist super!
La danse, **bof!**	Tanzen, na ja.
Je n'aime pas la natation.	Schwimmen mag ich nicht.
La flûte **ah, non merci!**	Flöte, nein danke!
Je déteste* **les** ordinateurs. [ʒədetɛst]	Ich mag Computer überhaupt nicht.
La danse, **c'est l'horreur!**	Tanzen, das ist grässlich!

Mes activités

faire de	Je fais du théâtre.	Ich spiele Theater.
	Je fais de l'escalade.	Ich klettere.
	Je fais de la guitare.	Ich spiele Gitarre.
être dans	Je suis dans une association sportive.*	Ich bin in einem Sportverein.
jouer à	Je joue au foot.	Ich spiele Fußball.
jouer de*	Je joue de la guitare.*	Ich spiele Gitarre.

*Wörter, die hier zur Vervollständigung zusätzlich erwähnt werden.
Sie werden in den folgenden Lektionen nicht als Lernwortschatz vorausgesetzt.

En France

Schule in Frankreich

Die französischen Kinder gehen in der Regel von 6–11 Jahren in die Grundschule, *l'école primaire* [pʀimɛʀ]. Sie hat fünf Klassenstufen.
Danach beginnt das *collège*, in das alle 11- bis 15-Jährigen gehen. Das *collège* hat vier Klassenstufen. Sie heißen 6e = *sixième*, 5e = *cinquième*, 4e = *quatrième*, 3e = *troisième*. Der Eintrittsklasse des *collège*, der 6e, entspricht in Deutschland das 6. Schuljahr.
Nach dem *collège* entscheiden die französischen Schüler, ob sie zunächst eine weiterführende Schule besuchen und z. B. in einem *lycée* [lise] das französische Abitur, *le baccalauréat* [ləbakalɔʀea] machen, oder ob sie gleich eine Berufsausbildung beginnen.
Die französische Schule ist eine Ganztagsschule. Der Unterricht dauert an manchen Tagen bis 17 Uhr oder länger. Danach müssen noch Hausaufgaben, *les devoirs* [ledəvwaʀ] gemacht werden.

LEÇON 5

Entrée A Paris

une **tour** [ytuʀ]	E tower, SP torre, I torre	ein Turm
la **tour Eiffel** [latuʀɛfɛl]		der Eiffelturm
le Forum des Halles [lefoʀɔmdeal]	forum [foʀɔm] → album [albɔm]	das Forum des Halles *(Einkaufszentrum in Paris)*
l'**Arc de triomphe** *(m.)* [laʀkdətʀijɔ̃f]		der Arc de triomphe *(Triumpfbogen in Paris)*
le **Louvre** [ləluvʀ]		der Louvre *(Museum in Paris)*
la **pyramide du Louvre** [lapiʀamidyluvʀ]		*Pyramide aus Glas, die im Hof des Louvre steht*
la Défense [ladefɑ̃s]		la Défense *(moderner Stadtteil von Paris mit zahlreichen Hochhäusern)*
l'**Arche de la Défense** *(f.)* [laʀʃdəladefɑ̃s]		die Arche de la Défense *(modernes Bürogebäude im Stadtteil La Défense)*
la **rive gauche** [laʀivgoʃ]		das linke Flussufer
la Seine [lasɛn]		die Seine *(Fluss, der durch Paris fließt)*
la **rive droite** [laʀivdʀwat]		das rechte Flussufer
un **cousin**/une **cousine** [ɛ̃kuzɛ̃/ynkuzin]	→ un copain/une copine	ein Cousin/eine Cousine
Adrien [adʀijɛ̃]		Adrien *(männl. Vorname)*
Genève [ʒənɛv]		Genf

Genf ist eine Stadt in der französischsprachigen Schweiz.
In Genf haben viele internationale Organisationen ihren Sitz;
es ist eine Stadt der Kongresse, der Forschung und des Handels.

un **cuisinier** [ɛ̃kɥizinje]	une cuisine	ein Koch
être cuisinier	Adrien ~[1].	(von Beruf) Koch sein
un **restaurant** [ɛ̃ʀɛstoʀɑ̃]		ein Restaurant
aller [ale]		gehen/fahren

aller
je **vais**, tu **vas**, il/elle/on **va**, nous **allons**, vous **allez**, ils/elles **vont**

chez [ʃe]	Emma est souvent ~ Mme Salomon.	bei
aller chez qn [aleʃe]	Souvent je ~[2] une copine après l'école.	zu jdm. *(nach Hause)* gehen

[1] est cuisinier – [2] vais chez

la **chance** [laʃɑ̃s]		das Glück/die Chance
Quelle chance! [kɛlʃɑ̃s]		Welch ein Glück!
pourquoi [puʀkwa]	Cherche la rive gauche sur le plan! – ~?	warum
parce que [paʀskə]	~[1] il y a des restaurants super!	weil
midi	 Il est ~.	Mittag
à midi [amidi]		um 12 Uhr mittags/mittags
une **cantine** [ynkɑ̃tin]	A midi, je vais à la ~ de mon école.	eine Kantine
de … à		von … bis
minuit [minɥi]	 Il est ~.	Mitternacht, 12 Uhr nachts
samedi *(m.)* [samdi]		Samstag/am Samstag

Wochentage: Achte auf den Gebrauch des bestimmten Artikels!
le mercredi = **(immer)** mittwochs, z. B. *Le mercredi, on a sport.*
mercredi = **am** Mittwoch, z. B. *Mercredi, on va au théâtre.*
Das gilt natürlich genauso für die übrigen Wochentage (→ Leçon 7).

un **cinéma** [ɛ̃sinema]	E cinema, SP cine, I cinema	ein Kino
aller au cinéma [aleosinema]	On ~[2] samedi ensemble?	ins Kino gehen

Texte Au voleur!

1 un **voleur** [ɛ̃vɔlœʀ]		ein Dieb
Au voleur! [ovɔlœʀ]	Mme Salomon crie: « ~ !»	Haltet den Dieb!
une **heure** [ynœʀ]		eine Stunde
une heure [ynœʀ]	Il est ~.	ein Uhr
une **librairie** [ynlibʀɛʀi]	Emma est dans ~.	eine Buchhandlung
une **BD** *(= une bande dessinée)* [ynbede]	Astérix est ~.	ein Comic(-Heft)
notre/nos [nɔtʀ/no]		unser/unsere
un **ami**/une **amie** [ɛ̃nami/ynami]	Malika est l'~[3] d'Emma.	ein Freund/eine Freundin
un **livre** [ɛ̃livʀ]	Dans une librairie il y a des ~[4].	ein Buch
un **livre de cuisine** [ɛ̃livʀdəkɥizin]		ein Kochbuch
une **caisse** [ynkɛs]	SP caja, I cassa	eine Kasse
leur, leurs [lœʀ]		ihr/ihre
une **dame** [yndam]	On dit à ~: «Bonjour, Madame!»	eine Dame
un **homme** [ɛ̃nɔm]	Le voleur est ~.	ein Mann
bousculer qn [buskyle]		jdn. anrempeln
voler qc [vɔle]	un voleur	etw. stehlen
un **porte-monnaie**/des **porte-monnaies** [ɛ̃pɔʀtmɔnɛ]	Le voleur vole le ~ de Mme Salomon.	ein Geldbeutel
dans la rue [dɑ̃laʀy]	F **dans** ⟷ D **auf**	auf der Straße
Qu'est-ce que … ? [kɛskə]	~ tu cherches? – Un livre sur la nature.	Was … ?

[1] Parce qu' – [2] va au cinéma – [3] amie
[4] livres

attraper qn [atʀape]		jdn. (ein)fangen/erwischen
quand [kɑ̃]	Alors, on téléphone ~?	wann
à six heures [asizœʀ]	 	um sechs Uhr
un **portable** [ɛ̃pɔʀtabl]		*(hier)* ein Mobiltelefon, ein Handy

un **portable:** Kurzform von «téléphone *portable*» = *tragbares* Telefon

2 **une heure et quart** [ynœʀekaʀ]	Il est ~. 	Viertel nach eins
à gauche [agoʃ]	→ rive gauche	(nach) links
à droite [adʀwat]	→ rive droite	(nach) rechts
le voilà [ləvwala]	Où est Victor? – Regarde, ~ !	da ist er
un **bus** [ɛ̃bys]	F [bys] ⟷ D Bus	ein Bus
un **taxi** [ɛ̃taksi]		ein Taxi
monter [mɔ̃te]	Emma et Adrien ~[1] dans un taxi.	steigen/einsteigen
Emma **appelle** Thomas [apəl]	Emma ~ Thomas sur son portable.	*(hier)* ruft … an
Où est-ce que … ? [uɛskə]	Thomas: ~ vous êtes?	Wo … ?
est-ce que [ɛskə]	~ vous avez le voleur?	*Frageformel*
un **bouchon** [ɛ̃buʃɔ̃]		*(hier)* ein Verkehrsstau
3 **une heure et demie** [ynœʀedəmi]	 Il est ~.	halb zwei
enfin [ɑ̃fɛ̃]	Ah! ~! Le bus arrive!	schließlich/endlich
un **touriste**/une **touriste** [ɛ̃tuʀist/yntuʀist]		ein Tourist/eine Touristin
pour faire qc [puʀfɛʀ]		um etw. zu tun
s'il vous plaît [silvuplɛ]	Pardon, monsieur, pour aller au Louvre, ~?	bitte *(wenn man mehrere Personen anspricht oder jdn. siezt)*
Comment est-ce que … ? [komɑ̃ɛskə]	~ je fais?	Wie … ?
un **plan** [ɛ̃plɑ̃]	Regardez sur le ~.	ein Plan *(hier)* Stadtplan
traverser qc [tʀavɛʀse]	Vous ~[2] la rue.	etw. überqueren
tourner [tuʀne]	Et puis, vous ~[3] à droite.	abbiegen/drehen
après [apʀɛ]		nach/danach
tout droit [tudʀwa]	Après, vous allez ~.	geradeaus
Vous avez l'heure? [vuzavelœʀ]	Pardon, madame, ~, s'il vous plaît?	Wie viel Uhr ist es?
Pourquoi est-ce que … ? [puʀkwaɛskə]		Warum … ?
quelque chose [kɛlkəʃoz]		etwas
Au secours! [oskuʀ]	Pourquoi est-ce que la dame crie: « ~ »?	Hilfe!
une **station** [ynstasjɔ̃]		eine Station/eine Haltestelle
le **métro** [ləmetʀo]		die Metro/U-Bahn in Paris

[1] montent – [2] traversez – [3] tournez

une **station de métro** [ynstasjõdmetʀo]	Le voleur entre dans ~.	eine Metrostation/ U-Bahnstation
Rivoli [ʀivɔli]		Rivoli *(Name einer Metrostation)*
4 **deux heures moins le quart** [døzœʀmwɛ̃lkaʀ]	 Il est ~.	Viertel vor zwei
Charles de Gaulle-Etoile [ʃaʀldəgoletwal]	~ et Rivoli sont des stations de métro.	Charles de Gaulle-Etoile *(Name einer Metrostation)*
une **ligne** [ynliɲ]	La ~ 6 va à la Tour Eiffel.	eine (Verkehrs)Linie
5 **faire attention** [fɛʀatɑ̃sjõ]	Emma crie: « ~[1]! Le voleur est là!»	aufpassen/Acht geben
arrêter qn [aʀɛte]	Les policiers ~[2] le voleur.	jdn. anhalten/festnehmen

Pratique

2 un **moyen de transport** [ɛ̃mwajɛ̃dətʀɑ̃spɔʀ]	Le métro et le bus sont des ~[3].	ein Verkehrsmittel
4 une **journée** [ynʒuʀne]	un jour	ein Tag/ein Tagesablauf
9 la **place Pigalle** [laplaspigal]		die Place Pigalle *(Name eines Platzes in Paris)*
11 **Il est quelle heure?** [ilɛkɛlœʀ]	→ heure	Wie viel Uhr ist es?
A quelle heure? [akɛlœʀ]		Um wie viel Uhr?
12 un **chemin** [ɛ̃ʃəmɛ̃]		ein Weg
un **hôtel** [ɛ̃notɛl/ɛ̃nɔtɛl]		ein Hotel
un **hôtel de ville** [ɛ̃notɛldəvil]		ein Rathaus
le **Centre Georges Pompidou** [ləsɑ̃tʀʒɔʀʒpõpidu]		das Centre Pompidou *(Kunst- und Kulturzentrum in Paris)*
Notre Dame [nɔtʀədam]		Notre Dame *(Kathedrale im Zentrum von Paris)*
St-Michel [sɛ̃miʃɛl]		St-Michel *(Name einer Metrostation in Paris)*
13 un **film** [ɛ̃film]	→ SP I F	ein Film
14 un **acteur**/une **actrice** [ɛ̃naktœʀ/ynaktʀis]	Tu aimes l'~[4] Gérard Depardieu?	ein Schauspieler/eine Schauspielerin
Gérard Depardieu [ʒeʀaʀdəpaʀdjø]		Gérard Depardieu *(Name eines frz. Schauspielers, geb. 1948)*
15 une **image** [ynimaʒ]	Dans une BD, il y a des textes et des ~[5].	ein Bild
la **suite** [lasɥit]	Racontez ~ de l'histoire!	die Fortsetzung

⟨Album⟩ La photo

avenue Gustave Eiffel [avnygystavɛfɛl]		Avenue Gustave Eiffel *(Name einer Straße in Paris)*

[1] Faites attention — [2] arrêtent — [3] moyens de transport — [4] acteur — [5] images

Gustave Eiffel [gystavɛfɛl]	Gustave Eiffel *(frz. Ingenieur 1832–1923)*
elle est née le 31 mars [ɛlene]	sie wurde am 31. März geboren

Révision

Nach dem Weg fragen

Pardon, monsieur/madame/mademoiselle,	Verzeihen Sie,
où est la station de métro Rivoli, s'il vous plaît?	wo ist die Metrostation Rivoli, bitte?
pour aller au Louvre, s'il vous plaît?	wie komme ich zum Louvre, bitte?
comment est-ce que je vais au Louvre?	

Nach der Uhrzeit fragen

Pardon, monsieur/madame/mademoiselle,	Verzeihen Sie,
vous avez l'heure, s'il vous plaît?	wissen Sie, wie spät es ist?
il est quelle heure*, s'il vous plaît?	wie viel Uhr ist es bitte?
vous avez rendez-vous à quelle heure*?	um wie viel Uhr ist Ihre Verabredung?

*Wörter, die hier zur Vervollständigung zusätzlich erwähnt werden.
Sie werden in den folgenden Lektionen nicht als Lernwortschatz vorausgesetzt.

En France

Sehenswürdigkeiten in Paris

Der **Eiffelturm** wurde 1889 nach Plänen des französischen Ingenieurs Gustave Eiffel erbaut. Er ist mit seiner Fernsehantenne 324 m hoch und hat 1710 Stufen.

Wo früher die Pariser Markthallen standen, steht heute das **Forum des Halles**, ein großes Einkaufszentrum mit Geschäften, Kinos und Cafés.

Der **Arc de triomphe** auf der Place de l'Etoile wurde 1835 vollendet. Von seiner Plattform aus kann man die Aussicht auf die Champs Elysées, die Prachtstraße von Paris, genießen.

Der **Louvre**, einst Stadtschloss der französischen Könige, ist heute eines der größten Museen der Welt. Über 30 000 Kunstwerke sind dort ausgestellt, darunter so berühmte wie die Statue der „Venus von Milo" und Leonardo da Vincis Gemälde „Mona Lisa". Die **Pyramide** im Hof des Louvre besteht aus Glas und Stahl und wurde im Jahr 1988 erbaut.

1989, hundert Jahre nach dem Eiffelturm, wurde der Bau der **Grande Arche** im Stadtteil **La Défense** vollendet. Das Bürogebäude, in dem 4500 Menschen arbeiten, ist 110 m hoch.

Millionen von Menschen benutzen täglich die **Metro**. Die erste Linie der Pariser U-Bahn wurde schon im Jahr 1900 eröffnet. Das Schienennetz umfasst heute 201 km und 372 Stationen. Mit einem Fahrschein – *un ticket* [ɛ̃tikɛ] – kann man das gesamte Netz benutzen.

LEÇON 6

Entrée Des métiers

un **métier** [ɛ̃metje]	→ un quartier	ein Beruf
François Davot [fʀɑ̃swadavo]		François Davot *(Name eines frz. Zeichners)*
un **dessinateur** [ɛ̃desinatœʀ]	~ fait des dessins ou il dessine.	ein Zeichner
Sarré [saʀe]		Sarré *(Familienname)*
un **médecin** [ɛ̃mɛdsɛ̃]	→ Le copain de Valentin est médecin.	ein Arzt/eine Ärztin
un **réalisateur** [ɛ̃ʀealizatœʀ]		ein (Film)Regisseur
comme [kɔm]	Qu'est-ce qu'il fait ~ métier? – Réalisateur.	als
aller faire qc [alefɛʀ]	Et toi, qu'est-ce que tu ~[1] ? – Moi, médecin!	etw. tun werden
toujours [tuʒuʀ]		immer
dimanche *(m.)* [dimɑ̃ʃ]	Tu vas aller au cinéma ~ ?	Sonntag/am Sonntag

Texte A La star

1 une **star** [ynstaʀ]	D **ein** Star ⟷ F **une** ~	ein Star
Mon Dieu! [mɔ̃djø]		Mein Gott!
Filou [filu]		*(hier: Name einer Katze)*
2 **ne … plus** [nə … ply]		nicht mehr
bouger [buʒe]	Emma, ne ~[2] plus! Je fais une photo.	sich bewegen

bouger: je bouge, tu bouges, il/elle/on bouge, nous bougeons, vous bougez, ils/elles bougent

parler à qn [paʀle]	Tu ~[3] qui? – A Emma! – Ah bon!	mit jdm./zu jdm. sprechen
téléphoner à qn [telefɔne]	Emma appelle Thomas. = Emma ~[4] Thomas.	mit jdm. telefonieren/jdn. anrufen
aider qn [ede]	J'~[5] ma mère à la maison.	jdm. helfen

Lerne bei Verben die **Ergänzungen** immer mit!
aider **qn** – J'aide **ma mère**.
téléphoner **à qn** – Je téléphone **à** ma mère.

3 **Bonjour les enfants!** [bɔ̃ʒuʀlezɑ̃fɑ̃]		Guten Tag, Kinder!

Anrede: Wenn man mehrere Personen als Gruppe anspricht, verwendet man den bestimmten Artikel Plural: «Salut, **les** copains!»

très [tʀɛ]		sehr
4 **ne … rien** [nə … ʀjɛ̃]	Qu'est-ce que tu cherches? – Je ~ cherche ~.	nichts

[1] vas faire – [2] bouge – [3] parles à
[4] téléphone à – [5] aide

6 VOCABULAIRE

une **publicité** *(fam.: une pub)* [ynpyblisite]		eine Werbung/ein Werbespot
donner qc à qn [dɔne]		jdm. etw. geben
une **croquette** [ynkʀɔkɛt]	Dans la pub, Mme Salomon donne des ~[1] à un chat.	eine Krokette, *(hier) Trockenfutter für Katzen*
manger qc [mɑ̃ʒe]	Je~[2] une orange. 	etw. essen

manger: je mange, tu manges, il/elle/on mange, nous mangeons, vous mangez, ils/elles mangent (vgl. → bouger)

la **radio** [laʀadjo]	F **la** ~ ⟷ D **das** Radio	das Radio/der Rundfunk
tourner qc [tuʀne]		etw. drehen
ne … jamais [nə … ʒamɛ]	Tu ~'écoutes ~! – Ce n'est pas vrai!	nie/niemals
un **studio** [ɛ̃stydjo]		ein (Aufnahme-)Studio
demander qc à qn [dəmɑ̃de]	Thomas ~[3] Mme Salomon: «Vous tournez un film?»	jdn. etwas fragen
demain [dəmɛ̃]	On va au studio aujourd'hui? – Non, ~.	morgen

Pratique

2	une **carte** [ynkaʀt]	E card, SP carta, I carta	eine (Spiel-)Karte
	jouer aux cartes [ʒweokaʀt]	→ jouer au foot	Karten spielen
	la **vie** [lavi]	SP vida, I vita	das Leben
3	un **CDI** [ɛ̃sedei]		ein CDI *(eine Mediathek)*

Im **CDI** *(au centre de documentation et d'information)* einer Schule können Schülerinnen und Schüler Bücher ausleihen und in CD-ROM und im Internet Informationen suchen. 

5	une **machine** [ynmaʃin]		eine Maschine
	une **mère** [ynmɛʀ]	Je téléphone à ma ~.	eine Mutter
8	un **tableau** [ɛ̃tablo]		eine Tafel/eine Tabelle
9	un **devoir** [ɛ̃dəvwaʀ]		eine (Haus-)Aufgabe
	en classe [ɑ̃klas]	→ page 182	im Unterricht
10	une **règle** [ynʀɛgl]	✎ F ⟷ D	eine Regel

Texte B Au studio

1	une **caméra** [ynkameʀa]	E camera, SP cámara, I telecamera	eine (Film-)Kamera
	pouvoir [puvwaʀ]		können

pouvoir: je peux, tu peux, il/elle/on peut, nous pouvons, vous pouvez, ils/elles peuvent

[1] croquettes – [2] mange – [3] demande à

pouvoir faire qc	Les enfants ~[1] visiter le studio aujourd'hui.	etw. tun können
pendant [pɑ̃dɑ̃]	On visite le studio ~ la journée, pas le soir!	während
avoir peur de faire qc [avwaʀpœʀdəfɛʀ]		Angst haben etw. zu tun
oublier qc [ublije]	Mme Salomon a peur d'~ son texte.	etw. vergessen
On y va! [õniva]	Bon, alors, ~!	Gehen wir!/Auf geht's!
savoir [savwaʀ]	Où est Filou? – Je ne ~[2] pas.	wissen
	savoir: je sais, tu sais, il/elle/on sait, nous savons, vous savez, ils/elles savent	
par cœur [paʀkœʀ]		auswendig
pas de problème [padpʀɔblɛm]	Vous savez votre texte par cœur? – Oui, ~!	kein Problem
2 **couper qc** [kupe]		etw. schneiden
Coupez! [kupe]		*(hier)* Schnitt! *(Regiebefehl bei Aufnahmen)*
avoir un chat dans la gorge [avwaʀɛ̃ʃadɑ̃lagɔʀʒ]	D  ⟷ F 	einen Frosch im Hals haben *(Redensart)*/einen rauen Hals haben
3 **vouloir faire qc** [vulwaʀfɛʀ]	Filou ne ~[3] pas manger.	etw. tun wollen
avoir envie de faire qc [avwaʀɑ̃vi]		Lust haben etw. zu tun
un/une **autre** [ɛ̃/ynotʀ]		ein anderer/eine andere
36 fois *(fam.)* [tʀɑ̃tsifwa]	36 = trente-six	zig Mal *(ugs.)*
savoir faire qc [savwaʀfɛʀ]	Amandine ~[4] bien jouer.	etw. tun können *(wissen, wie es geht)*
aller chercher qc [aleʃɛʀʃe]	Emma ~[5] son chat à la maison.	etw. holen
bien [bjɛ̃]		*(hier)* wohl *(bei einer Nachfrage)*
aimer faire qc [emefɛʀ]		etw. gerne tun
4 **génial** *(fam.)* [ʒenjal]		genial/super/toll *(ugs.)*
Bravo! [bʀavo]		Bravo!
fou [fu]		verrückt
Matou [matu]		Matou *(hier: Name einer Katzenfuttermarke)*

Pratique

4 **inviter qn** [ɛ̃vite]	J'**inv**ite dem**ain** mon cop**ain** Valent**in**.	jdn. einladen
un **numéro** [ɛ̃nymeʀo]	F **un** ~ ⟷ D eine Nummer	eine Nummer
un **numéro de téléphone** [ɛ̃nymeʀodətelefɔn]		eine Telefonnummer
Beryl [beʀil]		Beryl *(hier: Name eines Tonstudios)*

[1] peuvent – [2] sais – [3] veut – [4] sait – [5] va chercher

	la **rue Descartes** [laʀydekaʀt]		die Rue Descartes
	Bajot [baʒo]		Bajot *(Familienname)*
	Messadi [mɛsadi]		Messadi *(Familienname)*
	la **rue de Charonne** [laʀydəʃaʀɔn]		die Rue de Charonne
	la **rue du Chemin vert** [laʀydyʃəmɛ̃vɛʀ]		die Rue du Chemin vert
6	**s'il te plaît** [siltəplɛ]	→ s'il **vous** plaît	bitte *(wenn man jemanden duzt)*
	un **rôle** [ɛ̃ʀol]	F **un** ôl ⟷ **eine Rolle**	eine Rolle
7	**je voudrais** [ʒəvudʀɛ]	~ savoir tourner un film!	ich möchte gerne
	une **bibliothèque** [ynbiblijotɛk]	I biblioteca, SP biblioteca, E library	eine Bibliothek
8	un **rêve** [ɛ̃ʀɛv]	rêver de qc	ein Traum
	faire un rêve [fɛʀɛ̃ʀɛv]		träumen
9	un **travail** [ɛ̃tʀavaj]	travailler	eine Arbeit
	Edith [edit]		Edith *(weibl. Vorname)*
10	**apprendre qc** par cœur [apʀɑ̃dʀ]		etw. auswendig lernen

⟨Album⟩ Star FM

un **matin** [ɛ̃matɛ̃]	ein Morgen

Révision

Qu'est-ce que tu fais? Qu'est-ce que tu vas faire?

Maintenant, je fais mes devoirs.	Jetzt mache ich meine Hausaufgaben.
Puis, je regarde un film.	Dann schaue ich einen Film an.
Demain, je vais visiter un studio.	Morgen werde ich ein Studio besichtigen.
Mercredi, je vais jouer au foot avec les copains.	Am Mittwoch werde ich mit den Freunden Fußball spielen.
Dans trois mois, je vais aller à Paris.	In drei Monaten werde ich nach Paris gehen.
Un jour, je vais tourner un film.	Eines Tages werde ich einen Film drehen.

F **Wem?**	D **Wen?**	F **Wen?**	D **Wem?**
demander qc **à** qn	jdn. etwas fragen	aider **qn**	jdm. helfen
téléphoner **à** qn	jdn. anrufen	écouter **qn**	jdm. zuhören

LEÇON 7

Entrée L'anniversaire

un **anniversaire** [ɛ̃nanivɛʀsɛʀ]	C'est ton ~ aujourd'hui?	ein Geburtstag
la **campagne** [lakɑ̃paɲ]		das Land *(im Gegensatz zur Stadt)*
une **vache** [ynvaʃ]		eine Kuh
espagnol/espagnole [ɛspaɲɔl]		spanisch
un **coq** [ɛ̃kɔk]		ein Hahn
une **poule** [ynpul]		ein Huhn, eine Henne
petit/petite [pəti/pətit]	un ~[1] chat ⟷ une ~[2] poule	klein
un **oiseau**/des **oiseaux** [ɛ̃nwazo/dezwazo]	Les ~[3] sont des animaux.	ein Vogel/Vögel
grand/grande [gʀɑ̃/gʀɑ̃d]	≠ petit/petite	groß
français/française [fʀɑ̃sɛ/fʀɑ̃sɛz]		französisch

Texte Week-end à Rombly

1 un **week-end** [ɛ̃wikɛnd]		ein Wochenende
Rombly [ʀɔ̃bli]		Rombly *(Ortschaft in Nordfrankreich)*
mai *(m.)* [mɛ]	F [mɛ] ⟷ D Mai	Mai
prendre qc [pʀɑ̃dʀ]		etw. nehmen

prendre: je prends, tu prends, il/elle/on prend, nous prenons, vous prenez, ils prennent

un **train** [ɛ̃tʀɛ̃]	Pour aller à Paris, je prends le ~.	ein Zug
des **grands-parents** *(m.)* [degʀɑ̃paʀɑ̃]	→ des parents	Großeltern
une **grand-mère** [yngʀɑ̃mɛʀ]		eine Großmutter
Lili [lili]		Lili *(weibl. Vorname)*
sportif/sportive [spɔʀtif/spɔʀtiv]	Ma sœur est ~[4]. Elle fait du foot.	sportlich
beaucoup [boku]	J'aime ~ discuter.	viel/sehr
beaucoup de [bokudə]	Il y a ~[5] animaux à la campagne.	viel(e) *(bei Mengen)*
joli/jolie [ʒoli/ʒoli]		hübsch
2 **jeudi** *(m.)* [ʒødi]		Donnerstag
une **gare** [yngaʀ]	F **une** ~ ⟷ D **ein** Bahnhof	ein Bahnhof
la **gare du Nord** [lagaʀdynɔʀ]		die Gare du Nord *(Nordbahnhof)*
beaucoup de monde [bokudmɔ̃d]		viele Leute

[1] petit – [2] petite – [3] oiseaux – [4] sportive
[5] beaucoup d'

Léa [lea]		Lea *(weibl. Vorname)*
porter qc [pɔʀte]	→ un portable	etw. tragen
un **cadeau**/des **cadeaux** [ɛ̃kado]	Voilà ton ~ ! – Oh, merci! 	ein Geschenk
mamie *(f.)* *(fam.)* [mami]	= la grand-mère	Oma *(ugs.)*
le **TGV** [ləteʒeve]	= le train à grande vitesse	der TGV *(französischer Hochgeschwindigkeitszug)*
Arras [aʀas]		Arras *(Stadt in Nordfrankreich)*
9h52 [nœvœʀsɛ̃kɑ̃tdø]	= neuf heures cinquante-deux	9 Uhr 52
un **billet** [ɛ̃bijɛ]	SP billete, I biglietto	eine Fahrkarte
une **robe** [ynʀɔb]		ein Kleid
bleu/bleue [blø]		blau
une **chemise** [ynʃəmiz]		ein Hemd
blanc/blanche [blɑ̃/blɑ̃ʃ]		weiß
un **pantalon** [ɛ̃pɑ̃talɔ̃]	E pants, SP pantalón, I pantaloni	eine Hose
noir/noire [nwaʀ/nwaʀ]		schwarz
Mathilde [matild]		Mathilde *(weibl. Vorname)*
lire qc [liʀ]	Je ~[1] un livre.	etw. lesen

lire: je lis, tu lis, il/elle/on lit, nous lisons, vous lisez, ils/elles lisent

Zoé [zoe]		Zoé *(weibl. Vorname)*
écrire qc [ekʀiʀ]		etw. schreiben

écrire: j'écris, tu écris, il/elle/on écrit, nous écrivons, vous écrivez, ils/elles écrivent

un **journal**/des **journaux** [ɛ̃ʒuʀnal/deʒuʀno]	Victor écrit ~.	eine Zeitung/Zeitungen; *(hier)* ein Tagebuch
changer [ʃɑ̃ʒe]	→ bouger, manger: nous _ _ _ _**geons**	wechseln; *(hier)* umsteigen
changer de train [ʃɑ̃ʒedətʀɛ̃]	Nous ~[2] à Paris.	den Zug wechseln
pour [puʀ]	On prend le train ~ Paris.	*(hier)* nach
Isbergues [isbɛʀg]		Isbergues *(Stadt in Nordfrankreich)*
peu [pø]	≠ beaucoup	wenig
un peu de [ɛ̃pødə]	≠ beaucoup de	ein wenig *(bei Mengen)*
le **temps** [lətɑ̃]	Ils ont un peu de ~[3] pour changer de train.	die Zeit
trop [tʀo]	Ah, non! ~, c'est ~!	zu viel
bête/bête [bɛt]		dumm
3 **en voiture** [ɑ̃vwatyʀ]	→ **en** train, **en** bus, **en** métro	mit dem Auto
un **oncle** [ɛ̃nɔ̃kl]	E uncle	ein Onkel
Marc [maʀk]		Marc *(männl. Vorname)*
une **tante** [yntɑ̃t]		eine Tante
Isabelle [izabɛl]		Isabelle *(weibl. Vorname)*

[1] lis – [2] changeons de train – [3] temps

tout de suite [tudsɥit]	Tu arrives? – Oui, j'arrive ~!	sofort
papi *(m.) (fam.)* [papi]	= le grand-père	Opa *(ugs.)*
Bruno [bʀyno]		Bruno *(männl. Vorname)*
ouvrir qc [uvʀiʀ]	~[1] vos livres à la page 68.	etw. öffnen

ouvrir: j'ouvre, tu ouvres, il/elle/on ouvre, nous ouvrons, vous ouvrez, ils/elles ouvrent

le **champagne** [ləʃɑ̃paɲ]		der Champagner
boire qc [bwaʀ]		etw. trinken

boire: je bois, tu bois, il/elle/on boit, nous buvons, vous buvez, ils/elles boivent

boire à qc		auf etw. trinken/anstoßen
une **table** [yntabl]	E table	ein Tisch
à table [atabl]		bei/am Tisch
bon/bonne [bɔ̃/bɔn]	→ **bon**jour	gut
une **chose** [ynʃoz]	→ quelque chose	eine Sache
un **gâteau**/des **gâteaux** [ɛ̃gato/degato]	J'aime les **cad**eaux et les ~[2].	ein Kuchen
un **repas** [ɛ̃ʀəpa]	Un bon ~, c'est une bonne chose.	ein Essen/eine Mahlzeit
long/longue [lɔ̃/lɔ̃g]	La phrase est _ _ _ _**ue**.	lang
mauvais/mauvaise [movɛ/movɛz]	≠ bon/bonne	schlecht
4 **C'est mon tour.** [sɛmɔ̃tuʀ]		Ich bin dran./Ich bin an der Reihe.
un **verre** [ɛ̃vɛʀ]		ein Glas
l'**eau** *(f.)* [lo]	D **das** Wasser ⟷ F ~ *(f.)*	das Wasser
chanter [ʃɑ̃te]		singen
une **chanson** [ynʃɑ̃sɔ̃]	Nous chantons des ~[3] françaises.	ein Lied
jouer de [ʒwedə]	L'oncle Marc ~[4] la guitare.	spielen *(Instrument)*
5 **Bon anniversaire!** [bɔnanivɛʀsɛʀ]		Alles Gute zum Geburtstag!
6 **content/contente** [kɔ̃tɑ̃/kɔ̃tɑ̃t]	Victor est ~[5], mamie Lili est ~[6].	zufrieden/glücklich
jouer à [ʒwea]		spielen *(Spiel)*
une **boule** [ynbul]	Après le repas, on joue aux ~[7].	eine Kugel

Das **Jeu de boules** ist ein in Frankreich weit verbreitetes Spiel. Die Spieler müssen ihre Metallkugeln möglichst nahe an eine zuerst geworfene kleine Holzkugel heranbringen.

un **village** [ɛ̃vilaʒ]	Rombly est un ~ à la campagne.	ein Dorf
le **printemps** [ləpʀɛ̃tɑ̃]	→ le temps	der Frühling
7 **vendredi** *(m.)* [vɑ̃dʀədi]		Freitag
ne … pas de [nəpadə]	Je ~ bois ~ champagne.	kein/keine *(bei Mengen)*

[1] Ouvrez – [2] gâteaux – [3] chansons – [4] joue de – [5] content – [6] contente – [7] boules

7 VOCABULAIRE

Pratique

4 **jaune** [ʒon]		gelb
vert/verte [vɛʀ/vɛʀt]	La porte est ~[1].	grün
gris/grise [gʀi/gʀiz]	Le chat est ~[2].	grau
marron *(inv.)* [maʀõ]		(kastanien)braun
orange *(inv.)* [ɔʀɑ̃ʒ]		orange
rouge [ʀuʒ]		rot
6 **lundi** *(m.)* [lɛ̃di]		Montag
mardi *(m.)* [maʀdi]		Dienstag
janvier *(m.)* [ʒɑ̃vje]		Januar
février *(m.)* [fevʀije]		Februar
mars *(m.)* [maʀs]		März
avril *(m.)* [avʀil]		April
juin *(m.)* [ʒɥɛ̃]		Juni
juillet *(m.)* [ʒɥijɛ]		Juli
août *(m.)* [ut]		August
septembre *(m.)* [sɛptɑ̃bʀ]		September
octobre *(m.)* [ɔktɔbʀ]		Oktober
novembre *(m.)* [nɔvɑ̃bʀ]		November
décembre *(m.)* [desɑ̃bʀ]		Dezember
l'**été** *(m.)* [lete]		der Sommer
l'**automne** *(m.)* [lotɔn]		der Herbst
l'**hiver** *(m.)* [livɛʀ]		der Winter

Jahreszeiten: im Frühling: **au** printemps [opʀɛ̃tɑ̃], im Sommer: **en** été [ɑ̃nete], im Herbst: **en** automne [ɑ̃notɔn], im Winter: **en** hiver [ɑ̃nivɛʀ]

le **premier**, la **première** [ləpʀəmje/lapʀəmjɛʀ]	= le 1er / la 1ère	der erste/die erste
le premier janvier [ləpʀəmjeʒɑ̃vje]		der erste Januar
le 15 mai [ləkɛ̃zmɛ]	Ton anniversaire c'est ~? – Non, c'est le 15 mars!	der 15. Mai
7 **car** [kaʀ]		denn
8 **Ça fait …** [safɛ]		Das macht … /Das kostet
un **euro**/des **euros** [ɛ̃nøʀo/dezøʀo]	Voilà votre journal, monsieur. Ça fait 2 ~[3].	ein Euro
un **horaire** [ɛ̃nɔʀɛʀ]	l'heure *(f.)*	ein Fahrplan/ein Stundenplan
10 un **mot-clé** [ɛ̃mokle]	un mot	ein Schlüsselwort
la **vie** [lavi]	SP vida, I vita	das Leben
12 **Luc** [lyk]		Luc *(männl. Vorname)*
Anne [an]		Anne *(weibl. Vorname)*
Louise [lwiz]		Louise *(weibl. Vorname)*
Lisa [liza]		Lisa *(weibl. Vorname)*

[1] verte – [2] gris – [3] euros

	Philippe [filip]		Philippe *(männl. Vorname)*
	Christophe [kʀistɔf]		Christophe *(männl. Vorname)*
	Marise [maʀiz]		Marise *(weibl. Vorname)*
	Emilie [emili]		Emilie *(weibl. Vorname)*
13	une **couleur** [ynkulœʀ]	[E] colour, [SP] color, [I] colore	eine Farbe
14	un **nom** [ɛ̃nɔ̃]	un prénom	ein Name
15	un **portrait** [ɛ̃pɔʀtʀɛ]	[F] _ _ _ _ _ait	ein Porträt/Abbild
	le **rap** [ləʀap]		der Rap *(Musikstil)*
	Touches [tuʃ]	*une touche* = eine Taste	Touches *(hier: Name eines Klavierlehrers)*
	un **devoir** [ɛ̃dəvwaʀ]		eine (Haus)Aufgabe
	différent/différente [difeʀɑ̃/difeʀɑ̃t]		anders
16	un **club de lecture** [ɛ̃klœbdəlɛktyʀ]		eine Lesegruppe/-AG
	Sévère [sevɛʀ]	*sévère* = streng	Sévère *(hier: Name einer Lehrerin)*
17	**éviter qc** [evite]		etw. vermeiden
	une **faute** [ynfot]	faux	ein Fehler

Révision

Les jours de la semaine

une semaine*	eine Woche	**jeudi** *(m.)*	Donnerstag
lundi *(m.)*	Montag	**vendredi** *(m.)*	Freitag
mardi *(m.)*	Dienstag	**samedi** *(m.)*	Samstag
mercredi *(m.)*	Mittwoch	**dimanche** *(m.)*	Sonntag

Achte auf den **Artikelgebrauch!** **le** mercredi = **(immer)** mittwochs, z. B. «Le mercredi, on a sport.»
mercredi = **am** Mittwoch, z. B. «Mercredi, on va au théâtre.»

*Wörter, die hier zur Vervollständigung zusätzlich erwähnt werden.
Sie werden in den folgenden Lektionen nicht als Lernwortschatz vorausgesetzt.

C'est mon anniversaire!

– **Lundi, c'est mon anniversaire! Et toi? Ton anniversaire, c'est quand?**	Am Montag habe ich Geburtstag! Und du? Wann hast du Geburtstag?
– **Moi, mon anniversaire, c'est le 1er janvier / le 2 janvier / le 24 janvier.**	Ich habe am 1. Januar/2. Januar/24. Januar Geburtstag.
– **C'est au printemps, en été, en automne?**	Ist das im Frühling, im Sommer, im Herbst?
– **Mais, non, en hiver!**	Aber nein! Im Winter!

Des animaux

1 un chat	eine Katze
2 un chien	ein Hund
3 une souris* [ynsuʀi]	eine Maus
4 un coq	ein Hahn
5 une poule	eine Henne
6 une vache	eine Kuh
7 un cochon* [ɛ̃kɔʃɔ̃]	ein Schwein
8 un lapin* [ɛ̃lapɛ̃]	ein Kaninchen
9 un cobaye* [ɛ̃kɔbaj] **/un cochon d'Inde*** [ɛ̃kɔʃɔ̃dɛ̃d]	ein Meerschweinchen
10 un hamster* [ɛ̃ amstɛʀ]	ein Hamster
11 un oiseau	ein Vogel
12 une grenouille* [yngʀənuj]	ein Frosch

*Wörter, die hier zur Vervollständigung zusätzlich erwähnt werden.
Sie werden in den folgenden Lektionen nicht als Lernwortschatz vorausgesetzt.

LEÇON 8

Entrée La rencontre

une **rencontre** [ynʀɑ̃kɔ̃tʀ]		eine Begegnung/ein Treffen
rencontrer qn [ʀɑ̃kɔ̃tʀe]	raconter ⟷ **ren**cont**r**er	jdn. treffen/jdm. begegnen
une **lettre** [ynlɛtʀ]	F **la** ~ ⟷ D **der** Brief	ein Brief
la **France** [lafʀɑ̃s]		Frankreich
deux mille cinq [dømilsɛ̃k]	deux mille cinq = 2005	zweitausendfünf
cher/chère [ʃɛʀ/ʃɛʀ]	~[1] Christian, ~[2] Malika, …	lieb/teuer
Chère Madame,		Liebe Frau …

Cher … /Chère … : Diese Anrede im Brief benutzt man im Französischen unter Freunden und unter Erwachsenen, die sich gut kennen. Den Familiennamen nennt man in der Anrede nicht. Madame, Monsieur usw. schreibt man in der schriftlichen Anrede groß.

[1] Cher – [2] chère

la **classe de 5e** *(= cinquième)* [la klasdəsɛ̃kjɛm]		die fünfte Klasse
la **classe de 7e** *(= septième)* [laklasdəsɛtjɛm]		die siebte Klasse

Die Klassen im «Collège»: Das «Collège» beginnt mit der sechsten Klasse. Nach der sechsten kommt die fünfte Klasse, dann die vierte usw. Man zählt die Klassen im «Collège» also andersherum als bei uns!

être content/contente de faire qc [ɛtʀəkɔ̃tɑ̃/kɔ̃tɑ̃t]	La classe ~[1] aller à Bruxelles.	zufrieden sein/sich freuen etwas zu tun
Bruxelles [bʀysɛl/bʀyksɛl]		Brüssel

Brüssel ist die Hauptstadt Belgiens und der Sitz der Europäischen Kommission und des Europäischen Rates. In Belgien spricht man flämisch (eine niederländische Sprache) und französisch.

accompagner qn [akɔ̃paɲe]	Les professeurs ~[2] leurs élèves.	jdn. begleiten
une **information** [ynɛ̃fɔʀmasjɔ̃]	information → dess**in**, Valent**in**	eine Information
une **auberge de jeunesse** [ynobɛʀʒdəʒœnɛs]		eine Jugendherberge
Jacques Brel [ʒakbʀɛl]		Jacques Brel *(berühmter belgischer Sänger 1929–1978; hier: Name einer Jugendherberge)*
la **place Madou** [laplasmadu]		die Place Madou *(Name eines Platzes in Brüssel)*
près de qc [pʀɛdə]	Il y a une station de métro ~[3] ici?	nahe bei /neben etw.
comme [kɔm]	Tu es ~ moi, tu aimes jouer au foot!	wie *(beim Vergleich)*
un **projet** [ɛ̃pʀɔʒɛ]		ein Projekt/ein Vorhaben
Voilà pour aujourd'hui. [vwalapuʀoʒuʀdɥi]		Das ist alles für heute.
à bientôt [abjɛ̃to]		Bis bald!
Cordialement [kɔʀdjalmɑ̃]		Herzliche Grüße *(Grußformel in einem persönlichen Brief)*
Nathalie [natali]		Nathalie *(weibl. Vorname)*
un **coup de téléphone** [ɛ̃kudətelefɔn]		ein Anruf
un **appareil** [ɛ̃napaʀɛj]	Qui est à l'~?	ein Apparat, ein Gerät
Comment allez-vous? [komɑ̃talevu]	Ah, c'est vous, madame Schmitt. Bonjour, ~?	Wie geht es Ihnen?
organiser qc [ɔʀganise]		etw. organisieren

[1] est contente d' – [2] accompagnent – [3] près d'

tout [tu]	Bon, c'est ~ pour aujourd'hui!	alles
Bonsoir. [bõswaʀ]	→ bonjour	Guten Abend.

Texte Le projet

1 **dire qc à qn** [diʀ]	Les élèves allemands ~[1] bonjour ~[2] élèves français.	jdm. etw. sagen

dire: je dis, tu dis, il/elle/on dit, nous disons, vous **dites**, ils/elles disent

rigoler *(fam.)* [ʀigɔle]		lachen *(ugs.)*
bilingue [bilɛ̃g]		zweisprachig
drôle [dʀol]	On rigole: c'est ~.	lustig
répondre à qn [ʀepõdʀ]	Les élèves français ~[3] élèves allemands: «Guten Tag!»	jdm. antworten
Arrêtez! [aʀɛte]		Hört auf!
une **affaire** [ynafɛʀ]	Mon bloc! Ma gomme! Où sont mes ~[4]?	eine Sache/eine Angelegenheit
2 le **lendemain** [lɘlɑ̃dmɛ̃]	F **le** ~ ⟷ D **am** nächsten Tag	am darauf folgenden Tag
un **calendrier** [ɛ̃kalɑ̃dʀije]		ein Kalender
que [kɘ]	Voilà un garçon ~ j'aime bien.	den, die, das *(Relativpronomen, Objekt)*
vendre qc [vɑ̃dʀ]	Les élèves vont ~ leur calendrier à une fête de leur école.	etw. verkaufen
une **année** [ynane]	L'~ a 12 mois.	ein Jahr
qui [ki]	C'est un garçon ~ est dans ma classe.	der, die, das *(Relativpronomen, Subjekt)*
une **langue** [ynlɑ̃g]	bilingue	eine Sprache
une **ville** [ynvil]	Bruxelles est une grande ~ .	eine Stadt

La ville **de** Bruxelles: die Stadt Brüssel
La ville **de** Paris: die Stadt Paris

commencer qc [kɔmɑ̃se]		etw. anfangen

commencer: je commence, tu commences, il/elle/on commence, nous commen**ç**ons, vous commencez, ils/elles commencent

continuer [kõtinɥe]	Je commence et toi, tu ~[5], d'accord?	weitermachen/fortfahren
anglais/anglaise [ɑ̃glɛ/ɑ̃glɛz]		englisch
en anglais [ɑ̃nɑ̃glɛ]	→ **en** allemand	auf Englisch
3 **entendre qc** [ɑ̃tɑ̃dʀ]	Mme Schmitt ~[6] Martin qui parle anglais.	etw. hören
que [kɘ]		dass *(Konjunktion)*

[1] disent – [2] aux – [3] répondent aux – [4] affaires
[5] continues – [6] entend

dire à qn que …	Elle ~[1] Martin ~[2] on ne parle pas anglais pendant la rencontre.	jdm. sagen, dass …
comprendre qc [kɔ̃pʀɑ̃dʀ]	→ prendre	etw. verstehen

comprendre: je comprends, tu comprends, il/elle/on comprend, nous comprenons, vous comprenez, ils comprennent

expliquer qc à qn [ɛksplike]		jdm. etw. erklären
l'**Allemagne** *(f.)* [lalmaɲ]	Paris est en France, Berlin est en ~.	Deutschland
une **note** [ynnɔt]	Christian explique les ~[3] à Victor.	eine Note
4 **prendre une photo de qc** [pʀɑ̃dʀynfoto]	Clic! Thomas ~[4] l'auberge.	ein Foto von etw. machen
assez (de) [asedə]		genug/genügend
si [si]		ob
demander à qn si	Les élèves ~[5] prof ~[6] ils peuvent aller en ville .	jdn. fragen, ob
attendre qn [atɑ̃dʀ]	D warten **auf** ⟷ F attendre **qn**	auf jdn. warten/jdn. erwarten

Regelmäßige Verben auf -dre: j'attends, tu attends, il/elle/on attend, nous attendons, vous attendez, ils/elles attendent

désirer qc [deziʀe]		etw. wünschen
une **pellicule** [ynpelikyl]		ein Film
un **appareil photo** [ɛ̃napaʀɛjfoto]		ein Fotoapparat
septante [sɛptɑ̃t]	= soixante-dix	siebzig *(Belgien und Schweiz)*
un **centime** [ɛ̃sɑ̃tim]		ein Cent
combien (de) [kɔ̃bjɛ̃]	Ça fait ~? 3 euros? Voilà, madame.	wie viel
soixante-dix [swasɑ̃tdis]		siebzig
la **Belgique** [labɛlʒik]	On parle aussi français en ~[7].	Belgien
acheter qc [aʃte]	Qu'est-ce que tu ~[8] ?	etw. kaufen

acheter: j'ach**è**te, tu ach**è**tes, il/elle/on ach**è**te, nous achetons, vous achetez, ils/elles ach**è**tent

payer qc [peje]	J'achète un livre. Tu ~[9] pour moi?	etw. bezahlen

payer: je paie, tu paies, il/elle/on paie, nous payons, vous payez, ils/elles paient

des **frites** *(f.)*		Pommes frites
avoir faim *(f.)* [avwaʀfɛ̃]	Moi, j'~[10]! Qu'est-ce qu'on mange?	Hunger haben
5 une **semaine** [ynsəmɛn]	Le mois a 4 ~[11] , la ~ a 7 jours.	eine Woche
le **départ** [lədepaʀ]	C'est ~. On dit au revoir.	die Abfahrt/der Aufbruch

[1] dit à – [2] qu' – [3] notes – [4] prend une photo de – [5] demandent au – [6] s' – [7] Belgique
[8] achètes – [9] paies – [10] j'ai faim
[11] semaines

une **bise** *(fam.)* [ynbiz]		ein Kuss *(ugs.)*

> **La bise** ist ein angedeuteter Kuss auf beide Wangen. Diese Form der Begrüßung ist in Frankreich zwischen Verwandten und guten Bekannten üblich.

faire la bise à qn *(fam.)* [fɛʀlabiz]		jdn. mit Wangenkuss begrüßen/verabschieden *(ugs.)*
correct/correcte [kɔʀɛkt]		richtig/korrekt
peut-être [pøtɛtʀ]	Les profs vont ~ organiser une autre rencontre.	vielleicht
deux mille six [dømilsis]		zweitausendsechs

Pratique

1 un **titre** [ɛ̃titʀ]		ein Titel
2 **depuis** [dəpɥi]		seit
3 une **traduction** [yntʀadyksjõ]		eine Übersetzung
un **faux ami** [ɛ̃fozami]		ein falscher Freund

> Als **«faux amis»** werden Wörter bezeichnet, die an bekannte Wörter erinnern, aber etwas anderes bedeuten.

5 un **souvenir** [ɛ̃suvniʀ]		eine Erinnerung/ein Andenken
belge [bɛlʒ]	la Belgique	belgisch
un/une **Belge** [ɛ̃/ynbɛlʒ]		ein Belgier/eine Belgierin
nonante [nonɑ̃t]	= quatre-vingt-dix	neunzig *(Belgien und Schweiz)*
Magritte [magʀit]		René Magritte *(belg. Maler 1898–1967)*
8 **C'est à qui?** [sɛtaki]		Wer ist an der Reihe?
C'est à moi. [sɛtamwa]		Ich bin an der Reihe.
12 une **date** [yndat]	F la ~ ⟷ D **das** Datum	ein Datum
13 un **coca** [ɛ̃koka]	**Un** ~, s'il vous plaît.	eine Cola
14 le **contraire** (de) [ləkõtʀɛʀ]	~ de vrai, c'est faux.	das Gegenteil (von)
Vous pouvez répéter, s'il vous plaît? [vupuveʀepete]		Können Sie bitte wiederholen?
Un peu moins vite, s'il vous plaît. [ɛ̃pømwɛ̃vit]		Ein bisschen langsamer, bitte.

⟨Album⟩ Le calendrier bilingue

Atchoum! [atʃum]		Hatschi!
être **enrhumé** [ɑ̃ʀyme]		Schnupfen haben

avoir besoin de qc/de faire qc [avwaʀbəswɛ̃]	etw. brauchen/tun müssen
se moucher [səmuʃe]	sich schnäuzen/die Nase putzen
tant de [tɑ̃də]	so viel
un **bruit** [ɛ̃bʀɥi]	ein Geräusch/ein Lärm
une **souris** [ynsuʀi]	eine Maus
sinon [sinɔ̃]	sonst/andernfalls
une **fleur** [ynflœʀ]	eine Blume
l'**Europe** *(f.)* [løʀɔp]	Europa
Brupark *(m.)* [bʀypaʀk]	Brupark *(Name eines Erlebnisparks in Brüssel)*
offrir qc à qn [ɔfʀiʀ]	jdm. etw. anbieten
un **voyage** [ɛ̃vwajaʒ]	eine Reise
européen/européenne [øʀɔpeɛ̃/øʀɔpeɛn]	europäisch
en miniature [ɑ̃minjatyʀ]	im Kleinformat
quand [kɑ̃]	wenn *(zeitlich)*
appuyer [apɥije]	drücken
un **bouton** [ɛ̃butɔ̃]	ein Knopf
passer [pase]	vorbeigehen/-kommen
le **Vésuve** [ləvezyv]	der Vesuv *(Name eines Vulkans in Italien)*
exploser [ɛksploze]	explodieren, *(hier)* ausbrechen
tomber [tɔ̃be]	fallen
C'est ça. [sɛsa]	Ganz genau.

Révision

Folgende Verben können ein **indirektes Objekt** als Ergänzung haben (eine Ergänzung mit der Präposition **à**):

demander qc à qn	jdn. etw. fragen	**expliquer qc à qn**	jdm. etw. erklären
dire qc à qn	jdm. etw. sagen	**raconter qc à qn**	jdm. etw. erzählen
donner qc à qn	jdm. etw. geben	**répondre qc à qn**	jdm. etw. antworten
écrire qc à qn	jdm. etw. schreiben	**vendre qc à qn**	jdm. etw. verkaufen

Au téléphone

– Allo? Qui est à l'appareil?	– Hallo, wer ist am Apparat?
– Bonjour. C'est Meike Schmitt.	– Guten Tag. Hier ist Meike Schmitt.
Est-ce que je peux parler à Mme Bertaud s'il vous plaît?	Kann ich bitte mit Frau Bertaud sprechen?
Je voudrais parler à Mme Bertaud.	Ich möchte gerne mit Frau Bertaud sprechen.

En Europe

Französisch in Europa

Französisch wird außer in Frankreich in vier weiteren europäischen Ländern gesprochen: in Belgien, in der Schweiz, in Monaco und in Luxemburg. Für Franzosen klingt das Französisch in diesen Ländern manchmal etwas anders als zu Hause.
In Belgien und in der Schweiz gibt es auch eigene Wörter wie z. B. *nonante* oder *septante*.

[LEÇON 9]

Entrée Découvertes

une **découverte** [yndekuvɛʀt]		eine Entdeckung
la **mer** [lamɛʀ]		das Meer
un **rocher** [ɛ̃ʀɔʃe]	E rock, SP roca, I roccia	ein Fels
une **plage** [ynplaʒ]		ein Strand
une **vague** [ynvag]		eine Welle
un **bateau**/des **bateaux** [ɛ̃bato/debato]	Les ~[1] vont sur l'eau.	ein Boot/Boote
un **coquillage** [ɛ̃kɔkijaʒ]		eine Muschel
une **montagne** [ynmɔ̃taɲ]	↔ → En Allemagne, il y a aussi des ~[2].	ein Berg
un **chalet** [ɛ̃ʃalɛ]		eine (Berg)Hütte
les **vacances** *(f.) (pl.)* [levakɑ̃s]	~, ce sont les jours et semaines où nous n'avons pas école!	die Ferien/der Urlaub
passer ses vacances [pasesevakɑ̃s]		seine/ihre Ferien verbringen
en ville [ɑ̃vil]	J'habite ~ mais je passe mes vacances à la campagne.	in der Stadt
une **colonie de vacances** [ynkɔlɔnidvakɑ̃s]	Beaucoup d'enfants passent leurs vacances d'été dans ~.	ein Ferienlager
Morzine [mɔʀzin]		Morzine *(Ort in den französischen Alpen)*
en vacances [ɑ̃vakɑ̃s]	Malika est ~ chez ses grands-parents.	in den Ferien/im Urlaub

Texte A Bises de Port-Blanc et de Marrakech

1 **Port-Blanc** [pɔʀblɑ̃]		Port Blanc *(Ferienort in der Bretagne)*
Marrakech [maʀakɛʃ]		Marrakesch *(Stadt in Marokko)*

[1] bateaux – [2] montagnes

au bord de qc [obɔʀdə]		am Rande von etw.
au bord de la mer [obɔʀdlamɛʀ]	Emma passe ses vacances ~.	am Meer
entre [ɑ̃tʀ]	On mange le soir ~ 6 et 7 heures.	zwischen
Kermorgant [kɛʀmɔʀgɑ̃]		Kermorgant *(Familienname)*
à côté [akote]	Les Kermorgant habitent ~.	daneben/nebenan
Yan [jan]		Yan *(männl. Vorname)*
adorer qc [adɔʀe]		etw. sehr gern mögen
un **vélo** [ɛ̃velo]		ein Fahrrad
breton/bretonne [bʀətɔ̃/bʀətɔn]	Anne adore les danses ~[1].	bretonisch
sortir (de qc) [sɔʀtiʀ]	≠ entrer (dans)	(aus etwas) hinausgehen/-fahren; ausgehen
tout le temps [tultɑ̃]	→ toujours	die ganze Zeit
le **soleil** [ləsɔlɛj]	→ appareil	die Sonne
il y a du soleil [iljadysɔlɛj]	Aujourd'hui ~. Allons au bord de la mer!	es ist sonnig
un **matin** [ɛ̃matɛ̃]	→ un soir	ein Morgen
le matin [ləmatɛ̃]	→ le soir	morgens
dormir [dɔʀmiʀ]		schlafen
jusque [ʒysk]		bis
jusqu'à dix heures [ʒyskadizœʀ]	Le matin, je dors ~.	bis 10 Uhr
partir [paʀtiʀ]	le **départ**	weggehen/abfahren

partir: je pars, tu pars, il/elle/on part, nous partons, vous partez, ils/elles partent (ebenso: *dormir* und *sortir*)

partir en vacances [paʀtiʀɑ̃vakɑ̃s]	Quand est-ce que vous ~[2] ?	in die Ferien/in den Urlaub fahren
2 une **carte postale** [ynkaʀtpɔstal]		eine Postkarte
une **demi-heure** [yndəmijœʀ]	Le train part dans ~ !	eine halbe Stunde
Penvénan [pɛnvenan]		Penvénan *(Ort in der Bretagne)*
un **kilomètre** [ɛ̃kilɔmɛtʀ]		ein Kilometer
à cinq kilomètres de [asɛ̃kilɔmɛtʀdə]	Penvénan, c'est ~ Port Blanc.	fünf Kilometer entfernt von
un **marché** [ɛ̃maʀʃe]		ein Markt
un **vêtement** [ɛ̃vɛtmɑ̃]	Une chemise est ~. 	ein Kleidungsstück
un **maillot de bain** [ɛ̃majodbɛ̃]		ein Badeanzug/eine Badehose
un **t-shirt** [ɛ̃tiʃœʀt]		ein T-Shirt
un **jean** [ɛ̃dʒin]	F **un ~** ⟷ D Jeans	eine Jeans/ein Paar Jeans
un **pull** *(fam.)* [ɛ̃pyl]		ein Pulli *(ugs.)*

[1] bretonnes — [2] partez en vacances

	l'**argent** *(m.)* [laʀʒɑ̃]	Anne a encore beaucoup d'~ . 	das Geld
	embrasser qn [ɑ̃bʀase]		jdn. küssen/umarmen
3	un/une **cycliste** [ɛ̃siklist/ ynsiklist]	= qn qui fait du vélo	ein Radfahrer/eine Radfahrerin
	un **danseur**/une **danseuse** [ɛ̃dɑ̃sœʀ/yndɑ̃søz]	= qn qui fait de la danse	ein Tänzer/eine Tänzerin
	un **sportif**/une **sportive** [ɛ̃spɔʀtif/ynspɔʀtiv]	= qn qui fait du sport	ein Sportler/eine Sportlerin
	même [mɛm]		sogar
	le **Tour de France** [lətuʀdəfʀɑ̃s]	F **le** ~ ⟷ D **die** ~	die Tour de France *(berühmtes Radrennen durch Frankreich)*
	remercier qn [ʀəmɛʀsje]	Malika ~[1] Emma pour sa carte postale.	sich bei jdn. bedanken
	De rien. [dəʀjɛ̃]	Emma répond: ~ !	Bitte!/Gern geschehen.
	quand [kɑ̃]	~ il y a du soleil, nous allons à la plage.	wenn *(zeitlich)*
	un **chèque** [ɛ̃ʃɛk]		ein Scheck
	faire un chèque [fɛʀɛ̃ʃɛk]	Tu ~[2] de combien? – De 35 euros.	einen Scheck ausstellen
4	**à côté de** [akotedə]	Où sont les W.-C. ? – Là, ~ l'entrée.	neben
	un **souk** [ɛ̃suk]		ein Souk *(ein arabischer Markt)*
	un **grand-père** [ɛ̃gʀɑ̃pɛʀ]	→ un père	ein Großvater
	le français [ləfʀɑ̃sɛ]		das Französische
	arabe [aʀab]		arabisch
	parler l'arabe [paʀlelaʀab]	Malika sait un peu ~ mais elle le comprend bien.	Arabisch sprechen
	un **bijou**/des **bijoux** [ɛ̃biʒu/debiʒu]		ein Schmuckstück/ Schmuck
	marocain/marocaine [maʀɔkɛ̃/maʀɔkɛn]		marokkanisch
	le **ventre** [ləvɑ̃tʀ]		der Bauch
	avoir mal au ventre [avwaʀmalovɑ̃tʀ]	Malika a mangé trop de gâteaux , elle ~[3] .	Bauchweh haben
	chaud/chaude [ʃo/ʃod]		warm, heiß
	il fait chaud [ilfɛʃo]	Il y a du soleil et ~.	es ist warm/heiß

Pratique

1	un **résumé** [ɛ̃ʀezyme]	Faites ~ du texte.	eine Zusammenfassung
2	**Brest** [bʀɛst]		Brest *(Stadt in der Bretagne)*
	chéri/chérie [ʃeʀi]		Liebling
	ce soir [səswaʀ]	~ je sors avec des copains.	heute Abend
3	**Ça alors!** [saalɔʀ]		Na sowas!
4	une **crêpe** [ynkʀɛp]	J'ai faim, je vais manger ~.	eine Crêpe *(Pfannkuchen)*
6	**Vive … !** [viv]		Es lebe … !
7	une **signature** [ynsiɲatyʀ]		eine Unterschrift

[1] remercie – [2] fais un chèque – [3] a mal au ventre

	un **correspondant**/une **correspondante** [ɛ̃kɔʀɛspɔ̃dɑ̃/ ynkɔʀɛspɔ̃dɑ̃t]		ein Brieffreund/eine Brieffreundin; ein Austauschpartner/eine Austauschpartnerin
	le **temps** [lətɑ̃]		das Wetter
11	**Loïc** [loik]		Loïc *(männl. Vorname)*
	par semaine [paʀsəmɛn]	Emma appelle ses parents une fois ~.	pro Woche/wöchentlich
	prendre qc en photo [pʀɑ̃dʀɑ̃foto]	Malika ~[1] le souk de Marrakech.	etw. fotografieren

Texte B La tempête

1	une **tempête** [yntɑ̃pɛt]		ein Sturm
	la **Bretagne** [labʀətaɲ]		die Bretagne
	chaque [ʃak]	~ bateau a un nom.	jeder/jede/jedes + *Nomen*
	Tréguier [tʀegje]		Treguier *(Ort in der Bretagne)*
	ce, cet, cette, ces [sə/sɛt/se]	Comment tu trouves ~[2] chemise.	diese(r), dieses *(Demonstrativbegleiter)*

ce soir/ce matin/cet après-midi: Im Zusammenhang mit Tageszeiten bedeutet **ce** „heute“*:* heute Abend, heute Morgen, heute Nachmittag.

	une **cathédrale** [ynkatedʀal]		eine Kathedrale
	cent [sɑ̃]	= 100	hundert
	cinq cent [sɛ̃sɑ̃]	= 500	fünfhundert
	une **crêperie** [ynkʀɛpʀi]	→ une crêpe	eine Crêperie
	Trestel [tʀɛstɛl]		Trestel *(Ort in der Bretagne)*
	jusqu'à Port Blanc [ʒyskapɔʀblɑ̃]	Jusqu'où on va? – ~!	bis nach Port Blanc
	le **14 juillet** [ləkatɔʀzʒɥijɛ]		der 14. Juli

Der **14. Juli** ist der französische Nationalfeiertag. In Paris findet an diesem Tag eine große Parade statt. In ganz Frankreich feiert man diesen Tag mit Musik und Feuerwerk.

	tout, tous/toute, toutes [tu/tut]		ganz, alle + *Nomen*
	un **concert** [ɛ̃kɔ̃sɛʀ]	F ⟷ D	ein Konzert
	la **Marseillaise** [lamaʀsɛjɛz]		die Marseillaise *(Name der frz. Nationalhymne)*
	un **feu d'artifice** [ɛ̃fødaʀtifis]		ein Feuerwerk
	tout le monde [tulmɔ̃d]	A la fête du 14 juillet ~ chante, ~ danse dans la rue. (! Singular)	alle/jeder/alle Welt
	le **vent** [ləvɑ̃]		der Wind
	la **pluie** [laplɥi]		der Regen
	emporter qc [ɑ̃pɔʀte]	Le vent ~[3] toutes les affiches, c'est la tempête!	etw. mitnehmen

[1] prend en photo – [2] cette – [3] emporte

une **chaise** [ynʃɛz]		ein Stuhl
mettre qc [mɛtʀ]	Il fait chaud. Je ~[1] un T-shirt.	etw. legen/setzen/stellen; *(hier)* etw. anziehen

mettre: je mets, tu mets, il/elle/on met, nous mettons, vous mettez, ils/elles mettent

voir qc [vwaʀ]		etw. sehen

voir: je vois, tu vois, il/elle/on voit, nous voyons, vous voyez, ils/elles voient

venir [vəniʀ]		kommen

venir: je viens, tu viens, il/elle/on vient, nous venons, vous venez, ils/elles viennent

venir chercher qn [vəniʀʃɛʀʃe]	Qui ~[2] me chercher à la gare?	jdn. abholen kommen
2 **cent cinquante** [sɑ̃sɛ̃kɑ̃t]	= 150	hundertfünfzig
le/la **même** [lə/lamɛm]		der/die/dasselbe
tu pourrais [typuʀɛ]	~ faire un peu attention!	du könntest *(Form des Verbs «pouvoir»)*
un **dictionnaire** [ɛ̃diksjɔnɛʀ]	Tu ne comprends pas ce mot? Regarde dans ~!	ein Wörterbuch
terminer qc [tɛʀmine]	≠ commencer	etw. beenden
kenavo [kɛnavo]		Auf Wiedersehen! *(auf Bretonisch)*
mille [mil]		tausend
un **bisou** [bizu]	→ une bise	ein Küsschen

Pratique

2 une **aventure** [ynavɑ̃tyʀ]		ein Abenteuer
Khaled [kalɛd]		Khaled *(französischer Sänger arabischer Herkunft)*
Toulouse [tuluz]		Toulouse *(Stadt in Südwestfrankreich)*
5 un **nombre** [ɛ̃nɔ̃bʀ]		eine Zahl
6 **êtes-vous** … ? [ɛtvu]	→ vous êtes	seid ihr … /sind Sie … ?
un/une **journaliste** [ɛ̃/ynʒuʀnalist]	~ écrit pour des journaux.	ein Journalist/eine Journalistin

⟨Album⟩ La mer

un **poème** [ɛ̃pɔɛm]		ein Gedicht

[1] mets – [2] vient

- Die Zahlen verweisen auf das erstmalige Vorkommen der Wörter, z. B.
  une **forme I 3A,** 3 eine Form = Band **1**, **Leçon 3**, Lektionsteil **A**, Übung **3**.
  A = Lektionsteil A; **B** = Lektionsteil B; **E** = Lektionsteil *Entrée;* **Z** = Lektionsteil *Album.*
  Steht hinter der Lektionszahl kein Buchstabe, so wird das betreffende Wort im Textteil der Lektion eingeführt,
  z. B. **facile I 4** leicht = Band 1, Leçon 4, Text.
- Das Zeichen ⟨ ⟩ bedeutet, dass das Wort an dieser Stelle nur rezeptiv bzw. fakultativ eingeführt und in den folgenden Lektionen nicht als bekannt vorausgesetzt wird.
- Grammatische Basiswörter wie z. B. die Subjektpronomen *je, tu,* … usw. sowie die auf den Seiten selbst erklärten Wörter werden in der folgenden Liste nicht aufgeführt.

A

à [a] in **I 1**
  à Paris [apaʀi] in Paris **I 1**
  à deux [adø] zu zweit **I 4, 6**
  de … à von … bis **I 5E**
  à six heures [asizœʀ] um sechs Uhr **I 5**
  C'est à qui? [sɛtaki] Wer ist an der Reihe? **I 8, 8**
  C'est à moi. [sɛtamwa] Ich *(betont)* bin an der Reihe. **I 8, 8**
  au collège [okɔlɛʒ] im «Collège» **⟨I 1Z⟩**
  au club de dessin [oklœbdədesɛ̃] in der Zeichen-AG **I 4E**
accompagner qn [akõpaɲe] jdn. begleiten **I 8E**
un **accueil** [ɛ̃nakœj] ein Empfang/eine Rezeption **⟨I 1Z⟩**
acheter qc [aʃte] etw. kaufen **I 8**
un **acteur**/une **actrice** [ɛ̃naktœʀ/ynaktʀis] ein Schauspieler/eine Schauspielerin **I 5, 14**
une **activité** [ynaktivite] eine Tätigkeit *(hier)* eine Freizeitbeschäftigung **I 4E**
adorer qc [adɔʀe] etw. sehr gerne mögen **⟨I 4Z⟩; ⟨I 9A⟩**
une **adresse** [ynadʀɛs] eine Adresse **I 3A**
une **affaire** [ynafɛʀ] eine Sache/eine Angelegenheit **I 8**
une **affiche** [ynafiʃ] ein Plakat/Poster **I 2**
l'**âge** *(m.)* [laʒ] das Alter **I 4**
  Tu as quel âge? [tyakɛlaʒ] Wie alt bist du? **I 4**
aider qn [ede] jdm. helfen **I 6A**
aimer qc [eme] etw. lieben/mögen **I 2**
  aimer faire qc [emefɛʀ] etw. gerne tun **⟨I 4Z⟩ ; I 6B**
à la maison [alamɛzõ] zu Hause **I 4E**
un **album** [ɛ̃nalbɔm] ein Album **⟨I 1Z⟩**
allemand [almɑ̃] deutsch; Deutsch *(als Unterrichtsfach)* **I 1**
  en allemand [ɑ̃nalmɑ̃] auf Deutsch **I 1**
aller [ale] gehen/fahren **I 5E**
  aller chez qn [aleʃe] zu jdm. *(nach Hause)* gehen **I 5E**
  aller au cinéma [aleosinema] ins Kino gehen **I 5E**
  aller faire qc [alefɛʀ] etw. tun werden **I 6E**
  On y va! [õniva] Gehen wir!/Auf geht's! **I 6B**
  aller chercher qc [aleʃɛʀʃe] etw. holen **I 6B**
  Comment allez-vous? [komɑ̃talevu] Wie geht es Ihnen? **I 8E**
  Ça va? [sava] Wie geht's? **I 1**
Allô? [alo] Hallo? *(am Telefon)* **I 3A**
alors [alɔʀ] nun/jetzt/dann **I 4**
  Ça alors! [saalɔʀ] Na sowas! **⟨I 9A, 3⟩**
un **ami** [ɛ̃nami] ein Freund **⟨I 3Z⟩**
  un ami/une amie [ɛ̃nami/ynami] ein Freund/eine Freundin **I 5**
  un faux ami [ɛ̃fozami] ein falscher Freund **I 8, 3**
un **an** [ɛ̃nɑ̃] ein Jahr **I 4**
  avoir douze ans [avwaʀduzɑ̃] zwölf Jahre alt sein **I 4**
anglais/anglaise [ɑ̃glɛ/ɑ̃glɛz] englisch **I 8**
  en anglais [ɑ̃nɑ̃glɛ] auf Englisch **I 8**
un **animal**/des **animaux** [ɛ̃nanimal/dezanimo] ein Tier/Tiere **⟨I 3Z⟩; I 4, 8**
une **année** [ynane] ein Jahr **I 8**
un **anniversaire** [ɛ̃nanivɛʀsɛʀ] ein Geburtstag **I 7E**
  Bon anniversaire! [bɔnanivɛʀsɛʀ] Alles Gute zum Geburtstag! **I 7**
une **annonce** [ynanõs] eine Anzeige/Annonce **I 3E**
août *(m.)* [ut] August **I 7, 6**
un **appareil** [ɛ̃napaʀɛj] ein Apparat, ein Gerät **I 8E**
  un appareil photo [ɛ̃napaʀɛjfoto] ein Fotoapparat **I 8**
un **appartement** [ɛ̃napaʀtəmɑ̃] eine Wohnung **I 3E**
il s'appelle [ilsapɛl] er heißt **I 4, 10**
  je m'appelle [ʒəmapɛl] ich heiße **I 1E**
  Tu t'appelles comment? [tytapɛlkɔmɑ̃] Wie heißt du? **I 1**
  Emma appelle Thomas [apəl] *(hier)* ruft … an **I 5**
apprendre qc par cœur [apʀɑ̃dʀ] etw. auswendig lernen **I 6B, 10**
appuyer [apɥije] drücken **⟨I 8Z⟩**
après [apʀɛ] nach/danach **I 5**
un **après-midi** [ɛ̃napʀɛmidi] ein Nachmittag **I 4**
à propos [apʀɔpo] übrigens **I 2E**
à propos de [apʀɔpodə] bezüglich, in Bezug auf **I 2E**
arabe/arabe [aʀab] arabisch **⟨I 9A⟩**
un **arbre** [ɛ̃naʀbʀ] ein Baum **I 2**
l'**argent** *(m.)* [laʀʒɑ̃] das Geld **⟨I 9A⟩**
arrêter qn [aʀɛte] jdn. anhalten/festnehmen **I 5**
  Arrêtez! [aʀɛte] Hört auf! **I 8**
arriver [aʀive] (an)kommen **I 4**
assez (de) [asedə] genug/genügend **I 8**
une **assiette** [ynasjɛt] ein Teller **I 3B**
une **association sportive** [ynasosjasjõspɔʀtiv] ein Sportverein **⟨I 4Z⟩**
Atchoum! [atʃum] Hatschi! **⟨I 8Z⟩**
un **atelier** [ɛ̃natəlje] eine Werkstatt **⟨I 4Z⟩**
attacher qc [ataʃe] etw. (fest)binden **I 4**
attendre qn [atɑ̃dʀ] auf jdn. warten/jdn. erwarten **I 8**
Attention! [atɑ̃sjõ] Achtung!/Vorsicht! **I 4**
  l'attention [latɑ̃sjõ] die Aufmerksamkeit **I 4**
  faire attention [fɛʀatɑ̃sjõ] aufpassen/Acht geben **I 5**

attraper qn [atʀape] jdn. (ein)fangen/erwischen **I 5**
une **auberge de jeunesse** [ynobɛʀʒdəʒœnɛs] eine Jugendherberge **I 8E**
aujourd'hui [oʒuʀdɥi] heute **I 4**
aussi [osi] auch **I 2E**
l'**automne** *(m.)* [lotɔn] der Herbst **I 7,** 6
en automne [ɑ̃notɔn] im Herbst **I 7,** 6
un **autre**/une **autre** [ɛ̃notʀ/ynotʀ] ein anderer/eine andere **I 6B**
avec [avɛk] mit **I 1**
une **aventure** [ynavɑ̃tyʀ] ein Abenteuer ⟨**I 9B,** 2⟩
avoir [avwaʀ] haben **I 4**
Tu as quel âge? [tyakɛlaʒ] Wie alt bist du? **I 4**
avoir peur [avwaʀpœʀ] Angst haben **I 4**
avoir envie [avwaʀɑ̃vi] Lust haben **I 4**
avoir douze ans [avwaʀduzɑ̃] zwölf Jahre alt sein **I 4**
avoir rendez-vous [avwaʀʀɑ̃devu] eine Verabredung/einen Termin haben **I 4,** 3
avoir peur de faire qc [avwaʀpœʀdəfɛʀ] Angst haben etw. zu tun **I 6B**
avoir un chat dans la gorge [avwaʀɛ̃ʃadɑ̃lagɔʀʒ] einen Frosch im Hals haben *(Redensart)*/einen rauen Hals haben **I 6B**
avoir envie de faire qc [avwaʀɑ̃vi] Lust haben etw. zu tun **I 6B**
avoir faim *(f.)* [avwaʀfɛ̃] Hunger haben **I 8**
avoir besoin de qc/de faire qc [avwaʀbəswɛ̃] etw. brauchen/tun müssen ⟨**I 8Z**⟩
avril *(m.)* [avʀil] April **I 7,** 6

B

un **banc** [ɛ̃bɑ̃] eine (Sitz)Bank **I 2**
la **banlieue** [labɑ̃ljø] der Vorort/Vorstadtbereich **I 3A**
en **bas** [ɑ̃ba] unten/nach unten **I 4**
un **bateau**/des **bateaux** [ɛ̃bato/debato] ein Boot/Boote ⟨**I 9E**⟩
une **BD**/des **BD** [ynbede/debede] ein Comic(-Heft)/Comics ⟨**I 2Z**⟩; **I 5**
beaucoup [boku] viel/sehr **I 7**
beaucoup de monde [bokudmɔ̃d] viele Leute **I 7**
beaucoup de [bokudə] viel(e) *(bei Mengen)* **I 7**
belge [bɛlʒ] belgisch **I 8,** 5
un **Belge**/une **Belge** [ɛ̃/ynbɛlʒ] ein Belgier/eine Belgierin **I 8,** 5
Ben [bɛ̃] nun ja **I 2**
bête [bɛt] dumm **I 7**
une **bibliothèque** [ynbiblijotɛk] eine Bibliothek ⟨**I 1Z**⟩; **I 6B,** 7
bien [bjɛ̃] *(hier)* wohl *(bei einer Nachfrage)* **I 6B**
bien [bjɛ̃] gut **I 2,** 3
Ça va bien. [savabjɛ̃] Es geht (mir) gut. **I 1**
A bientôt! [abjɛ̃to] Bis bald! **I 8E**
Bienvenue! [bjɛ̃vny] Willkommen! **I 1**
un **bijou**/des **bijoux** [ɛ̃biʒu/debiʒu] ein Schmuckstück/Schmuck ⟨**I 9A**⟩
bilingue/bilingue [bilɛ̃g] zweisprachig **I 8**
un **billet** [ɛ̃bijɛ] eine Fahrkarte **I 7**
une **bise** *(fam.)* [ynbiz] ein Kuss *(ugs.)* **I 8**
faire la bise à qn *(fam.)* [fɛʀlabiz] jdn. mit Wangenkuss begrüßen/verabschieden *(ugs.)* **I 8**
un **bisou** [bizu] ein Küsschen ⟨**I 9B**⟩
bizarre [bizaʀ] komisch/merkwürdig **I 1**
blanc/blanche [blɑ̃/blɑ̃ʃ] weiß **I 7**
bleu/bleue [blø] blau **I 7**
un **bloc à dessin** [ɛ̃blɔkadəsɛ̃] ein Zeichenblock **I 2**
Bof! [bɔf] Na ja!/Ach! *(ugs.)* **I 1,** 3
boire qc [bwaʀ] etw. trinken **I 7**
boire à qc auf etw. trinken/anstoßen **I 7**
bon/bonne [bɔ̃/bɔn] gut **I 7**
Ah, bon? [abɔ̃] Ach ja?/Wirklich? **I 3A**
la bonne forme [labɔnfɔʀm] die richtige Form **I 3A,** 3
le bon ordre [ləbɔnɔʀdʀ] die richtige Reihenfolge **I 4,** 1
Bonjour! [bɔ̃ʒuʀ] Guten Tag! **I 1E**
Bonsoir. [bɔ̃swaʀ] Guten Abend. **I 8E**
au bord de qc [obɔʀdə] am Rande von etw. ⟨**I 9A**⟩
un **bouchon** [ɛ̃buʃɔ̃] *(hier)* ein Verkehrsstau **I 5**
bouger [buʒe] sich bewegen **I 6A**
une **boule** [ynbul] eine Kugel **I 7**
bousculer qn [buskyle] jdn. anrempeln **I 5**
une **bouteille** [ynbutɛj] eine Flasche **I 2**
un **bouton** [ɛ̃butɔ̃] ein Knopf ⟨**I 8Z**⟩
une **branche** [ynbʀɑ̃ʃ] ein Ast ⟨**I 3Z**⟩
Bravo! [bʀavo] Bravo! **I 6B**
breton/bretonne [bʀətɔ̃/bʀətɔn] bretonisch ⟨**I 9A**⟩
un **bruit** [ɛ̃bʀɥi] ein Geräusch/ein Lärm ⟨**I 8Z**⟩
un **bus** [ɛ̃bys] ein Bus **I 5**

C

ça [sa] das **I 2**
C'est ça. [sɛsa] Ganz genau. ⟨**I 8Z**⟩
Ça alors! [saalɔʀ] Na sowas! ⟨**I 9A,** 3⟩
Ça va? [sava] Wie geht's? **I 1**
Ça va bien. [savabjɛ̃] Es geht (mir) gut. **I 1**
un **cadeau**/des **cadeaux** [ɛ̃kado] ein Geschenk/Geschenke **I 7**
un **cahier** [ɛ̃kaje] ein Heft **I 2,** 3
une **caisse** [ynkɛs] eine Kasse **I 5**
un **calendrier** [ɛ̃kalɑ̃dʀije] ein Kalender **I 8**
une **caméra** [ynkameʀa] eine (Film-)Kamera **I 6B**
la **campagne** [lakɑ̃paɲ] das Land *(im Gegensatz zur Stadt)* **I 7E**
une **cantine** [ynkɑ̃tin] eine Kantine ⟨**I 1Z**⟩; **I 5E**
car [kaʀ] denn **I 7,** 7
une **carte** [ynkaʀt] eine Karte *(hier)* eine Spielkarte **I 6A,** 2
une carte postale [ynkaʀtpɔstal] eine Postkarte ⟨**I 9A**⟩
un **carton** [ɛ̃kaʀtɔ̃] ein Karton **I 2**
un **casque** [ɛ̃kask] ein Sturz-/Schutzhelm **I 4**
une **cathédrale** [ynkatedʀal] eine Kathedrale ⟨**I 9B**⟩
un **CD**/des **CD** [ɛ̃sede] eine CD/CDs **I 4,** 11
un **CDI** *(un centre de documentation et d'information)* ein CDI *(Dokumentations- und Informationsstelle einer Schule)* ⟨**I 1Z**⟩; ⟨**I 4Z**⟩; **I 6A,** 3
ce, cet, cette, ces [sə/sɛt/se] diese(r), dieses *(Demonstrativbegleiter)* ⟨**I 9B**⟩
ce soir [ʃəswaʀ] heute Abend ⟨**I 9A,** 2⟩
un **centime** [ɛ̃sɑ̃tim] ein Cent **I 8**
une **chaise** [ynʃɛz] ein Stuhl ⟨**I 9B**⟩
un **chalet** [ɛ̃ʃalɛ] eine (Berg)Hütte ⟨**I 9E**⟩
une **chambre** [ynʃɑ̃bʀ] ein Schlafzimmer **I 3E**

le **champagne** [ləʃɑ̃paɲ] der Champagner I 7
la **chance** [laʃɑ̃s] das Glück/die Chance I 5E
Quelle chance! [kɛlʃɑ̃s] Welch ein Glück! I 5E
changer [ʃɑ̃ʒe] wechseln; *(hier)* umsteigen I 7
changer de train [ʃɑ̃ʒedətʀɛ̃] umsteigen, den Zug wechseln I 7
une **chanson** [ynʃɑ̃sõ] ein Lied I 7
chanter [ʃɑ̃te] singen I 7
chaque, chaque [ʃak] jeder/jede/jedes + *Nomen* ⟨I 9B⟩
un **chat** [ɛ̃ʃa] eine Katze I 1
avoir un chat dans la gorge [avwaʀɛ̃ʃadɑ̃lagɔʀʒ] einen Frosch im Hals haben *(Redensart)*/einen rauen Hals haben I 6B
chaud/chaude [ʃo/ʃod] warm, heiß ⟨I 9A⟩
il fait chaud [ilfɛʃo] es ist warm/heiß ⟨I 9A⟩
un **chemin** [ɛ̃ʃəmɛ̃] ein Weg I 5, 12
une **chemise** [ynʃəmiz] ein Hemd I 7
un **chèque** [ɛ̃ʃɛk] ein Scheck ⟨I 9A⟩
faire un chèque [fɛʀɛ̃ʃɛk] einen Scheck ausstellen ⟨I 9A⟩
cher/chère [ʃɛʀ] lieb/teuer I 8E
Chère Madame, Liebe Frau … *(Anrede im Brief)* I 8E
chercher qc [ʃɛʀʃe] etw. suchen I 2E
aller chercher qc [aleʃɛʀʃe] etw. holen I 6B
venir chercher qn [vəniʀʃɛʀʃe] jdn. abholen kommen ⟨I 9B⟩
chéri/chérie [ʃeʀi] Liebling ⟨I 9A, 2⟩
chez [ʃe] bei I 5E
aller chez qn [aleʃe] zu jdm. *(nach Hause)* gehen I 5E
un **chien** [ɛ̃ʃjɛ̃] ein Hund I 1
une **chose** [ynʃoz] eine Sache I 7
quelque chose [kɛlkəʃoz] etwas I 5
Chut! [ʃyt] Pst! I 1
un **cinéma** [ɛ̃sinema] ein Kino I 5E
le **cirque d'hiver** [ləsiʀkdivɛʀ] der „Cirque d'hiver" *(wörtl. „Winterzirkus")* ⟨I 2Z⟩
une **classe** [ynklas] eine Klasse I 1, 3
en classe [ɑ̃klas] im Unterricht ⟨I 6A, 9⟩
la classe de 5e *(= cinquième)* [la klasdəsɛ̃kjɛm] die fünfte Klasse I 8E
un **club** [ɛ̃klœb] ein Klub; *(hier) eine Freizeitgruppe/AG* I 4E
un club de dessin [ɛ̃klœbdədesɛ̃] eine Zeichengruppe/Zeichen-AG I 4E
un club de lecture [ɛ̃klœbdəlɛktyʀ] eine Lesegruppe/-AG I 7, 16
un **coca** [ɛ̃koka] eine Cola I 8, 13
une **colère** [ynkɔlɛʀ] ein Zorn/eine Wut I 3B
être en colère [ɛtʀɑ̃kɔlɛʀ] wütend sein I 3B
un **collège** [ɛ̃kɔlɛʒ] ein 'Collège' *(weiterführende Schule für alle 11-15-Jährigen)* I 1
coller qc [kɔle] etw. (an)kleben I 2
une **colonie de vacances** [ynkɔlɔnidvakɑ̃s] ein Ferienlager ⟨I 9E⟩
combien (de) [kõbjɛ̃] wie viel I 8
comme [kɔm] als I 6E
comme [kɔm] wie *(beim Vergleich)* I 8E
commencer qc [komɑ̃se] etw. anfangen I 8
comment [kɔmɑ̃] wie I 1
comprendre qc [kõpʀɑ̃dʀ] etw. verstehen I 8
compter qc [kõte] etw. zählen I 4, 2
un **concert** [ɛ̃kõsɛʀ] ein Konzert ⟨I 9B⟩
content/contente [kõtɑ̃/kõtɑ̃t] zufrieden/glücklich I 7
être content/contente de faire qc [ɛtʀəkõtɑ̃/kõtɑ̃t] zufrieden sein/sich freuen etwas zu tun I 8E
continuer [kõtinɥe] weitermachen/fortfahren I 8
le **contraire** (de) [ləkõtʀɛʀ] das Gegenteil (von) I 8, 14
contre [kõtʀ] gegen I 3A, 3
un **copain** *(fam.)* [ɛ̃kɔpɛ̃] ein Freund *(ugs.)* I 3E
une **copine** *(fam.)* [ynkɔpin] eine Freundin *(ugs.)* I 3E
un **coq** [ɛ̃kɔk] ein Hahn I 7E
un **coquillage** [ɛ̃kɔkijaʒ] eine Muschel ⟨I 9E⟩
une **corde** [ynkɔʀd] ein Seil I 4
Cordialement [kɔʀdjalmɑ̃] Herzliche Grüße *(Grußformel in einem persönlichen Brief)* I 8E
correct/correcte [kɔʀɛkt] richtig/korrekt I 8
un **correspondant**/une **correspondante** [ɛ̃kɔʀɛspõdɑ̃/ynkɔʀɛspõdɑ̃t] ein Brieffreund/eine Brieffreundin; ein Austauschpartner/eine Austauschpartnerin ⟨I 9A, 7⟩
à côté [akote] daneben/nebenan ⟨I 9A⟩
à côté de [akotedə] neben ⟨I 9A⟩
une **couleur** [ynkulœʀ] eine Farbe I 7, 13
un **coup de téléphone** [ɛ̃kudətelefɔn] ein (Telefon-)Anruf I 8E
couper qc [kupe] etw. schneiden I 6B
une **cour** [ynkuʀ] ein Hof ⟨I 1Z⟩; I 2
un **cousin**/une **cousine** [ɛ̃kuzɛ̃/ynkuzin] ein Cousin/eine Cousine I 5E
un **crayon** [ɛ̃kʀɛjõ] ein Bleistift I 2
une **crêpe** [ynkʀɛp] eine Crêpe *(dünner Pfannkuchen)* ⟨I 9A, 4⟩
une **crêperie** [ynkʀɛpʀi] eine Crêperie ⟨I 9B⟩
crier [kʀije] schreien I 4
une **croquette** [ynkʀɔkɛt] eine Krokette *(hier) Trockenfutter für Katzen* I 6A
une **cuisine** [ynkɥizin] eine Küche ⟨I 1Z⟩; I 3E
un **cuisinier** [ɛ̃kɥizinje] ein Koch I 5E
un/une **cycliste** [ɛ̃siklist/ynsiklist] ein Radfahrer/eine Radfahrerin ⟨I 9A⟩

D

d'abord [dabɔʀ] zuerst I 3E
d'accord [dakɔʀ] einverstanden/o.k. I 2E
Tu es d'accord? [tyɛdakɔʀ] Bist du einverstanden? I 2
une **dame** [yndam] eine Dame I 5
dans [dɑ̃] in I 2E
dans trois mois [dɑ̃tʀwamwa] in drei Monaten I 3A
dans la rue [dɑ̃laʀy] auf der Straße I 5
la **danse** [ladɑ̃s] das Tanzen/der Tanz I 4
une danse latine [yndɑ̃slatin] ein lateinamerikanischer Tanz ⟨I 4Z⟩
un **danseur**/une **danseuse** [ɛ̃dɑ̃sœʀ/yndɑ̃søz] ein Tänzer/eine Tänzerin ⟨I 9A⟩
une **date** [yndat] ein Datum I 8, 12
de/d' [də/d] von/aus I 1
débuter [debyte] anfangen, Anfänger sein I 4
décembre *(m.)* [desɑ̃bʀ] Dezember I 7, 6
une **découverte** [yndekuvɛʀt] eine Entdeckung ⟨I 9E⟩
déjà [deʒa] schon I 3B

demain [dəmɛ̃] morgen **I 6A**
demander qc à qn [dəmɑ̃de] jdn. etwas fragen **I 6A**
demander à qn si jdn. fragen, ob **I 8**
une **demi-heure** [yndəmijœʀ] eine halbe Stunde **⟨I 9A⟩**
le **départ** [lədepaʀ] die Abfahrt/der Aufbruch **I 8**
depuis [dəpɥi] seit **I 8,** 2
derrière [dɛʀjɛʀ] hinter **I 2**
désirer qc [deziʀe] etw. wünschen **I 8**
un **dessin** [ɛ̃desɛ̃] eine Zeichnung **I 2**
un **dessinateur** [ɛ̃desinatœʀ] ein Zeichner **I 6E**
dessiner qc [desine] etw. zeichnen **I 2**
devant [dəvɑ̃] vor *(örtlich)* **I 2**
un **devoir** [ɛ̃dəvwaʀ] eine (Haus-)Aufgabe **⟨I 6A,** 9**⟩; I 7,** 15
un **dialogue** [ɛ̃djalɔg] ein Dialog **I 1,** 3
un **dictionnaire** [ɛ̃diksjɔnɛʀ] ein Wörterbuch **⟨I 9B⟩**
dieu *(m.)* Gott **I 6A**
Mon Dieu! [mõdjø] Mein Gott! **I 6A**
différent/différente [difeʀɑ̃/difeʀɑ̃t] anders **I 7,** 15
dimanche *(m.)* [dimɑ̃ʃ] Sonntag **⟨I 4Z⟩; I 6E**
dire qc à qn [diʀ] jdm. etw. sagen **I 8**
dire à qn que … jdm. sagen, dass … **I 8**
discuter [diskyte] sich unterhalten/diskutieren **I 3A**
donner qc à qn [dɔne] jdm. etw. geben **I 6A**
dormir [dɔʀmiʀ] schlafen **⟨I 9A⟩**
une **douche** [ynduʃ] eine Dusche **⟨I 1Z⟩**
à droite [adʀwat] (nach) rechts **I 5**
drôle [dʀol] lustig **I 8**

E

l'**eau** *(f.)* [lo] das Wasser **I 7**
une **école** [ynekɔl] eine Schule **⟨I 3Z⟩; I 4E**
écouter qn [ekute] jdm. zuhören **I 3B**
écrire qc [ekʀiʀ] etw. schreiben **I 7**
un **élève**/une **élève** [ɛ̃nelɛv/ynelɛv] ein Schüler/eine Schülerin **I 4**
un **e-mail** [ɛ̃nimɛl] eine E-Mail **I 4,** 8
embrasser qn [ɑ̃bʀase] jdn. küssen/umarmen **⟨I 9A⟩**
emporter qc [ɑ̃pɔʀte] etw. mitnehmen **⟨I 9B⟩**
en *(verschiedene Bedeutungen)* **I 1**
en allemand [ɑ̃nalmɑ̃] auf Deutsch **I 1**
en sport [ɑ̃spɔʀ] in Sport *(Sport als Schulfach)* **I 4**
en plus [ɑ̃plys] außerdem/zusätzlich **I 4**
en roller [ɑ̃ʀɔlœʀ] auf Rollschuhen **I 4,** 12
en classe [ɑ̃klas] im Unterricht **⟨I 6A,** 9**⟩**
en voiture [ɑ̃vwatyʀ] mit dem Auto **I 7**
en été [ɑ̃nete] im Sommer **I 7,** 6
en ville [ɑ̃vil] in der Stadt **⟨I 9E⟩**
en vacances in den Ferien **⟨I 9A,** 2**⟩**
encore [ɑ̃kɔʀ] noch/schon wieder **I 4,** 11
un **enfant** [ɛ̃nɑ̃fɑ̃] ein Kind **I 3A,** 3
enfin [ɑ̃fɛ̃] schließlich/endlich **I 5**
être **enrhumé** [ɑ̃ʀyme] Schnupfen haben/erkältet sein **⟨I 8Z⟩**
ensemble [ɑ̃sɑ̃bl] zusammen **I 1**
entendre qc [ɑ̃tɑ̃dʀ] etw. hören **I 8**
entre [ɑ̃tʀ] zwischen **⟨I 9A⟩**
une **entrée** [ynɑ̃tʀe] ein Eingang **I 1E**
entrer [ɑ̃tʀe] eintreten/betreten/hereinkommen **I 2**
avoir **envie** [avwaʀɑ̃vi] Lust haben **I 4**
avoir envie de faire qc [avwaʀɑ̃vi] Lust haben etw. zu tun **I 6B**
l'**escalade** *(f.)* [lɛskalad] das Klettern **I 4E**
un mur d'escalade [ɛ̃myʀdɛskalad] eine Kletterwand **I 4**
un **escalier** [ɛ̃nɛskalje] eine Treppe **⟨I 1Z⟩**
espagnol/espagnole [ɛspaɲɔl] spanisch **I 7E**
est-ce que [ɛskə] *Frageformel* **I 5**
et [e] und **I 1E**
un **étage** [ɛ̃netaʒ] ein Stockwerk/eine Etage **I 3E**
une **étagère** [ynetaʒɛʀ] ein Regal **I 2**
l'**été** *(m.)* [lete] der Sommer **I 7,** 6
être [ɛtʀ] sein **I 3A**
Christian est de Berlin. [kʀistjɑ̃nɛdəbɛʀlɛ̃] Christian **ist** aus Berlin **I 1**
je suis [ʒəsɥi] ich bin **I 1E**
tu es [tyɛ] du bist **I 1**
euh [ø] äh … *(Ausdruck des Zögerns)* **I 1**
un **euro**/des **euros** [ɛ̃nøʀo/dezøʀo] ein Euro **I 7,** 8
européen/européenne [øʀɔpeɛ̃/øʀɔpeɛn] europäisch **⟨I 8Z⟩**
éviter qc [evite] etw. vermeiden **I 7,** 17
un **exemple** [ɛ̃nɛgzɑ̃pl] ein Beispiel **I 1,** 1
un **exercice** [ɛ̃nɛgzɛʀsis] eine Übung **I 4**
expliquer qc à qn [ɛksplike] jdm. etw. erklären **I 8**
exploser [ɛksploze] explodieren *(hier)* ausbrechen **⟨I 8Z⟩**

F

facile [fasil] leicht **I 4**
avoir **faim** *(f.)* [avwaʀfɛ̃] Hunger haben **I 8**
faire qc [fɛʀ] etw. machen **I 4E**
Que fait Christian? [kəfɛkʀistjɑ̃] Was macht Christian? **I 2**
faire du sport [fɛʀdyspɔʀ] Sport treiben **I 4E**
faire attention [fɛʀatɑ̃sjõ] aufpassen/achtgeben **I 5**
il fait chaud [ilfɛʃo] es ist warm/heiß **⟨I 9A⟩**
une **famille** [ynfamij] eine Familie **I 3A**
une **faute** [ynfot] ein Fehler **I 7,** 17
faux [fo] falsch **I 2,** 1
une **femme** [ynfam] eine Frau/Ehefrau **I 3B**
une **fête** [ynfɛt] ein Fest **I 4,** 11
un **feu d'artifice** [ɛ̃fødaʀtifis] ein Feuerwerk **⟨I 9B⟩**
février *(m.)* [fevʀije] Februar **I 7,** 6
une **fille** [ynfij] ein Mädchen **I 1**
un **film** [ɛ̃film] ein Film **I 5,** 13
une **fleur** [ynflœʀ] ein Blume **⟨I 8Z⟩**
une **flûte** [ynflyt] eine Flöte **I 3B**
une **fois** [ynfwa] einmal **I 4,** 11
36 fois *(fam.)* [tʀɑ̃tsifwa] zig Mal *(ugs.)* **I 6B**
le **foot** [ləfut] der Fußball *(als Sportart)* **I 4E**
jouer au foot [ʒweofut] Fußball spielen **I 4**
une **forme** [ynfɔʀm] eine Form **I 3A,** 3
la bonne forme [labɔnfɔʀm] die richtige Form **I 3A,** 3
fou [fu] verrückt **I 6B**
un **foyer socio-éducatif** [ɛ̃fwajesosjoedykatif] *(hier)* Beschäftigungsangebote **⟨I 4Z⟩**
français [fʀɑ̃sɛ] französisch **I 1,** 7
français/française [fʀɑ̃sɛ/fʀɑ̃sɛz] französisch **I 7E**
le français [ləfʀɑ̃sɛ] das Französische **⟨I 9A⟩**
un **frère** [ɛ̃fʀɛʀ] ein Bruder **I 3A,** 4
des **frites** *(f. pl.)* Pommes frites **I 8**

G

un **garçon** [ɛ̃gaʀsõ] ein Junge **I 1**
une **gare** [yngaʀ] ein Bahnhof **I 7**
un **gâteau**/des **gâteaux** [ɛ̃gato/degato] ein Kuchen/Kuchen **I 7**
à **gauche** [agoʃ] (nach) links **I 5**
génial *(fam.)* [ʒenjal] genial/super/toll *(ugs.)* **I 6B**
une **gomme** [yngɔm] ein Radiergummi **I 2**
grand/grande [gʀɑ̃/gʀɑ̃d] groß **I 7E**
une **grand-mère** [yngʀɑ̃mɛʀ] eine Großmutter **I 7**
un **grand-père** [ɛ̃gʀɑ̃pɛʀ] ein Großvater **⟨I 9A⟩**
des **grands-parents** *(m.)* [degʀɑ̃paʀɑ̃] Großeltern **I 7**
Ce n'est pas **grave.** [sənɛpagʀav] Das ist nicht schlimm. **I 4**
grimper [gʀɛ̃pe] klettern **I 4**
gris/grise [gʀi/gʀiz] grau **I 7, 4**
un **groupe** [ɛ̃gʀup] eine Gruppe **I 4**
une **guitare** [yngitaʀ] eine Gitarre **I 3A**
une guitare électrique [yngitaʀelɛtʀik] eine elektrische Gitarre **I 3A**
un **gymnase** [ɛ̃ʒimnaz] eine Turnhalle **⟨I 1Z⟩; I 4**

H

habiter [abite] wohnen **I 3E**
en **haut** [ɑ̃o] oben/nach oben **I 4**
Hein? *(fam.)* [ɛ̃] Wie? *(ugs.)* **I 2**
…, hein? [ɛ̃] … ja?/… nicht wahr? **I 4**
une **heure** [ynœʀ] eine Stunde **I 5**
Il est quelle heure? [ilɛkɛlœʀ] Wie viel Uhr ist es? **I 5, 11**
A quelle heure? [akɛlœʀ] Um wie viel Uhr? **I 5, 11**
Vous avez l'heure? [vuzavelœʀ] Wieviel Uhr ist es? **I 5**
une heure et quart [ynœʀekaʀ] Viertel nach eins **I 5**
une heure et demie [ynœʀedəmi] halb zwei **I 5**
une heure [ynœʀ] ein Uhr **I 5**
deux heures moins le quart [døzœʀmwɛ̃lkaʀ] Viertel vor zwei **I 5**
à six heures [asizœʀ] um sechs Uhr **I 5**
une **histoire** [ynistwaʀ] eine Geschichte **I 3B**
l'**hiver** *(m.)* [livɛʀ] der Winter **I 7, 6**
en hiver [ɑ̃nivɛʀ] im Winter **I 7, 6**
un **homme** [ɛ̃nɔm] ein Mann **I 5**
un **horaire** [ɛ̃nɔʀɛʀ] ein Fahrplan/ein Stundenplan **I 7, 8**
C'est **l'horreur!** [sɛlɔʀœʀ] Es ist schrecklich/grässlich! **I 3A, 6**
un **hôtel** [ɛ̃notɛl/ɛ̃nɔtɛl] ein Hotel **I 5, 12**
un **hôtel de ville** [ɛ̃notɛldəvil] ein Rathaus **I 5, 12**

I

ici [isi] hier **I 2**
une **idée** [ynide] eine Idee **I 3A**
il y a [ilja] es gibt/es ist/es sind **I 3E**
une **image** [ynimaʒ] ein Bild **I 5, 15**
une **information** [ynɛ̃fɔʀmasjõ] eine Information **I 8E**
l'**informatique** *(f.)* [lɛ̃fɔʀmatik] die Informatik **⟨I 4Z⟩**
Internet *(m.)* Internet *(n.)* **I 3B**
sur Internet [syʀɛ̃tɛʀnɛt] im Internet **I 3B**
une **interview** [ynɛ̃tɛʀvju] ein Interview **I 3A, 4**
inviter qn [ɛ̃vite] jdn. einladen **I 6B, 4**

J

janvier *(m.)* [ʒɑ̃vje] Januar **I 7, 6**
jaune [ʒon] gelb **I 7, 4**
un **jean** [ɛ̃dʒin] eine Jeans/ein Paar Jeans **⟨I 9A⟩**
un **jeu** [ɛ̃ʒø] ein Spiel **I 1, 4**
un jeu vidéo/des jeux vidéo [ɛ̃ʒøvideo] ein Videospiel **I 4E**
jeudi *(m.)* [ʒødi] Donnerstag **⟨I 4Z⟩; I 7**
joli/jolie [ʒoli] hübsch **I 7**
jouer [ʒwe] spielen **I 3A**
jouer au foot [ʒweofut] Fußball spielen **I 4**
jouer aux cartes [ʒweokaʀt] Karten spielen **I 6A, 2**
jouer de [ʒwedə] spielen *(Instrument)* **I 7**
jouer à [ʒwea] spielen *(Spiel)* **I 7**
un **jour** [ɛ̃ʒuʀ] ein Tag **I 3A**
un jour [ɛ̃ʒuʀ] eines Tages **I 3A**
un **journal**/des **journaux** [ɛ̃ʒuʀnal/deʒuʀno] eine Zeitung/Zeitungen; *(hier)* ein Tagebuch **I 7**
un/une **journaliste** [ɛ̃/ynʒuʀnalist] ein Journalist/eine Journalistin **⟨I 9B, 6⟩**
une **journée** [ynʒuʀne] ein Tag/ein Tagesablauf **I 5, 4**
juillet *(m.)* [ʒɥijɛ] Juli **I 7, 6**
juin *(m.)* [ʒɥɛ̃] Juni **I 7, 6**
jusque [ʒysk] bis **⟨I 9A⟩**
jusqu'à dix heures [ʒyskadizœʀ] bis 10 Uhr **⟨I 9A⟩**
jusqu'à Port Blanc [ʒyskapɔʀblɑ̃] bis nach Port Blanc **⟨I 9B⟩**

K

un **kilomètre** [ɛ̃kilɔmɛtʀ] ein Kilometer **⟨I 9A⟩**
à cinq kilomètres de [asɛ̃kilɔmɛtʀdə] fünf Kilometer entfernt von **⟨I 9A⟩**

L

là [la] da/dort **I 2**
un **labo photo** *(ugs.)* [ɛ̃labofoto] ein Fotolabor *(ugs.)* **⟨I 1Z⟩**
une **langue** [ynlɑ̃g] eine Sprache **I 8**
la **lecture** [lalɛktyʀ] die Lektüre/das Lesen **⟨I 4Z⟩; I 7, 16**
le **lendemain** [ləlɑ̃dmɛ̃] am darauf folgenden Tag **I 8**
une **lettre** [ynlɛtʀ] ein Brief **I 8E**
une **librairie** [ynlibʀɛʀi] eine Buchhandlung **⟨I 2Z⟩; I 5**
une **ligne** [ynliɲ] eine (Verkehrs)Linie **I 5**
lire qc [liʀ] etw. lesen **I 7**
une **liste** [ynlist] eine Liste **I 2, 12**
un **lit** [ɛ̃li] ein Bett **I 3A**
un **livre** [ɛ̃livʀ] ein Buch **⟨I 4Z⟩; I 5**
un livre de cuisine [ɛ̃livʀdəkɥizin] ein Kochbuch **I 5**
long/longue [lõ/lõg] lang **I 7**
lundi *(m.)* [lɛ̃di] Montag **⟨I 4Z⟩; I 7, 6**

M

une **machine** [ynmaʃin] eine Maschine **I 6A, 5**
une **madame** [madam] eine Dame **I 1**
mademoiselle [madmwazɛl] Fräulein … **I 1, 3**
un **magasin** [ɛ̃magazɛ̃] ein Geschäft/Laden **I 2**
mai *(m.)* [mɛ] Mai **I 7**
le 15 mai [ləkɛ̃zmɛ] der 15. Mai **I 7, 6**
un **maillot de bain** [ɛ̃majodbɛ̃] ein Badeanzug/eine Badehose **⟨I 9A⟩**
maintenant [mɛ̃tnɑ̃] jetzt **I 2**
mais [mɛ] aber **I 1**
une **maison** [ynmɛzõ] ein Haus **I 3E**
Ce n'est pas **mal.** [sənɛpamal] das ist nicht schlecht **I 4**
Ça va mal. [savamal] Es geht schlecht. **I 1, 3**
avoir **mal** au ventre [avwaʀmalovɑ̃tʀ] Bauchweh haben **⟨I 9A⟩**

maman *(f.)* [mamɑ̃] Mama/Mutti **I 3E**
mamie *(f.) (fam.)* [mami] Oma *(ugs.)* **I 7**
manger qc [mɑ̃ʒe] etw. essen **I 6A**
un **marché** [ɛ̃maʀʃe] ein Markt **⟨I 3Z⟩; ⟨I 9A⟩**
mardi *(m.)* [maʀdi] Dienstag **⟨I 4Z⟩; I 7,** 6
une **marelle** [ynmaʀɛl] „Himmel und Hölle" *(ein Hüpfspiel)* **⟨I 1Z⟩**
un **mari** [ɛ̃maʀi] ein Ehemann **I 3B**
marocain/marocaine [maʀɔkɛ̃/maʀɔkɛn] marokkanisch **⟨I 9A⟩**
marquer qc [maʀke] etw. markieren/anzeigen *(hier)* schreiben **I 2**
marron [maʀõ] (kastanien)braun **I 7,** 4
mars *(m.)* [maʀs] März **I 7,** 6
un **matin** [ɛ̃matɛ̃] ein Morgen **⟨I 6Z⟩; ⟨I 9A⟩**
le matin [ləmatɛ̃] morgens **⟨I 9A⟩**
mauvais/mauvaise [movɛ/movɛz] schlecht **I 7**
un **médecin** [ɛ̃mɛdsɛ̃] ein Arzt/eine Ärztin **I 6E**
le/la **même** [lə/lamɛm] der/die/dasselbe **⟨I 9B⟩**
même [mɛm] sogar **⟨I 9A⟩**
la **mer** [lamɛʀ] das Meer **⟨I 9E⟩**
au bord de la mer [obɔʀdlamɛʀ] am Meer **⟨I 9A⟩**
Merci. [mɛʀsi] Danke. **I 1**
mercredi *(m.)* [mɛʀkʀədi] Mittwoch **I 4**
le mercredi après-midi [ləmɛʀkʀədiapʀɛmidi] mittwochnachmittags **I 4**
une **mère** [ynmɛʀ] eine Mutter **I 6A,** 5
un **métier** [ɛ̃metje] ein Beruf **I 6E**
le **métro** [ləmetʀo] die Metro/U-Bahn in Paris **I 5**
mettre qc [mɛtʀ] etw. legen/setzen/stellen; *(hier)* etw. anziehen **⟨I 9B⟩**
un **meuble** [ɛ̃mœbl] ein Möbel **⟨I 3Z⟩**
midi Mittag **I 5E**
à midi [amidi] um 12 Uhr mittags/mittags **I 5E**
mille [mil] tausend **⟨I 9B⟩**
en **miniature** [ɑ̃minjatyʀ] im Kleinformat **⟨I 8Z⟩**
minuit [minɥi] Mitternacht, 12 Uhr nachts **I 5E**
moi [mwa] ich *(betont)* **I 1E**
C'est à moi. [sɛtamwa] Ich *(betont)* bin an der Reihe. **I 8,** 8
un **mois** [ɛ̃mwa] ein Monat **I 3A**
un **monsieur** [ɛ̃məsjø] ein Herr **I 1**
une **montagne** [ynmõtaɲ] ein Berg **⟨I 4Z⟩; ⟨I 9E⟩**
monter [mõte] steigen/einsteigen **I 5**
un **mot** [ɛ̃mo] ein Wort **I 1,** 4
un **mot-clé** [ɛ̃mokle] ein Schlüsselwort **I 7,** 10
se moucher [səmuʃe] sich schneuzen/die Nase putzen **⟨I 8Z⟩**
un **moyen de transport** [ɛ̃mwajɛ̃dətʀɑ̃spɔʀ] ein Verkehrsmittel **⟨I 5, 2⟩**
un **mur** [ɛ̃myʀ] eine Mauer **I 4**
un mur d'escalade [ɛ̃myʀdɛskalad] eine Kletterwand **I 4**
la **musique** [lamyzik] die Musik **I 3A**
la musique rock [lamyzikʀɔk] die Rockmusik **I 3A**

N

elle est née le 31 mars [ɛlene] sie wurde am 31. März geboren **⟨I 5Z⟩**
la **natation** [lanatasjõ] das Schwimmen **I 4E**
la **nature** [lanatyʀ] die Natur **I 2**
ne ... pas [nə ... pa] nicht **I 4**
ne ... plus [nə ... ply] nicht mehr **I 6A**
ne ... rien [nə ... ʀjɛ̃] nichts **I 6A**
ne ... jamais [nə ... ʒamɛ] nie/niemals **I 6A**
ne ... pas de [nəpadə] kein/keine *(bei Mengen)* **I 7**
noir/noire [nwaʀ] schwarz **I 7**
un **nom** [ɛ̃nõ] ein Name **I 7,** 14
un **nombre** [ɛ̃nõbʀ] eine Zahl **⟨I 9B, 5⟩**
non [nõ] nein **I 1**
une **note** [ynnɔt] eine Note **I 8**
un **nouveau** [ɛ̃nuvo] ein Neuer **I 1**
novembre *(m.)* [nɔvɑ̃bʀ] November **I 7,** 6
un **numéro de téléphone** [ɛ̃nymeʀodətelefɔn] eine Telefonnummer **I 6B,** 4

O

octobre *(m.)* [ɔktɔbʀ] Oktober **I 7,** 6
offrir qc [ɔfʀiʀ] etw. anbieten **⟨I 8Z⟩**
un **oiseau** [ɛ̃nwazo] ein Vogel **⟨I 3Z⟩; I 7E**
un **oncle** [ɛ̃nõkl] ein Onkel **I 7**
On y va! [õniva] Gehen wir!/Auf geht's! **I 6B**
orange [ɔʀɑ̃ʒ] orange **I 7,** 4
un **ordinateur** [ɛ̃nɔʀdinatœʀ] ein Computer **I 3A**
un **ordre** [ɛ̃nɔʀdʀ] eine Reihenfolge **I 3A,** 4
le bon ordre [ləbɔnɔʀdʀ] die richtige Reihenfolge **I 4,** 1
organiser qc [ɔʀganise] etw. organisieren **I 8E**
ou [u] oder **I 4**
où [u] wo **I 2**
Il est **où,** Christian? *(fam.)* [ilɛukʀistjɑ̃] Wo ist Christian? *(ugs.)* **I 2**
oublier qc [ublije] etw. vergessen **I 6B**
oui [wi] ja **I 1**
ouvrir qc [uvʀiʀ] etw. öffnen **I 7**

P

une **page** [ynpaʒ] eine Seite **I 2,** 12
un **pantalon** [ɛ̃pɑ̃talõ] eine Hose **I 7**
papa *(m.)* [papa] Papa/Vati **I 1**
une **papeterie** [ynpapɛtʀi] ein Schreibwarengeschäft **I 2**
papi *(m.) (fam.)* [papi] Opa *(ugs.)* **I 7**
un **papier** [ɛ̃papje] ein Papier **I 2**
par cœur [paʀkœʀ] auswendig **I 6B**
par semaine [paʀsəmɛn] pro Woche/wöchentlich **⟨I 9A, 11⟩**
un **paradis** [ɛ̃paʀadi] ein Paradies **I 2**
parce que [paʀskə] weil **I 5E**
Pardon. [paʀdõ] Verzeihung./Entschuldigung. **I 4,** 12
les **parents** *(m.)* die Eltern **I 3A**
parler à qn [paʀle] mit jdm./zu jdm. sprechen **I 6A**
parler l'arabe [paʀlelaʀab] Arabisch sprechen **⟨I 9A⟩**
une **partie** [ynpaʀti] ein Teil **I 2**
partir [paʀtiʀ] weggehen/abfahren/aufbrechen **⟨I 9A⟩**
partir en vacances [paʀtiʀɑ̃vakɑ̃s] in die Ferien/in den Urlaub fahren **⟨I 9A⟩**
passer [pase] vorbeigehen/-kommen **⟨I 8Z⟩**
passer ses vacances [pasesevakɑ̃s] seine/ihre Ferien verbringen **⟨I 9E⟩**
payer qc [peje] etw. bezahlen **I 8**
la **peinture** [lapɛ̃tyʀ] die Malerei/die Farbe *(zum Anmalen)* **⟨I 4Z⟩**
une **pellicule** [ynpelikyl] ein Film **I 8**
pendant [pɑ̃dɑ̃] während **I 6B**
un **père** [ɛ̃pɛʀ] ein Vater **I 4**
petit/petite [pəti/pətit] klein **I 7E**
peu [pø] wenig **I 7**
un peu de [ɛ̃pødə] ein wenig *(bei Mengen)* **I 7**

la **peur** [lapœʀ] die Angst **I 4**
avoir peur [avwaʀpœʀ] Angst haben **I 4**
avoir peur de faire qc [avwaʀpœʀdəfɛʀ] Angst haben etw. zu tun **I 6B**
peut-être [pøtɛtʀ] vielleicht **I 8**
une **photo** [ynfoto] ein Foto **I 2E**
prendre qc en photo [pʀɑ̃dʀɑ̃foto] etw. fotografieren **⟨I 9A**, 11**⟩**
une **phrase** [ynfʀaz] ein Satz **I 2**, 10
un **piano** [ɛ̃pjano] ein Klavier/ein Piano **I 4E**
une **pièce** [ynpjɛs] ein Zimmer **I 3E**
une **place** [ynplas] ein Platz **I 2**
une **plage** [ynplaʒ] ein Strand **⟨I 9E⟩**
un **plan** [ɛ̃plɑ̃] Plan *(hier)* Stadtplan **I 5**
la **pluie** [laplɥi] der Regen **⟨I 9B⟩**
en **plus** [ɑ̃plys] außerdem/zusätzlich **I 4**
un **poème** [ɛ̃poɛm] ein Gedicht **⟨I 9Z⟩**
la **police** [lapɔlis] die Polizei **I 4**, 12
un **policier** [ɛ̃pɔlisje] ein Polizist **I 4**, 12
un **portable** [ɛ̃pɔʀtabl] *(hier)* ein Mobiltelefon, ein Handy **I 5**
une **porte** [ynpɔʀt] eine Tür **I 2**
un **porte-monnaie** [ɛ̃pɔʀtmɔnɛ] ein Geldbeutel **I 5**
porter qc [pɔʀte] etw. tragen **I 7**
un **portrait** [ɛ̃pɔʀtʀɛ] ein Porträt/Abbild **I 7**, 15
poser qc [poze] etw. setzen/stellen/legen **I 2**
une **poubelle** [ynpubɛl] ein Mülleimer **I 2**
une **poule** [ynpul] ein Huhn, eine Henne **⟨I 3Z⟩; I 7E**
pour [puʀ] für **I 2E**
pour [puʀ] wegen **I 3A** ; *(hier)* nach **I 7**
pour faire qc [puʀfɛʀ] um etw. zu tun **I 5**
pourquoi [puʀkwa] warum **I 5E**
pouvoir [puvwaʀ] können **I 6B**
pouvoir faire qc etw. tun können **I 6B**
tu pourrais [typuʀɛ] du könntest *(Form des Verbs «pouvoir»)* **⟨I 9B⟩**
pratique [pʀatik] die Praxis/die Ausübung **I 1**
le **premier**, la **première** [ləpʀəmje/lapʀəmjɛʀ] der erste/die erste **I 7**, 6
prendre qc [pʀɑ̃dʀ] etw. nehmen **I 7**
un **prénom** [ɛ̃pʀenõ] ein Vorname **I 1**
préparer qc [pʀepaʀe] etw. vorbereiten **I 4**
près de qc [pʀɛdə] nahe bei /neben etw. **I 8E**
une **principale** [ynpʀɛ̃sipal] eine Schuldirektorin **⟨I 1Z⟩**
le **printemps** [ləpʀɛ̃tɑ̃] der Frühling **I 7**
au printemps [opʀɛ̃tɑ̃] im Frühling **I 7**
un **problème** [ɛ̃pʀɔblɛm] ein Problem **I 3A**
pas de problème [padpʀɔblɛm] kein Problem **I 6B**
un **professeur** *(ugs.: un/une prof)* [ɛ̃pʀɔfɛsœʀ] ein Lehrer/eine Lehrerin **I 1**
un professeur d'allemand [ɛ̃pʀɔfɛsœʀdalmɑ̃] ein Deutschlehrer/eine Deutschlehrerin **I 1**
un **projet** [ɛ̃pʀɔʒɛ] ein Projekt/ein Vorhaben **I 8E**
un/une **propriétaire** [ɛ̃/ynpʀɔpʀijetɛʀ] ein Eigentümer/eine Eigentümerin **I 3A**
une **publicité** *(ugs.: une pub)* [ynpyblisite] eine Werbung/ein Werbespot **I 6A**
puis [pɥi] dann **I 4**
un **pull** *(fam.)* [ɛ̃pyl] ein Pulli *(ugs.)* **⟨I 9A⟩**

Q

quand [kɑ̃] wann **I 5**
quand [kɑ̃] wenn *(zeitlich)* **⟨I 8Z⟩**; **⟨I 9A⟩**
un **quartier** [ɛ̃kaʀtje] ein Stadtviertel **I 2E**
que [kə] den, die, das *(Relativpronomen, Objekt)* **I 8**
Qu'est-ce que c'est? [kɛskəsɛ] Was ist das? **I 2E**
Qu'est-ce que … ? [kɛskə] was … ? **I 5**
Qu'est-ce qu'il y a? [kɛskilja] Was gibt es? **I 3A**, 6
que [kə] dass *(Konjunktion)* **I 8**
Il est **quelle** heure? [ilɛkɛlœʀ] Wie viel Uhr ist es? **I 5**, 11
A quelle heure? [akɛlœʀ] Um wie viel Uhr? **I 5**, 11
Quelle horreur! *(fam.)* [kɛlɔʀœʀ] Wie grässlich/schrecklich! *(ugs.)* **I 3A**
Tu as quel âge? [tyakɛlaʒ] Wie alt bist du? **I 4**
Quelle chance! [kɛlʃɑ̃s] Welch ein Glück! **I 5E**
Quelle famille! [kɛlfamij] Was für eine Familie! **⟨I 3Z⟩**
Quelle histoire! [kɛlistwaʀ] Was für eine Geschichte! **I 4**
quelque chose [kɛlkəʃoz] etwas **I 5**
une **question** [ynkɛstjõ] eine Frage **I 1**, 1
qui [ki] der, die, das *(Relativpronomen, Subjekt)* **I 8**
C'est à qui? [sɛtaki] Wer ist an der Reihe? **I 8**, 8
Qui est-ce? [kiɛs] Wer ist das? **I 1**
quitter qc [kite] etw. verlassen **I 2**
quoi [kwa] was **I 3E**

R

raconter qc [ʀakõte] etw. erzählen **I 3A**
la **radio** [laʀadjo] das Radio/der Rundfunk **I 6A**
ramasser qc [ʀamase] etw. aufheben/einsammeln **I 2**
le **rap** [ləʀap] der Rap *(Musikstil)* **I 7**, 15
un **réalisateur** [ɛ̃ʀealizatœʀ] ein (Film)-Regisseur **I 6E**
regarder qc [ʀəgaʀde] etw. sehen/ansehen/betrachten **I 2E**
une **règle** [ynʀɛgl] eine Regel **⟨I 6A**, 10**⟩**
remercier qn [ʀəmɛʀsje] sich bei jdn. bedanken **⟨I 9A⟩**
une **rencontre** [ynʀɑ̃kõtʀ] eine Begegnung/ein Treffen **I 8E**
rencontrer qn [ʀɑ̃kõtʀe] jdn. treffen/jdm. begegnen **I 8E**
un **rendez-vous** [ɛ̃ʀɑ̃devu] eine Verabredung/ein Termin **I 4**, 3
avoir rendez-vous [avwaʀʀɑ̃devu] eine Verabredung/einen Termin haben **I 4**, 3
un **repas** [ɛ̃ʀəpa] ein Essen/eine Mahlzeit **I 7**
Vous pouvez **répéter**, s'il vous plaît? [vupuveʀepete] Können Sie bitte wiederholen? **I 8**, 14
répondre à qn [ʀepõdʀ] jdm. antworten **I 8**
une **réponse** [ynʀepõs] eine Antwort **I 2**, 8
respecter qc [ʀɛspɛkte] etw. achten **I 2**
un **restaurant** [ɛ̃ʀɛstɔʀɑ̃] ein Restaurant **I 5E**

rester [ʀɛste] bleiben **I 3A**
un **résumé** [ɛ̃ʀezyme] eine Zusammenfassung **⟨I 9A, 1⟩**
un **rêve** [ɛ̃ʀɛv] ein Traum **I 6B,** 8
faire un rêve [fɛʀɛ̃ʀɛv] träumen **I 6B,** 8
rêver de qc [ʀɛve] von etw. träumen **I 3A**
Au revoir! [ɔʀvwaʀ] Auf Wiedersehen! **I 1**
De rien. [dəʀjɛ̃] Bitte!/Gern geschehen. **⟨I 9A⟩**
rigoler *(fam.)* [ʀigɔle] lachen *(ugs.)* **I 8**
une **rime** [ynʀim] ein Reim **I 1,** 6
la **rive gauche** [laʀivgoʃ] das linke Flussufer **I 5E**
la rive droite [laʀivdʀwat] das rechte Flussufer **I 5E**
une **robe** [ynʀɔb] ein Kleid **I 7**
un **rocher** [ɛ̃ʀoʃe] ein Fels **⟨I 9E⟩**
un **rôle** [ɛ̃ʀol] eine Rolle **I 6B,** 6
le **roller** [ləʀɔlœʀ] das Rollschuhlaufen/das Rollerskaten **I 4E**
en roller [ɑ̃ʀɔlœʀ] auf Rollschuhen **I 4,** 12
rouge [ʀuʒ] rot **I 7,** 4
une **rue** [ynʀy] eine Straße **I 1**
dans la rue [dɑ̃laʀy] auf der Straße **I 5**

S

sale [sal] schmutzig **I 2**
la **salle des élèves** [lasaldezelɛv] der Aufenthaltsraum für Schüler *(hier)* **⟨I 1Z⟩**
la salle des professeurs [lasaldepʀɔfesœʀ] das Lehrerzimmer **⟨I 1Z⟩**
une salle de classe [ynsaldəklas] ein Klassenzimmer **I 2,** 4
une salle de bains [ynsaldəbɛ̃] ein Badezimmer **I 3E**
une salle à manger [ynsalamɑ̃ʒe] ein Esszimmer **I 3E**
Salut! *(fam.)* [saly] Hallo!/Grüß' dich! *(ugs.)* **I 1E**
Salut! *(fam.)* [saly] Tschüs! *(ugs.)* **I 1**
samedi *(m.)* [samdi] Samstag **⟨I 4Z⟩**
samedi *(m.)* [samdi] Samstag/am Samstag **I 5E**
les **sanitaires** [lesanitɛʀ] die Sanitäranlagen **⟨I 1Z⟩**
sans [sɑ̃] ohne **I 4**
savoir [savwaʀ] wissen **I 6B**
savoir faire qc [savwaʀfɛʀ] etw. tun können *(wissen, wie es geht)* **I 6B**
une **scène** [ynsɛn] eine Szene **I 1,** 3
Au secours! [oskuʀ] Hilfe! **I 5**
un **secrétariat** [ɛ̃səkʀetaʀja] ein Sekretariat **⟨I 1Z⟩**
une **semaine** [ynsəmɛn] eine Woche **I 8**
septembre *(m.)* [sɛptɑ̃bʀ] September **I 7,** 6
si [si] doch **I 4**
si [si] ob **I 8**
demander à qn si jdn. fragen, ob **I 8**
une **signature** [ynsiɲatyʀ] eine Unterschrift **⟨I 9A, 7⟩**
le **silence** [ləsilɑ̃s] die Ruhe/Stille **I 1**
s'il te plaît [siltəplɛ] bitte *(wenn man jemanden duzt)* **I 6B,** 6
s'il vous plaît [silvuplɛ] bitte *(wenn man mehrere Personen anspricht oder jdn. siezt)* **I 5**
sinon [sinõ] sonst/andernfalls **⟨I 8Z⟩**
une **situation** [ynsitɥasjõ] eine Situation **I 2,** 7
une **sœur** [ynsœʀ] eine Schwester **I 3A,** 4
un **soir** [ɛ̃swaʀ] ein Abend **I 3A**
le soir [ləswaʀ] abends **I 3A**
ce soir [ʃəswaʀ] heute Abend **⟨I 9A, 2⟩**
le **soleil** [ləsɔlɛj] die Sonne **⟨I 9A⟩**
il y a du soleil [iljadysɔlɛj] es ist sonnig **⟨I 9A⟩**
une **solution** [ynsɔlysjõ] eine Lösung **I 3A**
sonner [sɔne] klingeln **I 3B**
sortir (de qc) [sɔʀtiʀ] (aus etwas) hinausgehen/-fahren; ausgehen **⟨I 9A⟩**
un **souk** [ɛ̃suk] ein Souk *(ein arabischer Markt)* **⟨I 9A⟩**
une **souris** [ynsuʀi] eine Maus **⟨I 8Z⟩**
sous [su] unter **I 2**
un **souvenir** [ɛ̃suvniʀ] eine Erinnerung/ein Andenken **I 8,** 5
souvent [suvɑ̃] oft **I 4**
le **sport** [ləspɔʀ] der Sport **I 4E**
faire du sport [fɛʀdyspɔʀ] Sport treiben **I 4E**
en sport [ɑ̃spɔʀ] in Sport *(Sport als Schulfach)* **I 4**
un **sportif**/une **sportive** [ɛ̃spɔʀtif/ynspɔʀtiv] ein Sportler/eine Sportlerin **⟨I 9A⟩**
sportif/sportive [spɔʀtif/spɔʀtiv] sportlich **I 7**
un **square** [ɛ̃skwaʀ] eine (kleine) Grünanlage **I 2**
une **star** [ynstaʀ] ein Star **I 6A**
une **station** [ynstasjõ] eine Station/eine Haltestelle **I 5**
une station de métro [ynstasjõdmetʀo] eine Metrostation/U-Bahnstation **I 5**
une **stratégie** [ynstʀateʒi] eine Strategie *(eine Technik, die man anwendet, um ein Ziel zu erreichen)* **I 1,** 5
un **studio** [ɛ̃stydjo] ein (Aufnahme-)Studio **I 6A**
la **suite** [lasɥit] die Fortsetzung **I 5,** 15
super [sypɛʀ] super/toll **I 2**
sur [syʀ] auf/über **I 2E**
sur Internet [syʀɛ̃tɛʀnɛt] im Internet **I 3B**
surtout [syʀtu] vor allem **I 4**
sympa [sɛ̃pa] nett *(ugs.)* **I 1**

T

une **table** [yntabl] ein Tisch **I 7**
à table [atabl] bei Tisch **I 7**
un **tableau** [ɛ̃tablo] eine Tafel/eine Tabelle **I 6A,** 8
tant de [tɑ̃də] so viel **⟨I 8Z⟩**
une **tante** [yntɑ̃t] eine Tante **I 7**
un **tapis** [ɛ̃tapi] ein Teppich **⟨I 3Z⟩**
un **taxi** [ɛ̃taksi] ein Taxi **I 5**
un **téléphone** [ɛ̃telefɔn] ein Telefon **I 3B**
téléphoner [telefɔne] telefonieren **I 3A**
téléphoner à qn [telefɔne] mit jdm. telefonieren/jdn. anrufen **I 6A**
la **télévision** [latelevizjõ] das Fernsehen *(ugs.: la télé)* **I 3A**
une **tempête** [yntɑ̃pɛt] ein Sturm **⟨I 9B⟩**
le **temps** [lətɑ̃] die Zeit **I 7**; das Wetter **⟨I 9A, 7⟩**
tout le temps [tultɑ̃] die ganze Zeit **⟨I 9A⟩**
le **tennis** [lətenis] das Tennis **⟨I 4Z⟩**
terminer qc [tɛʀmine] etw. beenden **⟨I 9B⟩**
un **texte** [ɛ̃tɛkst] ein Text **I 1**
le **TGV** [ləteʒeve] der TGV *(französischer Hochgeschwindigkeitszug)* **I 7**
le **théâtre** [ləteatʀ] das Theater **I 4E**
Tiens. [tjɛ̃] Sieh mal da!/Na sowas! **I 1**
un **titre** [ɛ̃titʀ] ein Titel **I 8,** 1
toi [twa] du *(betont)* **I 1E**
un **toit** [ɛ̃twa] ein Dach **⟨I 3Z⟩**
tomber [tõbe] fallen **⟨I 8Z⟩**
toujours [tuʒuʀ] immer **I 6E**
une **tour** [yntuʀ] ein Turm **I 5E**

C'est mon tour. [sɛmõtuʀ] Ich bin dran./Ich bin an der Reihe. I 7

un/une **touriste** [ɛ̃/ynturist] ein Tourist/eine Touristin I 5

tourner [turne] abbiegen/drehen I 5

tourner qc [turne] etw. drehen I 6A

tout le temps [tultã] die ganze Zeit ⟨I 9A⟩

tout, tous, toute, toutes [tu/tut] ganz, alle + *Nomen* ⟨I 9B⟩

tout [tu] alles I 8E

tout à coup [tutaku] plötzlich I 4

tout de suite [tudsɥit] sofort I 7

tout droit geradeaus I 5

tout le monde [tulmõd] alle/jeder/alle Welt ⟨I 9B⟩

une **traduction** [yntʀadyksjõ] eine Übersetzung I 8, 3

un **train** [ɛ̃tʀɛ̃] ein Zug I 7

un **travail** [ɛ̃tʀavaj] eine Arbeit I 6B, 9

travailler [tʀavaje] arbeiten I 4, 12

traverser qc [tʀavɛʀse] etw. überqueren I 5

très [tʀɛ] sehr I 6A

trop [tʀo] zu viel I 7

trouver qc [tʀuve] etw. finden I 2E

un **t-shirt** [ɛ̃tiʃœʀt] ein T-Shirt ⟨I 9A⟩

V

les **vacances** *(f.) (pl.)* [levakãs] die Ferien/der Urlaub ⟨I 9E⟩

partir en vacances [paʀtiʀãvakãs] in die Ferien/in den Urlaub fahren ⟨I 9A⟩

une **vache** [ynvaʃ] eine Kuh I 7E

une **vague** [ynvag] eine Welle ⟨I 9E⟩

un **vélo** [ɛ̃velo] ein Fahrrad ⟨I 9A⟩

vendredi *(m.)* [vãdʀədi] Freitag ⟨I 4Z⟩; I 7

vendre qc [vãdʀ] etw. verkaufen I 8

Viens! [vjɛ̃] Komm! *(Aufforderung)* I 2

venir [vəniʀ] kommen ⟨I 9B⟩

venir chercher qn [vəniʀʃɛʀʃe] jdn. abholen kommen ⟨I 9B⟩

le **vent** [ləvã] der Wind ⟨I 9B⟩

le **ventre** [ləvãtʀ] der Bauch ⟨I 9A⟩

avoir mal au ventre [avwaʀmalovãtʀ] Bauchweh haben ⟨I 9A⟩

un **verbe** [ɛ̃vɛʀb] ein Verb I 2E

un **verre** [ɛ̃vɛʀ] ein Glas I 7

vert/verte [vɛʀ/vɛʀt] grün I 7, 4

un **vêtement** [ɛ̃vɛtmã] ein Kleidungsstück ⟨I 9A⟩

vide [vid] leer I 2

une **vidéo** [ynvideo] ein Video I 4E

la **vie** [lavi] das Leben ⟨I 6A, 2⟩; I 7, 10

un **village** [ɛ̃vilaʒ] ein Dorf I 7

une **ville** [ynvil] eine Stadt I 8

en ville [ãvil] in der Stadt ⟨I 9E⟩

visiter qc [vizite] etw. besichtigen I 3A

vite [vit] schnell I 2

Un peu moins vite, s'il vous plaît. [ɛ̃pømwɛ̃vit] Ein bisschen langsamer, bitte. I 8, 14

Vive … ! [viv] Es lebe … ! ⟨I 9A, 6⟩

le **vocabulaire** [ləvɔkabylɛʀ] der Wortschatz I 2, 12

voici [vwasi] hier ist I 1

voilà [vwala] da ist; *(hier)* Na also./Jetzt haben wir's. *(ugs.)* I 4

le voilà [ləvwala] da ist er I 5

Voilà pour aujourd'hui. [vwalapuʀoʒuʀdɥi] Das ist alles für heute. I 8E

voir qc [vwaʀ] etw. sehen ⟨I 9B⟩

un **voisin**/une **voisine** [ɛ̃vwazɛ̃/ynvwazin] ein Nachbar/eine Nachbarin I 3A

une **voiture** [ynvwatyʀ] ein Auto I 1

en voiture [ãvwatyʀ] mit dem Auto I 7

voler qc [vɔle] etw. stehlen I 5

un **voleur** [ɛ̃vɔlœʀ] ein Dieb I 5

Au voleur! [ovɔlœʀ] Haltet den Dieb! I 5

vouloir qc [vulwaʀ] etw. wollen I 6B

vouloir faire qc [vulwaʀfɛʀ] etw. tun wollen I 6B

je voudrais [ʒəvudʀɛ] ich möchte gerne I 6B, 7

un **voyage** [ɛ̃vwajaʒ] eine Reise ⟨I 8Z⟩

vrai [vʀɛ] wahr/richtig I 2, 1

W

les **W.-C.** [levese] die Toilette/das WC I 3E; ⟨I 1Z⟩

un **week-end** [ɛ̃wikɛnd] ein Wochenende I 7

Z

Zut! *(fam.)* [zyt] Mist! *(ugs.)* I 2

Prénoms masculins

Adrien [adʀijɛ̃] I 5E

Bruno [bʀyno] I 7

Christian [kʀistjã] I 1

Christophe [kʀistɔf] I 7, 12

Jacques [ʒak] I 8E

Julien [ʒyljɛ̃] I 1, 2

Loïc [loik] ⟨I 9A, 11⟩

Luc [lyk] I 7, 12

Marc [maʀk] I 7

Patrick [patʀik] I 2, 10

Philippe [filip] I 7, 12

Pierre [pjɛʀ] I 4, 8

Théo [teo] I 1E

Thomas [toma] I 1E

Valentin [valãtɛ̃] I 3E

Victor [viktɔʀ] I 1E

Yan [jan] ⟨I 9A⟩

Prénoms féminins

Amandine [amãdin] I 1E

Amélie [ameli] I 1, 2

Anne [an] I 7, 12

Caroline [kaʀɔlin] I 1, 2

Edith [edit] I 6B, 9

Emilie [emili] I 7, 12

Emma [ema] I 1E

Isabelle [izabɛl] I 7

Julia [ʒylja] I 4, 8

Léa [lea] I 7

Lili [lili] I 7

Lisa [liza] I 7, 12

Louise [lwiz] I 7, 12

Malika [malika] I 1E

Manon [manõ] I 3E

Marise [maʀiz] I 7, 12

Mathilde [matild] I 7

Nathalie [natali] I 8E

Zoé [zoe] I 7

Noms de famille

Bajot [baʒo] I 6B, 4

Bertaud [bɛʀto] I 1

Boulay [bulɛ] I 4

Carbonne [kaʀbɔn] I 3E

Dufour [dyfuʀ] I 2, 2

Kermorgant [kɛʀmɔʀgã] ⟨I 9A⟩

Leclerc [ləklɛʀ] I 3A

Messadi [mɛsadi] I 6B, 4

Pajon [paʒõ] I 4, 12

Rollin [ʀolɛ̃] I 2

Salomon [salomõ] I 2

Sarré [saʀe] I 6E

Noms de villes

Arras [aʀas] I 7

Berlin [bɛʀlɛ̃] I 1

Brest [bʀɛst] ⟨I 9A, 2⟩

Bruxelles [bʀysɛl/bʀyksɛl] I 8E

Fontainebleau [fõtɛnblo] I 4

Genève [ʒənɛv] I 5E

Isbergues [isbɛʀg] I 7

Marrakech [maʀakɛʃ] ⟨I 9A⟩

Montrouge [mõʀuʒ] **I 3A**
Paris [paʀi] **I 1**
Penvénan [pɛnvenan] **⟨I 9A⟩**
Port-Blanc [pɔʀblɑ̃] **⟨I 9A⟩**
Rombly [ʀõbli] **I 7**
Toulouse [tuluz] **⟨I 9B,** 2**⟩**
Tréguier [tʀegje] **⟨I 9B⟩**
Trestel [tʀɛstɛl] **⟨I 9B⟩**

Noms géographiques

l'**Allemagne** *(f.)* [lalmaɲ] **I 8**
la **Belgique** [labɛlʒik] **I 8**
la **Bretagne** [labʀətaɲ] **⟨I 9B⟩**
l'**Europe** *(f.)* [løʀɔp] **⟨I 8Z⟩**
la **France** [lafʀɑ̃s] **I 8E**
la Seine [lasɛn] **I 5E**
le **Vésuve** [ləvezyv] **⟨I 8Z⟩**

Noms divers

l'**Arc de triomphe** *(m.)* [laʀkdətʀijõf] **I 5E**
l'**Arche de la Défense** *(f.)* [laʀʃdəladefɑ̃s] **I 5E**
avenue Gustave Eiffel [avnygystavɛfɛl] **⟨I 5Z⟩**
Brupark *(m.)* [bʀypaʀk] **⟨I 8Z⟩**
le **Centre Georges Pompidou** [ləsɑ̃tʀʒɔʀʒpõpidu] **I 5,** 12
Charles de Gaulle-Etoile [ʃaʀldəgoletwal] **I 5**
Collège Anne Frank [kɔlɛʒanfʀɑ̃k] **⟨I 1Z⟩; I 4**
la **cour de l'Etoile** [lakuʀdəletwal] **⟨I 2Z⟩**
Filou [filu] **I 6A**
le Forum des Halles [lefoʀɔmdeal] **I 5E**
la **gare du Nord** [lagaʀdynɔʀ] **I 7**
la Défense [ladefɑ̃s] **I 5E**
le **Louvre** [ləluvʀ] **I 5E**
le **marché d'Aligre** [ləmaʀʃedaligʀ] **⟨I 2Z⟩**
la **Marseillaise** [lamaʀsɛjɛz] **⟨I 9B⟩**
Matou [matu] **I 6B**
Morzine [mɔʀzin] **⟨I 9E⟩**
Notre Dame [nɔtʀədam] **I 5,** 12
la **place de la Bastille** [laplasdlabastij] **I 2**
la **place Léon Blum** [laplasleõblum] **⟨I 2Z⟩**
la **place Madou** [laplasmadu] **I 8E**
la **place Pigalle** [laplaspigal] **I 5,** 9
la **pyramide du Louvre** [lapiʀamidyluvʀ] **I 5E**
Rivoli [ʀivɔli] **I 5**
la **rue Charles Baudelaire** [laʀyʃaʀlbodlɛʀ] **I 2**
la **rue de Charonne** [laʀydəʃaʀɔn] **I 6B,** 4
la **rue Descartes** [laʀydekaʀt] **I 6B,** 4
la **rue du Chemin vert** [laʀydyʃəmɛ̃vɛʀ] **I 6B,** 4
la **rue du Faubourg Saint Antoine** [laʀydyfobuʀsɛ̃tɑ̃twan] **I 2**
la **rue Richard Lenoir** [laʀyʀiʃaʀlənwaʀ] **I 3E**
la **rue St Bernard** [laʀysɛ̃bɛʀnaʀ] **I 3E**
la **rue Trousseau** [laʀytʀuso] **I 1**
le **square Trousseau** [ləskwaʀtʀuso] **I 2**
St-Michel [sɛ̃miʃɛl] **I 5,** 12
le **Tour de France** [ləturdəfʀɑ̃s] **⟨I 9A⟩**
la **tour Eiffel** [latuʀɛfɛl] **I 5E**

Noms de personnes connues

Anne Frank [anfʀɑ̃k] **⟨I 1Z⟩**
Bruno Husar [bʀynoysaʀ] **⟨I 3Z⟩**
Gérard Depardieu [ʒeʀaʀdəpaʀdjø] **I 5,** 14
Gustave Eiffel [gystavɛfɛl] **⟨I 5Z⟩**
Jacques Brel [ʒakbʀɛl] **I 8E**
Khaled [kalɛd] **⟨I 9B,** 2**⟩**
Magritte [magʀit] **I 8,** 5

Die deutsch-französische Wortliste führt die wichtigsten Lernwörter aus *Découvertes 1* auf.
Der Wortschatz aus den „Album"-Teilen sowie aus der *Leçon 9* wird hier nicht aufgeführt.

A

abbiegen I 5 tourner
ein Abend I 3A un soir
abends I 3A le soir
aber I 1 mais
die Abfahrt/der Aufbruch I 8 le départ
etw. achten I 2 respecter qc
eine Adresse I 3A une adresse
alles I 8E tout
als I 6E comme
zwölf Jahre **alt** sein **I 4** avoir douze ans
das Alter I 4 l'âge *(m.)*
ein Andenken I 8, 5 un souvenir
ein anderer/eine andere I 6B un autre/une autre
anders I 7, 15 différent/différente
anfangen, Anfänger sein I 4 débuter
etw. anfangen I 8 commencer qc
eine Angelegenheit I 8 une affaire
die Angst I 4 la peur
Angst haben etw. zu tun I 6B avoir peur de faire qc
jdn. anhalten I 5 arrêter qn
(an)kommen I 4 arriver
jdn. anrempeln I 5 bousculer qn
ein Anruf I 8E un coup de téléphone
jdn. anrufen I 6A téléphoner à qn
etw. ansehen I 2E regarder qc
eine Antwort I 2, 8 une réponse
jdm. antworten I 8 répondre à qn
eine Anzeige/Annonce I 3E une annonce
ein Apparat I 8E un appareil
April I 7, 6 avril *(m.)*
eine Arbeit I 6B, 9 un travail
arbeiten I 4, 12 travailler
ein Arzt/eine Ärztin I 6E un médecin
auch I 2E aussi
auf/über I 2E sur
auf Deutsch I 1 en allemand
eine (Haus)**Aufgabe I 7,** 15 un devoir
etw. aufheben I 2 ramasser qc
Hört auf! I 8 Arrêtez!
aufpassen I 5 faire attention
August I 7, 6 août *(m.)*
außerdem I 4 en plus
auswendig I 6B par cœur
ein Auto I 1 une voiture

B

ein Badezimmer I 3E une salle de bains
ein Bahnhof I 7 une gare
eine (Sitz)Bank I 2 un banc
ein Baum I 2 un arbre
jdm. begegnen I 8E rencontrer qn
eine Begegnung/ein Treffen I 8E une rencontre
jdn. begleiten I 8E accompagner qn
bei I 5E chez
ein Beruf I 6E un métier
etw. besichtigen I 3A visiter qc
etw. betrachten I 2E regarder qc
ein Bett I 3A un lit
sich bewegen I 6A bouger
etw. bezahlen I 8 payer qc
ein Bild I 5, 15 une image
etw. (fest)**binden I 4** attacher qc
blau I 7 bleu/bleue
bleiben I 3A rester
ein Bleistift I 2 un crayon
ein Block I 2 un bloc
(kastanien)**braun I 7,** 4 marron/marron
ein Brief I 8E une lettre
ein Bruder I 3A, 4 un frère
ein Buch I 5 un livre
eine Buchhandlung I 5 une librairie
ein Bus I 5 un bus

C

eine CD/CDs I 4, 11 un CD/des CD
ein Cent I 8 un centime
eine Cola I 8, 13 un coca
ein Comic(-Heft) I 5 une BD/des BD
ein Computer I 3A un ordinateur
ein Cousin/eine Cousine I 5E un cousin/une cousine

D

da/dort I 2 là
danach I 5 après
Danke. I 1 Merci.
dann I 4 puis
das *(z. B. in "c'est" = das ist …)* **I 1** ce/c'
das I 2 ça
dass *(Konjunktion)* **I 8** que
ein Datum I 8, 12 une date
denn I 7, 7 car
deutsch I 7E allemand
auf Deutsch I 1 en allemand
Dezember I 7, 6 décembre *(m.)*
ein Dieb I 5 un voleur
Dienstag I 7, 6 mardi *(m.)*
diskutieren I 3A discuter
doch I 4 si
Donnerstag I 7 jeudi *(m.)*
ein Dorf I 7 un village
etw. drehen I 6A tourner qc
du *(betont)* **I 1E** toi
dumm I 7 bête/bête

E

ein Ehemann I 3B un mari
ein Eigentümer/eine Eigentümerin I 3A un/une propriétaire
ein Eingang I 1E une entrée
jdn. einladen I 6B, 4 inviter qn
einmal I 4, 11 une fois
etw. einsammeln I 2 ramasser qc
einsteigen/steigen I 5 monter
eintreten I 2 entrer
einverstanden/o.k. I 2E d'accord
ein wenig *(bei Mengen)* **I 7** un peu de
die Eltern I 3A les parents *(m.)*
endlich I 5 enfin
englisch I 8 anglais/anglaise
Entschuldigung. I 4, 12 Pardon.
eine Erinnerung I 8, 5 un souvenir
jdm. etw. erklären I 8 expliquer qc à qn
der erste/die erste I 7, 6 le premier, la première
jdn. erwischen I 5 attraper qn
etw. erzählen I 3A raconter qc
etw. essen I 6A manger qc
ein Essen/eine Mahlzeit I 7 un repas
ein Esszimmer I 3E une salle à manger
etwas I 5 quelque chose

F

fahren/gehen I 5E aller
eine Fahrkarte I 7 un billet
ein Fahrplan I 7, 8 un horaire
falsch I 2, 1 faux; faux/fausse **I 7E**
eine Familie I 3A une famille
jdn. (ein)fangen I 5 attraper qn
eine Farbe I 7, 13 une couleur
Februar I 7, 6 février *(m.)*
ein Fehler I 7, 17 une faute
das Fernsehen *(ugs.: la télé)* **I 3A** la télévision
etw. (fest)binden I 4 attacher qc
ein Fest I 4, 11 une fête
jdn. festnehmen I 5 arrêter qn
ein Film (Kino) **I 5,** 13 un film
ein Film (Foto) **I 8** une pellicule
etw. finden I 2E trouver qc

eine Flasche I 2 une bouteille
eine Flöte I 3B une flûte
eine Form I 3A, 3 une forme
die Fortsetzung I 5, 15 la suite
ein Foto I 2E une photo
ein Foto von etw. machen I 8 prendre une photo de qc
ein Fotoapparat I 8 un appareil photo
eine Frage I 1, 1 une question
jdn. etwas fragen I 6A demander qc à qn
jdn. fragen, ob I 8 demander à qn si
französisch I 7E français ; I 1, 7
auf Französisch I 1, 7 en français
eine Frau/Ehefrau I 3B une femme
Freitag I 7 vendredi *(m.)*
sich freuen etwas zu tun I 8E être content/contente de faire qc
ein Freund/eine Freundin *(ugs.)* I 3E un copain/une copine *(fam.)*
ein Freund/eine Freundin I 5 un ami/une amie
der Frühling I 7 le printemps
für I 2E pour
der Fußball *(als Sportart)* I 4E le foot

G

jdm. etw. geben I 6A donner qc à qn
ein Geburtstag I 7E un anniversaire
gegen I 3A, 3 contre
das Gegenteil (von) I 8, 14 le contraire (de)
gehen/fahren I 5E aller
Gehen wir!/Auf geht's! I 6B On y va!
Wie geht es Ihnen? I 8E Comment allez-vous?
Es geht (mir) gut. I 1 Ça va bien.
Es geht schlecht. I 1, 3 Ça va mal.
gelb I 7, 4 jaune
ein Geldbeutel I 5 un porte-monnaie
genial/toll *(ugs.)* I 6B génial *(fam.)*
genug I 8 assez
geradeaus I 5 tout droit
etw. gerne tun I 6B aimer faire qc
ein Geschäft/Laden I 2 un magasin
ein Geschenk I 7 un cadeau/des cadeaux
eine Geschichte I 3B une histoire
eine Gitarre I 3A une guitare
ein Glas I 7 un verre
das Glück/die Chance I 5E la chance
Gott I 6A dieu *(m.)*
grau I 7, 4 gris/grise
groß I 7E grand/grande
Großeltern I 7 des grands-parents *(m.)*
eine Großmutter I 7 une grand-mère
grün I 7, 4 vert/verte
eine (kleine) Grünanlage I 2 un square
eine Gruppe I 4 un groupe
gut I 7 bon/bonne; bien I 2, 3

H

haben I 4 avoir
ein Hahn I 7E un coq
ein Haus I 3E une maison
zu Hause I 4E à la maison
ein Heft I 2, 3 un cahier
er **heißt** I 4, 10 il/elle s'appelle
ich **heiße** I 1E je m'appelle
du **heißt** I 1 tu t'appelles
jdm. helfen I 6A aider qn
ein Hemd I 7 une chemise
der Herbst I 7, 6 l'automne *(m.)*
hereinkommen I 2 entrer
heute I 4 aujourd'hui
hier I 2 ici
Hilfe! I 5 Au secours!
hinter I 2 derrière
ein Hof I 2 une cour
etw. holen I 6B aller chercher qc
etw. hören I 8 entendre qc
eine Hose I 7 un pantalon
ein Hotel I 5, 12 un hôtel
hübsch I 7 joli/jolie
ein Huhn, eine Henne I 7E une poule
ein Hund I 1 un chien
Hunger haben I 8 avoir faim *(f.)*

I

eine Idee I 3A une idée
immer I 6E toujours
in, nach *(räumlich)* I 1 à ; I 2E dans
Internet *(n.)* I 3B Internet *(m.)*
im Internet I 3B sur Internet
ein Interview I 3A, 4 une interview

J

ja I 1 oui
ein Jahr I 4 un an ; une année I 8
Januar I 7, 6 janvier *(m.)*
jetzt I 2 maintenant
eine Jugendherberge I 8E une auberge de jeunesse
Juli I 7, 6 juillet *(m.)*
ein Junge I 1 un garçon
Juni I 7, 6 juin *(m.)*

K

ein Kalender I 8 un calendrier
eine (Film-)Kamera I 6B une caméra
eine Karte I 6A, 2 une carte
ein Karton I 2 un carton
eine Kasse I 5 une caisse
eine Katze I 1 un chat
etw. kaufen I 8 acheter qc
kein/keine *(bei Mengen)* I 7 ne … pas de
ein Kind I 3A, 3 un enfant
ein Kino I 5E un cinéma
eine Klasse I 1, 3 une classe
ein Klassenzimmer I 2, 4 une salle de classe
ein Klavier I 4E un piano
etw. (an)kleben I 2 coller qc
ein Kleid I 7 une robe
klein I 7E petit/petite
klettern I 4 grimper
das Klettern I 4E l'escalade *(f.)*
klingeln I 3B sonner
ein Koch I 5E un cuisinier
komisch/merkwürdig I 1 bizarre
Komm! *(Aufforderung)* I 2 Viens!
können I 6B pouvoir
etw. tun können I 6B pouvoir faire qc
etw. tun können/ *(wissen, wie es geht)* I 6B savoir faire qc
Das kostet I 7, 8 Ça fait …
eine Krokette I 6A une croquette
eine Küche I 3E une cuisine
ein Kuchen I 7 un gâteau/des gâteaux
eine Kugel I 7 une boule
eine Kuh I 7E une vache
ein Kuss *(ugs.)* I 8 une bise *(fam.)*

L

lachen *(ugs.)* I 8 rigoler *(fam.)*
ein Laden I 2 un magasin
das Land *(im Gegensatz zur Stadt)* I 7E la campagne
lang I 7 long/longue
Ein bisschen langsamer, bitte. I 8, 14 Un peu moins vite, s'il vous plaît.
leer I 2 vide
etw. legen I 2 poser qc
ein Lehrer/eine Lehrerin I 1 un professeur *(ugs.: un/une prof)*
leicht I 4 facile
etw. lernen I 6B, 9 apprendre qc
etw. lesen I 7 lire qc
lieb/teuer I 8E cher/chère; cher I 8E
etw. lieben/mögen I 2 aimer qc
ein Lied I 7 une chanson
eine (Verkehrs)**Linie** I 5 une ligne
(nach) **links** I 5 à gauche
eine Liste I 2, 12 une liste
eine Lösung I 3A une solution
Lust haben etw. zu tun I 6B avoir envie de faire qc
lustig I 8 drôle

M

etw. machen I 4E faire qc
ein Mädchen I 1 une fille
eine Mahlzeit I 7 un repas
Mai I 7 mai *(m.)*
ein Mal I 4, 11 une fois
ein Mann I 5 un homme
etw. markieren/anzeigen *(hier)* **schreiben I 2** marquer qc
März I 7, 6 mars *(m.)*
eine Maschine I 6A, 5 une machine
eine Mauer I 4 un mur
die Metro I 5 le métro
mit I 1 avec
Mittag I 5E midi
Mitternacht I 5E minuit
Mittwoch I 4 mercredi *(m.)*
mittwochnachmittags I 4 le mercredi après-midi
ein Mobiltelefon I 5 un portable
ich möchte gerne I 6B, 7 je voudrais
etw. mögen/lieben I 2 aimer qc
ein Monat I 3A un mois
Montag I 7, 6 lundi *(m.)*
morgen I 6A demain
ein Mülleimer I 2 une poubelle
die Musik I 3A la musique
eine Mutter I 6A, 5 une mère

N

Na sowas!/Sieh mal da! I 1 Tiens.
Na ja!/Ach! I 1, 3 Bof!
nach/danach I 5 après
ein Nachbar/eine Nachbarin I 3A un voisin/une voisine
ein Nachmittag I 4 un après-midi
nahe bei /neben etw. I 8E près de qc
ein Name I 7, 14 un nom
die Natur I 2 la nature
etw. nehmen I 7 prendre qc
nein I 1 non
nett I 1 sympa
ein Neuer I 1 un nouveau
nicht I 4 ne … pas
nicht mehr I 6A ne … plus
nichts I 6A ne … rien
nie/niemals I 6A ne … jamais
noch/schon wieder I 4, 11 encore
eine Note I 8 une note
November I 7, 6 novembre *(m.)*
eine Nummer I 6B, 4 un numéro
nun/jetzt/dann I 4 alors

O

ob I 8 si
oben/nach oben I 4 en haut
oder I 4 ou
etw. öffnen I 7 ouvrir qc
oft I 4 souvent
ohne I 4 sans
Oktober I 7, 6 octobre *(m.)*
Oma *(ugs.)* **I 7** mamie *(f.) (fam.)*
ein Onkel I 7 un oncle
Opa *(ugs.)* **I 7** papi *(m.) (fam.)*
orange I 7, 4 orange
etw. organisieren I 8E organiser qc

P

ein Papier I 2 un papier
ein Paradies I 2 un paradis
ein Plakat/Poster I 2 une affiche
Plan *(hier)* **Stadtplan I 5** un plan
ein Platz I 2 une place
plötzlich I 4 tout à coup
die Polizei I 4, 12 la police
ein Polizist I 4, 12 un policier
Pommes frites I 8 des frites *(f. pl.)*
ein Porträt/Abbild I 7, 15 un portrait
ein Problem I 3A un problème
kein Problem I 6B pas de problème
ein Projekt/ein Vorhaben I 8E un projet

R

ein Radiergummi I 2 une gomme
das Radio/der Rundfunk I 6A la radio
ein Rathaus I 5, 12 un hôtel de ville
(nach) **rechts I 5** à droite
ein Regal I 2 une étagère
ein (Film)Regisseur I 6E un réalisateur
Ich *(betont)* bin an der **Reihe. I 8,** 8 C'est à moi.
Wer ist an der **Reihe? I 8,** 8 C'est à qui?
eine Reihenfolge I 3A, 4 un ordre
ein Reim I 1, 6 une rime
etw. respektieren I 2 respecter qc
ein Restaurant I 5E un restaurant
richtig/korrekt I 8 correct
die richtige Form I 3A, 3 la bonne forme
die richtige Reihenfolge I 4, 1 le bon ordre
Richtig oder falsch? I 2, 1 Vrai ou faux?
eine Rolle I 6B, 6 un rôle
das Rollerskaten I 4E le roller
rot I 7, 4 rouge/rouge
die Ruhe/Stille I 1 le silence
ruhig I 7E calme

S

eine Sache I 7 une chose
jdm. etw. sagen I 8 dire qc à qn
Samstag I 5E samedi *(m.)*
ein Satz I 2, 10 une phrase
schauen I 2 regarder
ein Schauspieler/eine Schauspielerin I 5, 14 un acteur/une actrice
schlecht I 7 mauvais/mauvaise
das ist nicht **schlecht I 4** Ce n'est pas mal.
schließlich/endlich I 5 enfin
Das ist nicht **schlimm. I 4** Ce n'est pas grave.
ein Schlüsselwort I 7, 10 un mot-clé
schmutzig I 2 sale
etw. schneiden I 6B couper qc
schnell I 2 vite
schon I 3B déjà
etw. schreiben I 7 écrire qc
ein Schreibwarengeschäft I 2 une papeterie
schreien I 4 crier
eine Schule I 4E une école
ein Schüler/eine Schülerin I 4 un élève/une élève
schwarz I 7 noir/noire
eine Schwester I 3A, 4 une sœur
das Schwimmen I 4E la natation
etw. sehen/ansehen I 2E regarder qc
sehr I 6A très
ein Seil I 4 une corde
sein I 3A être
seit I 8, 2 depuis
eine Seite I 2, 12 une page
September I 7, 6 septembre *(m.)*
etw. setzen/stellen/legen I 2 poser qc
singen I 7 chanter
eine Situation I 2, 7 une situation
sofort I 7 tout de suite
der Sommer I 7, 6 l'été *(m.)*
Sonntag I 6E dimanche *(m.)*
spanisch I 7E espagnol/espagnole
ein Spiel I 1, 4 un jeu
spielen I 3A jouer
spielen *(Spiel)* **I 7** jouer à
der Sport I 4E le sport
Sport treiben I 4E faire du sport
sportlich I 7 sportif/sportive
eine Sprache I 8 une langue
mit jdm./zu jdm. sprechen I 6A parler à qn
eine Stadt I 8 une ville
ein Stadtplan I 5 un plan
ein Stadtviertel I 2E un quartier

ein Star I 6A une star
etw. stehlen I 5 voler qc
steigen/einsteigen I 5 monter
die Stille I 1 le silence
ein Stockwerk I 3E un étage
eine Straße I 1 une rue
auf der Straße I 5 dans la rue
ein Studio I 6A un studio
eine Stunde I 5 une heure
ein Stundenplan I 7, 8 un horaire
ein Sturzhelm I 4 un casque
etw. suchen I 2E chercher qc
super/toll I 2 super
eine Szene I 1, 3 une scène

T

eine Tafel/eine Tabelle I 6A, 8 un tableau
ein Tag I 3A un jour
ein Tag/ein Tagesablauf I 5, 4 une journée
am darauf folgenden Tag I 8 le lendemain
eines Tages I 3A un jour
ein Tagebuch/Tagebücher I 7 un journal/des journaux
eine Tante I 7 une tante
das Tanzen/der Tanz I 4 la danse
eine Tätigkeit I 4E une activité
ein Taxi I 5 un taxi
ein Teil I 2, 7 une partie
ein Telefon I 3B un téléphone
mit jdm. telefonieren/jdn. anrufen I 6A téléphoner à qn
eine Telefonnummer I 6B, 4 un numéro de téléphone
ein Teller I 3B une assiette
teuer/lieb I 8E cher/chère
ein Text I 1 un texte
das Theater I 4E le théâtre
ein Tier/Tiere I 4, 8 un animal/des animaux
ein Tisch I 7 une table
bei/am Tisch I 7 à table
ein Titel I 8, 1 un titre
die Toilette/das WC I 3E les W.-C.
toll *(ugs.)* **I 6B** génial *(fam.)*
ein Tourist/eine Touristin I 5 un touriste/une touriste
etw. tragen I 7 porter qc
ein Traum I 6B, 8 un rêve
(von etwas) **träumen I 3A** rêver (de qc)
jdn. treffen/jdm. begegnen I 8E rencontrer qn
etw. trinken I 7 boire qc
eine Tür I 2 une porte
ein Turm I 5E une tour
eine Turnhalle I 4 un gymnase

U

die U-Bahn I 5 le métro
eine U-Bahnstation I 5 une station de métro
etw. überqueren I 5 traverser qc
eine Übersetzung I 8, 3 une traduction
übrigens I 2E à propos
Um wie viel **Uhr? I 5,** 11 A quelle heure?
um sechs **Uhr I 5** à six heures
Wie viel **Uhr** ist es? **I 5** Vous avez l'heure?
um etw. zu tun I 5 pour faire qc
umsteigen I 7 changer de train
und I 1E et
unten/nach unten I 4 en bas
unter I 2 sous

V

ein Vater I 4 un père
eine Verabredung haben I 4, 3 avoir rendez-vous
ein Verb I 2E un verbe
etw. vergessen I 6B oublier qc
etw. verkaufen I 8 vendre qc
ein Verkehrsstau I 5 un bouchon
etw. verlassen I 2 quitter qc
etw. vermeiden I 7, 17 éviter qc
verrückt I 6B fou
etw. verstehen I 8 comprendre qc
viel/sehr I 7 beaucoup
viel(e) *(bei Mengen)* **I 7** beaucoup de
viele Leute I 7 beaucoup de monde
vielleicht I 8 peut-être
von/aus I 1 de
vor *(örtlich)* **I 2** devant
vor allem I 4 surtout
etw. vorbereiten I 4 préparer qc
ein Vorname I 1 un prénom
der Vorort I 3A la banlieue
Vorsicht! I 4 Attention!

W

wahr/richtig I 2, 1 vrai
während I 6B pendant
eine **Wand I 4** un mur
wann I 5 quand
auf jdn. **warten I 8** attendre qn
warum I 5E pourquoi
Was? I 3E Quoi ?
Was ...? I 5 Qu'est-ce que ... ?
Was ...? I 2 que
Was ist das? I 2E Qu'est-ce que c'est?
Was gibt es? I 3A, 6 Qu'est-ce qu'il y a?
das Wasser I 7 l'eau *(f.)*
wechseln; *(hier)* **umsteigen I 7** changer
ein Weg I 5, 12 un chemin
wegen I 3A pour
weil I 5E parce que
weiß I 7 blanc/blanche
weitermachen I 8 continuer
wenig I 7 peu
wer I 1 qui
Wer ist das? I 1 Qui est-ce?
eine Werbung/ein Werbespot I 6A une publicité *(ugs.: une pub)*
etw. tun **werden I 6E** aller faire qc
wie I 1 comment
Wie ... ? I 5 Comment est-ce que ... ?
wie *(beim Vergleich)* **I 8E** comme
Wie alt bist du? I 4 Tu as quel âge?
wieder I 4, 11 encore
wie viel I 8 combien (de)
der Winter I 7, 6 l'hiver *(m.)*
wissen I 6B savoir
wo I 2 où
Wo ... ? I 5 Où est-ce que ... ?
eine Woche I 8 une semaine
ein Wochenende I 7 un week-end
wohnen I 3E habiter
eine Wohnung I 3E un appartement
etw. wollen I 6B vouloir qc
ein Wort I 1, 4 un mot
etw. wünschen I 8 désirer qc
eine Wut I 3B une colère
wütend sein I 3B être en colère

Z

etw. zählen I 4, 2 compter qc
etw. zeichnen I 2 dessiner qc
ein Zeichner I 6E un dessinateur
eine Zeichnung I 2 un dessin
die Zeit I 7 le temps
eine Zeitung/Zeitungen I 7 un journal/des journaux
ein Schlaf**zimmer I 3E** une chambre
ein Zimmer I 3E une pièce
zuerst I 3E d'abord
zufrieden/glücklich I 7 content/contente
ein Zug I 7 un train
jdm. zuhören I 3B écouter qn
zusammen I 1 ensemble
zusätzlich I 4 en plus
zu viel I 7 trop

Pour faire les exercices du livre

	Lektion	Übung	
Accordez …	7	2	Gleicht … an.
Ajoutez …	1	4	Fügt … hinzu.
Avant la lecture	4	Texte	Vor dem Lesen
un centre d'intérêt	3B	7	ein Sachfeld
Changez de rôle.	5	12	Tauscht die Rollen.
Cherchez l'intrus.	1	6	Sucht den Eindringling.
Choisissez …	1	3	Wählt … aus.
Comparez …	5	5	Vergleicht …
Complétez.	1	8	Ergänzt.
Conjuguez les verbes.	6A	3	Konjugiert die Verben.
Continuez.	3	Entrée	Macht weiter.
Contrôlez votre prononciation avec le CD.	8	7	Überprüft eure Aussprache mit der CD.
Copiez le tableau dans votre cahier.	3B	6	Übertragt die Tabelle in euer Heft.
Corrigez.	6B	2	Verbessert.
Décris …	5	12	Beschreibe …
Décrivez …	3A	5	Beschreibt …
Ecoutez et répétez.	4	2	Hört zu und sprecht nach.
Ecoutez le texte et trouvez les phrases correctes.	4	11	Hört den Text und findet die richtigen Sätze.
Ecrivez les réponses dans votre cahier.	2	12	Schreibt die Antworten in euer Heft.
entre parenthèses (f.)	4	12	in Klammern
Faites des dialogues.	2	9	Erstellt Dialoge.
Faites des phrases qui riment.	2	10	Bildet Sätze, die sich reimen.
Faites des phrases.	4	1	Bildet Sätze.
un filet à mots	3B	7	ein Vokabelnetz
une fonction	9	Entrée	eine Funktion
Formez des impératifs.	5	10	Bildet Imperative.
Inventez …	1	3	Erfindet …
Jouez la scène en classe.	3A	3	Spielt die Szene im Unterricht.
Lisez le texte à haute voix.	3B	6	Lest den Text laut vor.
Lisez les phrases.	5	13	Lest die Sätze.
Mettez … à la bonne forme.	3A	3	Setzt … in die richtige Form.
On dit …	1	3	Man sagt …
Posez des questions et répondez.	1	1	Stellt Fragen und antwortet.
Prenez des notes.	9B	5	Macht Notizen.
Remplacez … par …	4	2	Ersetzt … durch …
Répétez.	1	6	Wiederholt./Sprecht nach.
Répondez aux questions.	4	1	Beantwortet die Fragen.
Répondez par …	5	6	Antwortet mit …
… les mots suivants.	9B	4	die folgenden Wörter
Traduisez …	5	5	Übersetzt …
Travaillez à deux.	4	6	Arbeitet zu zweit.
Travaillez en groupes.	9	Album	Arbeitet in Gruppen.
Trouvez des mots qui vont ensemble.	2	7	Findet Wörter, die zusammenpassen.
Trouvez des titres …	8	1	Findet Titel …
Trouvez les mots qui riment.	1	6	Findet die Wörter, die sich reimen.
Utilisez …	3B	3	Benutzt …
Vous connaissez déjà …	9	Entrée	Ihr kennt schon …
Vrai ou faux? Corrigez.	2	1	Richtig oder falsch? Verbessert.

D'autres expressions utiles en classe	Weitere Redewendungen, die im Unterricht nützlich sind.
Je parle au professeur …	Ich spreche mit dem Lehrer …
Je ne comprends pas l'expression … à la ligne …	Ich verstehe den Ausdruck … in der Zeile … nicht.
Qu'est-ce que cela veut dire?	Was heißt das?
Que veut dire le mot …/l'expression…/ la phrase …?	Was heißt das Wort … /der Ausdruck … / der Satz …?
Je ne sais pas.	Ich weiß nicht.
Est-ce que vous pouvez répéter, s'il vous plaît?	Können Sie bitte wiederholen?
Est-ce que vous pouvez expliquer … encore une fois?	Können Sie bitte … noch einmal erklären?
Est-ce que vous pouvez parler moins vite, s'il vous plaît?	Können Sie bitte langsamer sprechen?
Comment est-ce qu'on dit … en français?	Wie sagt man … auf Französisch?
Est-ce qu'on peut dire aussi …?	Kann man auch … sagen?
Comment est-ce qu'on prononce …?	Wie spricht man … aus?
Comment est-ce qu'on écrit …?	Wie schreibt man …?
Est-ce que vous pouvez traduire …, s'il vous plaît?	Können Sie bitte … übersetzen?
Qu'est-ce qu'on a comme devoirs?	Was haben wir als Hausaufgabe auf?
J'ai encore une question.	Ich habe noch eine Frage.
Je n'ai pas fait mes devoirs.	Ich habe meine Hausaufgaben nicht gemacht.
J'ai oublié mon cahier/mon livre/ mes affaires de français à la maison.	Ich habe mein Heft/mein Buch/meine Französischsachen zu Hause vergessen.
Je parle à mes camarades …	Ich spreche mit meinen Klassenkameraden …
Nous en sommes à quelle leçon/ à quel paragraphe?	Bei welcher Lektion/welchem Abschnitt sind wir?
On en est à quelle page/à quelle ligne?	Auf welcher Seite/Bei welcher Zeile sind wir?
Est-ce que tu peux m'aider?	Kannst du mir helfen?
Est-ce que tu peux me donner …?	Kannst du mir … geben?
Est-ce que tu as … pour moi?	Hast du …für mich?
Comment est-ce qu'on fait cet exercice?	Wie macht man diese Übung?
Quel rôle est-ce que tu prends?	Welche Rolle übernimmst du?
Tu commences/continues?	Beginnst du/Machst du weiter?
Qui commence à jouer/à poser des questions?	Wer fängt an zu spielen/Fragen zu stellen?
C'est à qui?	Wer ist dran?
C'est à toi maintenant.	Jetzt bist du dran.
Et puis (après), c'est à …	Und dann ist … dran.
Le professeur parle aux élèves …	Der Lehrer spricht mit den Schülern …
Ouvrez vos livres à la page 10.	Schlagt eure Bücher auf Seite 10 auf.
Qui commence?	Wer fängt an?
Qui n'a pas fait ses devoirs?	Wer hat seine Hausaufgaben nicht gemacht?
Tu continues, s'il te plaît?	Machst du bitte weiter?
On fait l'exercice 2 à la page 36.	Wir machen die Übung 2 auf Seite 36.
Va au tableau, s'il te plaît.	Geh bitte an die Tafel.
C'est correct./C'est faux.	Das ist richtig./Das ist falsch.
Il y a une faute.	Da ist ein Fehler.

Tu as fait une faute de grammaire/de prononciation/d'accord.	Du hast einen Grammatik-/einen Aussprache-/einen Angleichungsfehler gemacht.
Ce n'est pas le mot juste.	Das ist nicht das richtige Wort.
Corrigez (la faute).	Verbessert (den Fehler).
Epelez le mot …	Buchstabiert das Wort …
Répète la phrase/le mot, s'il te plaît.	Wiederhole bitte den Satz/das Wort.
Répète encore une fois, s'il te plaît.	Wiederhole bitte noch einmal.
Fais la liaison, s'il te plaît.	Mach bitte die Bindung.
Est-ce que c'est correct?	Ist das richtig?
Ça s'écrit en/avec …	Das schreibt man in/mit …
Révisez le vocabulaire de la leçon 9 B.	Wiederholt das Vokabular der Lektion 9 B.
C'est très bien./Encore un effort!	Das ist sehr gut./Streng dich noch einmal an!
Pose la question en français, s'il te plaît.	Bitte stelle die Frage auf Französisch.

Les lettres de l'alphabet

A [a]	**D** [de]	**G** [ʒe]	**J** [ʒi]	**M** [ɛm]	**P** [pe]	**S** [ɛs]	**V** [ve]	**Y** [igrɛk]
B [be]	**E** [ə]	**H** [aʃ]	**K** [ka]	**N** [ɛn]	**Q** [ky]	**T** [te]	**W** [dubləve]	**Z** [zɛd]
C [se]	**F** [ɛf]	**I** [i]	**L** [ɛl]	**O** [o]	**R** [ɛr]	**U** [y]	**X** [iks]	

Les signes dans la phrase

	l'accent	der Akzent
é	**l'accent aigu** *(m.)*	
ê	**l'accent circonflexe** *(m.)*	
è	**l'accent grave** *(m.)*	
ï	**le tréma (Loïc)**	das Trema (zwei Punkte auf einem Vokal)
ç	**c-cédille** *(m.)*	die Cedille
'	**l'apostrophe** *(f.)*	der Apostroph
:	**les deux points**	der Doppelpunkt
« »	**les guillemets** *(m.)* [legijmɛ]	die Anführungszeichen
M	**la majuscule**	der Großbuchstabe
m	**la minuscule**	der Kleinbuchstabe
( )	**les parenthèses**	die Klammern
.	**le point**	der Punkt
!	**le point d'exclamation**	das Ausrufezeichen
?	**le point d'interrogation**	das Fragezeichen
,	**la virgule**	das Komma

Solutions

Leçon 2 , page 26, exercice 12:

1. In der *Liste des mots* und im *Vocabulaire* zu Lektion 2.
2. Die Erklärung der Lautzeichen findest du auf Seite 122.
3. Die Tilde ersetzt die konjugierte Form von „aimer“. Die Fußnote gibt die Lösung an.
4. Das Zeichen ↔ bedeutet „Achte auf den Unterschied zwischen …“. Zum Beispiel: **une** photo ↔ **ein** Foto; **une** place ↔ **ein** Platz
5. Die fettgedruckte Zahl hinter dem Eintrag gibt an, in welcher Lektion „chat“ eingeführt wird.
6. Die Übersetzung der Arbeitsanweisungen findest du auf Seite 181.
7. Das französische Alphabet findest du auf Seite 183.

Leçon 7, page 94, Album, exercice Savoir faire a; les 19 fautes:

J'ai une grand**e** sœur. Elle s'appel**l**e Malika et elle **a** 16 an**s**. Nous faison**s** beaucoup **de** choses ensemble. Mais souvent, ma sœur **n'**aime pas aller au cin**é**ma avec moi parce que je suis encore trop petit**e**.
Elle aime rester avec **son** groupe de copains, et elle aime raconte**r** des hist**oires** bizarre**s**.
Malika et son ami**e** Sophie téléphon**ent** souvent **à** leur**s** copains. Maman **n'**aime pas **ç**a.

Leçon 8, page 105, Album, exercice Savoir faire:

b *Katja:* Malika, tu dis: «le bruit». **Qu'est-ce que ça veut dire,** «le bruit»?
Malika: C'est **le contraire** du «silence».
Katja: **Est-ce que que je comprends bien:** «le bruit», cela veut dire «der Lärm»?
Malika: Oui, c'est ça. Dans le texte allemand, il y a «Regen»? **Qu'est-ce que cela/ça veut dire?**
Katja: «Regen»: **c'est le contraire du «soleil»./ c'est quand il y a beaucoup d'eau dans les rues./ souvent, il y a «Regen» en automne.**

c En allemand, on traduit «Atchoum» par/ avec **«Hatschi»**.

Textes supplémentaires

Plateau 2, page 80:

Bonjour la France

Sur la terre, les lumières de Paris
Quand j'arrive sur la piste à Orly
Déjà l'on s'aime toi et moi
Je te dis tout bas …

Bonjour la France
Tandis que s'en va mon taxi
Qui m'amène au hasard dans Paris
Bonjour la France
Et les lumières qui brillent
Me disent: «Bienvenue, toi qui viens d'Italie!»
Bonjour la France
Je suis étrangère
Mais toi tu es sans frontière
Tu reçois tous ceux qui errent
Sans trouver leur terre
Ou qui sont miséreux
Tu reçois tous ceux qui s'aiment
Et qui ont de la peine
Comme tes enfants

Mes voyages nous séparent bien souvent
Et ma route ne s'arrête pas longtemps
Mais quand je me trouve près de toi
Je te dis ma joie

Text: M. Simile/M. Delancray
Musik: C. Baglioni/A. Coggio

Leçon 9, page 118, Album:

Poème A: La mer

Si[1] tu trouves sur la plage
Un très joli coquillage
Compose[2] le numéro
Océan[3] zéro, zéro
Et l'oreille[4] à l'appareil
La mer te[5] racontera[6]
Dans sa langue des merveilles[7]
Que Papa te[8] traduira[9].

Claude Roy, Bestiaire du coquillage, «Enfantasques»

Annotations: 1 si [si] wenn – **2 composer** [kõpoze] wählen – **3 un océan** [ɛ̃nɔseɑ̃] ein Ozean – **4 une oreille** [ynɔʀɛj] ein Ohr – **5 te** [tə] dir (indirektes Objekt) – **6 racontera** [rakõtʀa] = … va raconter – **7 une merveille** [ynmɛʀvɛj] ein Wunder – **8 te** [tə] dir (indirektes Objekt) – **9 traduira** [tradɥiʀa] = … va traduire: … wird übersetzen

Poème B: La montagne

La montagne
Ça me gagne[1]!
J'escalade[2] les rochers,
Je glisse[3] sur les névés[4].
Mamie chante dans le chalet.
Papi va dans la forêt[5].
Noisettes[6], myrtilles[7], il aime les cueillir[8].
Mais pourquoi faut-il[9] vieillir[10]?

Annotations: 1 gagner [gaɲe] hier: anziehen – **2 escalader** [ɛskalade] hochklettern – **3 glisser** [glise] rutschen – **4 le névé** [ləneve] der Firn, (-schnee) – **5 la forêt** [lafɔʀɛ] der Wald – **6 une noisette** [ynwazɛt] eine Haselnuss – **7 une myrtille** [ynmiʀtij] eine Heidelbeere – **8 cueillir** [kœjiʀ] pflücken – **9 faut-il** [fotil] muss man – **10 vieillir** [vjɛjiʀ] alt werden

M RER T
Paris
RATP
www.citefutee.com
La Défense Grande Arche
St-Germain en-Laye
Cergy
Poissy
Pont de Levallois Bécon
Gabriel Péri Asnières – Gennevilliers
Pontoise Argenteuil
Porte Dauphine
Tramway tarification bus
St-Denis Université
Porte de Clignancourt
Porte de la Chapelle
Orry-la-ville Coye
Aéroport Charles de Gaulle
Mitry – Claye
Saint-Denis
La Courneuve 8 Mai 1945
Bobigny Pablo Picasso
Chelles – Gournay
Villiers-sur-Marne
Pré-St-Gervais
Mairie des Lilas
Porte des Lilas
Galliéni
Mairie de Montreuil
Marne-la-Vallée Parc Disneyland
Boissy-St-Léger
Château de Vincennes
Créteil Préfecture
Melun
Malesherbes
Dourdan St-Martin-d'Étampes
Massy – Palaiseau Versailles – Chantiers
Villejuif Louis Aragon
Mairie d'Ivry
Orly Ouest
Orly Sud
Orly
Tarification spéciale
St-Rémy-lès-Chevreuse
Robinson
Antony
Porte d'Orléans
Châtillon Montrouge
Mairie d'Issy
Issy – Val de Seine
Balard
Pont de Sèvres
Boulogne Pont de St-Cloud
Versailles – Rive Gauche Château de Versailles
St-Quentin-en-Yvelines
Châtelet
Ch. de Gaulle Étoile
Haussmann – St-Lazare
Madeleine
Gare d'Austerlitz
Bibliothèque Fr. Mitterrand
Place d'Italie
Nation
Gambetta
Louis Blanc
Liège et Rennes : fermées après 20 h et dimanches et fêtes.
RATP - CML - Agence Cartographique
PPM 2002-63 - Reproduction interdite

PARIS
0
500 m
1 km
COURBEVOIE
CLICHY
PORTE DE SAINT-OUEN
LA SEINE
PORTE DE CLICHY
Bessières
Boulevard
PORTE D'ASNIERES
Grande Arche
LEVALLOIS-PERRET
Avenue de Clichy
17e
Boulevard Berthier
Place de Wagram
LA DEFENSE
Boulevard Circulaire
Pont de Neuilly
NEUILLY-SUR-SEINE
PORTE DE CHAMPERRET
PUTEAUX
Place du Maréchal Juin
Bd. Gouvion St-Cyr
Avenue Charles De Gaulle
PORTE MAILLOT
Avenue de Wagram
Place du Général Catroux
Boulevard des Batignolles
Place de Clichy
Bd. Villiers
R. de Londres
Boulevard Pereire
Boulevard de Courcelles
Parc de Monceau
Place de la Porte Maillot
Arc de Triomphe
Gare Saint-Lazare
Av. de la Grande Armée
Rue du Faubourg Saint-Honoré
Boulevard Malesherbes
Bd. de l'Amiral Bruix
Place Charles De Gaulle
Boulevard Haussma
8e
PORTE DAUPHINE
Avenue Foch
Av. des Champs Elysées
Avenue Kléber
Avenue d'Iéna
Avenue Marceau
Place de la Madeleine
Avenue Victor Hugo
Palais de l'Elysée
1er
Bd. Lannes
Place du Trocadéro
Place de la Concorde
Rue de Rivoli
PORTE DE LA MUETTE
Bois de Boulogne
Cours Albert 1er
Jardin des Tuileries
York
Assemblée Nationale
Quai des Tuileries
Palais de Chaillot
Av. de New
Tour Eiffel
PORTE DE PASSY
16e
Musée d'Orsay
Av. du Président Kennedy
Hippodrome d'Auteuil
Suchet
Av. G. Eiffel
Hôtel des Invalides
Champs-de-Mars
Maison de Radio France
Quai de Grenelle
Boulevard de Grenelle
Bd. des Invalides
7e
Boulevard Raspail
PORTE D'AUTEUIL
Boulevard
Parc des Princes
Avenue Emile Zola
Boulevard Garibaldi
Rue de Sèvres
Tour Montpa
Boulevard Murat
Boulevard Exelmans
Quai Louis Blériot
LA SEINE
Quai André Citroën
Rue de la Convention
15e
Rue Lecourbe
Bd. Pasteur
Bd. du M
Place de la Porte Saint-Cloud
Gare Montparnasse
PORTE DE SAINT-CLOUD
Bd. du Général Martial Valin
Rue de Vouillé
QUAI D'ISSY
PORTE DE SEVRES
Boulevard Victor
BOULOGNE-BILLANCOURT
Rue d'Alésia
Avenue du Général Leclerc
14e
Boulevard Lefebvre
PORTE DE LA PLAINE
PORTE DE BRANCION
Boulevard Brune
PORTE DE VANVES
PORTE DE CHATILLON
ISSY-LES-MOULINEAUX
MALAKOFF
MONTROUGE